Von Holstein nach Russland und zurück
zur Zeit des letzten Zaren

Ludwig

Von Holstein nach Russland und zurück zur Zeit des letzten Zaren

Unternehmens- und Familienchronik der Brüder Gottlieb und Alexander Moll aus Büdelsdorf in Holstein

Aufzeichnungen von Karoline Gokina
und Georg Moll

Herausgegeben von

Peter Michael Moll, Stephan Geussenhainer, Goder Moll

Vorwort

Das Buch zeichnet den Weg der Familie Moll in Russland im Zeitraum 1880 bis 1929 nach. Es schildert wichtige Lebensetappen zweier Brüder, die von Schleswig-Holstein aus über Umwege in das zaristische Russland kamen und dort zu großem Wohlstand gelangten. Sie betrieben Emaillierwerke, erwarben Landgüter und gründeten die erste Schallplattenfabrik Russlands. Vor dem Zusammenbruch durch Weltkrieg und Revolution konnte nur ein Teil des Vermögens bewahrt und nach Deutschland gerettet werden, wo ein weiteres bedeutendes Emaillierwerk entstand. Bis 1929 gelangten alle Familienmitglieder unter teils dramatischen Umständen zurück nach Schleswig-Holstein.

Das Buch enthält die Berichte von zwei Autoren:

Karoline Moll, verh. Gokina (1857 – 1945), war unmittelbar in die Ereignisse involviert, die die Familie Moll in Russland überrollten. Sie hat ihren sehr persönlichen Erlebnisbericht im Jahre 1935 zu Papier gebracht, also rund 60 Jahre früher als ihr Großneffe Georg. Eine tüchtige Frau, die zeitweise das Wirtschaftsimperium, das ihr Bruder Gottlieb Moll in der Nähe von Moskau um die Jahrhundertwende geschaffen hatte, erfolgreich durch die Wirren der Russischen Revolution steuerte, so lange, bis die politische Großwetterlage in Osteuropa nur die Flucht zurück nach Deutschland als Option zur Rettung von Leib und Leben offenließ. Ihr Bericht ist spannend und authentisch.

Dr. Georg Moll (1922 – 2008) war Enkel von Gottlieb Moll, eines der Protagonisten dieser Familiengeschichte. Es ist Georg Molls großes Verdienst, dass er nach seiner Rückkehr aus sowjetischer Gefangenschaft 1950 frühzeitig damit begonnen hatte, ein Archiv über die Unternehmungen seiner Vorfahren Gottlieb und dessen Bruder Alexander Moll sowie des Schwagers Edwin Geussenhainer anzulegen. Er sammelte Dokumente, Briefe, Fotos, Münzen, Schallplatten und vieles mehr und führte zwischen 1970 und 1995 eine große Anzahl von Interviews mit Familienangehörigen, die sich auf den noch vorhandenen Tonbandrollen nachhören lassen. Er wertete die meist russischsprachigen Unterlagen akribisch aus und schrieb die Geschichte der Menschen und die Berichte über Ereignisse Kapitel für Kapitel auf.

Das Interesse an der Bewahrung des Archivs und an der Familien- und Firmengeschichte veranlasste uns, die Nachfahren von Gottlieb Moll und Edwin Geussenhainer, den Versuch zu unternehmen, Georg Molls Berichtsfragment zu einem gewissen Abschluss zu bringen. Es galt nicht nur, das von ihm zusammengestellte Material durch Drucklegung zu erhalten und allgemein zugänglich zu machen, sondern damit insbesondere auch seine große Leistung zu würdigen.

Der von Georg Moll zitierte Bericht seiner Großtante Karoline war fast vollständig von ihm übernommen worden. Dadurch ist es im Vergleich beider Texte zu einigen chronologischen Abweichungen sowie zu Wiederholungen gekommen, die von uns aber in Kauf genommen wurden. Andere sich wiederholende Passagen wurden dagegen beseitigt und aus dem Kontext herausfallende Textteile chronologisch korrekt eingeordnet. In Einzelfällen wurden informatorische Ergänzungen hinzugefügt, die für die Verständlichkeit des Inhalts unerlässlich sind. Die Manuskripte wurden an die heutige Rechtschreibung angepasst. Russische Namen und Begriffe wurden, soweit möglich, auf Deutsch umgeschrieben. Kyrillische Schrift wurde in lateinische Schrift umgewandelt.

Beide Berichte sind in der Ich-Form verfasst. Georg Moll hatte eine Fülle von Hinweisen auf Quellen eingebaut und für den Anhang ein detailliertes Quellenverzeichnis geplant, das er jedoch nicht mehr abschließen konnte. In der vorliegenden Textfassung wurden zahlreiche Quellenhinweise weggelassen, um die Lesbarkeit des Berichts zu erleichtern. Das von ihm vorbereitete Literaturverzeichnis ist beigegeben. Es steht jedem interessierten Leser frei, sich diesbezüglich im privaten „Moll-Archiv“ zu vertiefen, das sich bei Goder Moll in Kiel befindet.

Aus dem großen Fundus von Fotografien und Dokumenten, die Georg Moll gesammelt hat, wurden Abbildungen herausgesucht, die die Berichte eindrucksvoll bereichern. Die meisten der weit über hundert Jahre alten Fotografien sind Aufnahmen von Personen und Gruppen und sind von guter Qualität. Aufnahmen von Gebäuden und technischen Anlagen sind dagegen eher rar und von geringerer Qualität. Auf den letzten Seiten geben einige aus Anlass dieser Veröffentlichung erstellte Übersichtskarten und Lagepläne Aufschluss über die geographischen Gegebenheiten des Lebensraums der Familie Moll in Russland.

Mit diesem Buch wird beiden Autoren ein Denkmal gesetzt.

Karoline Gokina geb. Moll hat in einer sehr anschaulichen und überzeugenden Weise die Ereignisse vor und nach dem Ersten Weltkrieg in Russland dargestellt, soweit die Familie Moll davon betroffen war. Sie hat damit eine bemerkenswerte schriftstellerische Leistung erbracht. Sie hat als Familienmitglied die Geschichte für die Familie aufgeschrieben, was auch die für den Leser bisweilen verwirrende Häufigkeit von Namensnennungen erklären mag. Mit ihrem gelegentlichen Hinweis auf ‚heute‘ meint sie 1935, das Jahr ihrer Aufzeichnungen.

Ihrer sehr persönlichen und spannenden Erzählung folgt der vergleichsweise nüchterne und bisweilen dokumentarische Bericht von Dr. Georg Moll. Er hat die Familiengeschichte von ihren ersten Nachweisen an bis in die Zeit nach dem Zweiten Weltkrieg minutiös aufgeblättert. Die Fülle russischer Eigennamen kann den Lesefluss zwar erschweren, aber wir wollten den Originaltext nicht zu stark verändern, indem auf die Namensnennungen verzichtet worden wäre. Die letzte Revision und Ergänzung seines Berichtes unternahm Georg Moll 1998 nach seinen Reisen in die damalige Sowjetunion. Wenn er von ‚heute' spricht, bezieht er sich auf diese Zeit. Angaben nach 1998 sind von den Herausgebern hinzugefügt worden.

Einen Überblick über die räumlichen Zusammenhänge und Lageverhältnisse geben geographische Kartenskizzen am Schluss des Buches.

Prof. Dr. Peter Michael Moll, Saarbrücken

Dr. Stephan Geussenhainer, Neumünster

Goder Moll, Kiel

Inhaltsübersicht

ZWEITER TEIL

Georg Moll

DIE FAMILIE MOLL IN DEN BEZIRKEN KALUGA UND BRJANSK ZUR ZEIT DES LETZTEN ZAREN

Georg Moll

DIE MOLL'SCHE SCHALLPLATTENFABRIK IN APRELEWKA (Bezirk Moskau)

Anhang

Karoline Gokina, geb. Moll 1927

ERSTER TEIL

Karoline Gokina

DIE ÄRA MOLL IN RUSSLAND

Erinnerungen aus meinem Leben – aufgezeichnet im Jahre 1935

Die Kinder haben mich schon oft gebeten, Aufzeichnungen über unsere Kindheit, Eltern und Voreltern zu machen, und so will ich denn versuchen, zu Papier zu bringen, was mir im Gedächtnis geblieben ist, von Vater, Großmutter und anderen, vor allen Dingen auch von unserer unvergesslichen Mutter. Ich wünschte nur, etwas federgewandter zu sein, erzählen ist viel leichter als schreiben. Es ist wenig genug, was mir im Gedächtnis geblieben, Vater war leider nicht sehr mitteilsam, und wir Kinder waren damals noch zu jung, um alles das, was uns heute wichtig erscheint, im Gedächtnis zu behalten.

Über unsere Familie

Unser Vater, Ferdinand Wilhelm Moll, geboren in Gleiwitz in Oberschlesien am 13. Oktober 1815, war der jüngste Sohn von Abraham Moll, Emailleur, und seiner Frau Karoline. Der älteste Sohn war David Moll, später Besitzer einer großen Emaillierfabrik in Gosselies in Belgien, der zweite Sohn war Eduard Moll, der später mit Frau und zwei Kindern nach Polen gegangen und dort verschollen ist. Der Großvater Abraham Moll ist der Erfinder der Emaille auf Kochtöpfen. Es existierte ein Buch, worin alle Versuche und Rezepte notiert waren mit den entsprechenden Bemerkungen dazu. Leider ist dieses Buch mit anderen wertvollen Papieren von den Bolschewisten in Russland aus dem Safe im Lyoner Kredit in Moskau gestohlen worden.

Es hieß, dass man dem Erfinder Abraham Moll in Gleiwitz ein Denkmal gesetzt habe, eine Art Säule auf drei Kugeln, jedoch hat seine Enkelin Amelie nichts auffinden können bei ihrem kurzen Aufenthalt dort. Der Großvater war ein vermögender Mann. Die Familie stammt aus Frankreich, von wo sie als Hugenotten vertrieben wurden. In Solingen soll der Großvater eine Messerfabrik gehabt haben, die viel Geld eingebracht hatte. Er ist in ziemlich jungen Jahren an einer Bleivergiftung, die er sich bei Versuchen zugezogen hatte, gestorben. Unser Vater war damals vier Jahre alt. Die Großmutter Karoline hat dann zum zweiten Male geheiratet, einen gewissen Demuth, der aber in seinen Unternehmungen kein Glück hatte.

Die Großmutter ist auch nicht alt geworden, so dass der älteste Bruder David die jüngeren zwei Brüder zu sich genommen hat nach Gosselies, wo er unterdessen eine Potterie, Blechgeschirr-Emaillierfabrik, gegründet hatte, ich glaube mit Unterstützung des belgischen Staates. Das ganze Kontor, alle Reisenden, Verkauf und Ankauf hatte Großmutter selbständig in ihrer Hand. Davids Sohn Théophile leitete die Fabrik.

Die Cousine Henriette hat einen Alexander Englebin geheiratet, der mit Théophile und Alexina nach Brüssel zog und dort ein Konkurrenzgeschäft eröffnete unter dem Firmennamen

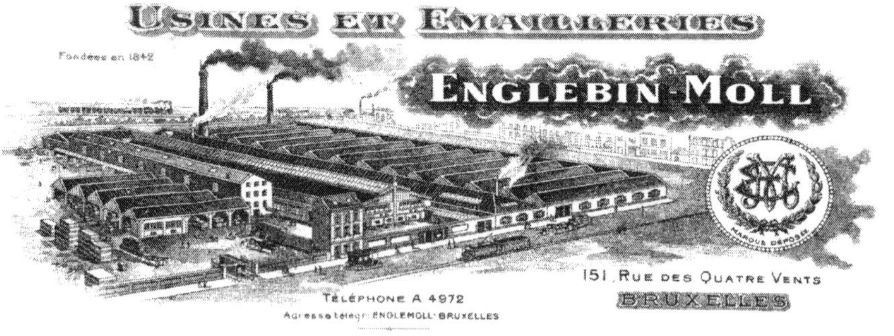

Emallierwerk Englebin-Moll, Brüssel, Briefkopf

Englebin-Moll; sie wohnten in Molenbeek, St. Jean, rue des Quatre-Vents. Diese Fabrik ist aber nie sehr bedeutend geworden.

Leon Théophile Moll

Der älteste Bruder David hatte die zwei Brüder zu sich genommen und hatte Vater zu einem Klempner in die Lehre gegeben, aber lange müssen die zwei Brüder nicht bei dem ältesten Bruder geblieben sein, sie fühlten sich wohl zu gedrückt, denn beide gingen auf gut Glück in die weite Welt. Eduard, der inzwischen verheiratet war, ging mit Frau und Tochter, die Kamilla hieß, nach Polen, Vater damals nach Galizien, denn er erzählte uns Kindern, dass er sich dort bei dem Aufstand im Osten drei Tage hinter dem Ofen versteckt gehalten hatte, weil die Bauern und die Arbeiter alles niedermachten, was nicht zu ihnen gehörte; für sie war jeder schon ein Herr, der Stiefel an den Füßen hatte. Vater sprach gut polnisch, es war für uns Kinder immer sehr erstaunlich, wenn sich Papa mit den polnischen Mausefallenhändlern unterhielt. Leider fehlt uns aus dieser ganzen Zeit jeder Anhalt. Vater hat viel erzählt von Galizien, den Wäldern in den Karpaten, aber wo das gewesen und auf welchen Hütten er war, davon weiß ich gar nichts.

1853 ist Vater in der Carlshütte bei Rendsburg in Stellung getreten und hat am 21. Dezember 1855 unsere Mutter geheiratet, Helene Bülck, Tochter von Heinrich Bülck und Katharina geborener Wille. Die Großmutter war damals schon Witwe und

Ferdinand Wilhelm Moll 1866

Johanna Henriette Magdalene Moll, geb. Bülck 1866

hat ein sehr schweres Leben gehabt, um sich mit ihren 13 Kindern durchzuschlagen. Freilich sind viele Kinder schon klein gestorben – nur drei Töchter haben sie überlebt: unsere Mutter, Tante Tine Eggers und Tante Frederieke Haßfeld.

Unsere Mutter ist in Rendsburg am 9. April 1838 geboren, sie war nur 17 ½ Jahre alt, als sie sich am 21. Dezember 1855 mit unserem Vater verheiratete, der reichlich 20 Jahre älter war als sie. Sie machten eine Hochzeitsreise nach Brüssel zu den Verwandten. 1857, am 12. Mai, wurde ich dann als Erste geboren, und Mama hat oft gesagt, dass sie niemals eine Tochter so jung verheiraten würde. Die Freundinnen gingen zum Ball und amüsierten sich und Mutter saß da und musste Kinder wiegen, wo sie doch fast selbst noch ein Kind war. Sie hat keine Jugend gehabt, zumal ja auch Vater so viel älter war als sie.

Wir waren fünf Geschwister: ich, Gottlieb, Alexander, Wilhelm, der aber nur ein Jahr alt wurde, und Magda, jetzige Frau Kionka. Unsere Jugend war, man kann wohl sagen, eine glückliche. Die Mittel der Eltern waren zwar ziemlich beschränkt, aber es fehlte uns an nichts. Mutter war strenger, Vater ließ mehr alles gehen, wie es läuft; ich als die Älteste war Vaters Liebling, und wenn es etwas durchzudrücken galt bei Vater, dann war ich diejenige, die es am besten konnte. Vater hat mich dann auch als achtjähriges Mädel zu den Verwandten nach Gosselies mitgenommen, wo er mich der französischen Sprache halber ein Jahr ließ, bis dann 1866 der Krieg mit Österreich ausbrach und die Cousine Amelie mich noch kurz vorher zurückbrachte. Die französische Sprache hatte ich in der Zeit gut gelernt, so dass sie mir heute noch ziemlich geläufig ist.

Mit 14 Jahren wurde ich konfirmiert, und mit 18 Jahren kam ich in Bergmanns Hotel in Rendsburg, um Haushalt zu lernen. Nach Beendigung dieses Jahres fand ich eine sehr gute Stellung als Stütze bei der sehr reichen Familie Cannel in Pöseldorf bei Hamburg. Ich hatte eine familiäre Stellung und Frau Cannel war sehr mütterlich und nett zu mir. Ich war dort sechs Jahre, bis unser lieber Vater am 2. Mai 1882 nach ganz kurzer Krankheit starb und bei uns so nach und nach der Wunsch und die Notwendigkeit rege geworden war, nach Russland überzusiedeln, wo unser Bruder Gottlieb seit einigen Jahren eine gute Stellung innehatte.

Von Büdelsdorf nach Russland – Rückschläge und Erfolge des Emailleurs Gottlieb Moll

Im Mai 1883 zogen Mutter, Magda und ich auf Wunsch unseres lieben Bruders Gottlieb – auf Russisch Bogdan genannt – nach Russland, aber Mutter hatte nur eine kleine Summe als Lebensversicherung erhalten, die zum Leben für uns nicht ausreichend war. Eigentlich entschloss ich mich mit recht schwerem Herzen, damals nach Russland zu gehen, aber Bogdan bestand darauf, dass ich unbedingt mitmusste. Er kam selbst, um uns zu Hause abzuholen. Eine schöne Wohnung war schon auf der Fabrik in Pessotschnja, Gouvernement Kaluga, für uns zurechtgemacht, und so fingen wir dann an, unseren Hausstand in Büdelsdorf, wo wir die ganze Zeit gewohnt hatten, aufzulösen. Bogdan, der ja in Stellung war, hatte nicht so viel Zeit, auf uns zu warten, und so sollten wir später nachkommen.

Die beiden Brüder Gottlieb und Alexander waren noch zu Vaters Lebzeiten nach Riga gegangen, um sich dort in ganz kleinem Maßstabe eine Emaillierwerkstätte einzurichten. Dort haben sie aber ein hartes Lehrgeld zahlen müssen, beide waren noch sehr jung, ohne Erfahrung, in einem fremden Lande mit ganz unzureichenden Mitteln. Als sie mit der Einrichtung soweit fertig waren, war auch das kleine Kapital zu Ende. Mit eiserner Energie haben sie gearbeitet, nachts abwechselnd die Handmühle gedreht, um Emaille zu mahlen. An einem Pfingsttage haben sie sogar ihren Schornstein, der nicht genug Zug hatte, höher gemacht und sind, wohl zum Erstaunen der Nachbarschaft, den ganzen Tag auf dem Dache in schwerer Arbeit herumgeklettert.

Wie mir die Brüder später oft versichert haben, ist es gerade ihr größter Fehler gewesen, dass sie selber so furchtbar gearbeitet haben, was ihre ganze Kraft in Anspruch nahm und ihnen keine Zeit ließ, sich um den Verkauf und den Vertrieb der fertigen Ware zu kümmern. Trotz verzweifelter Anstrengungen wollte die Sache nicht gehen, sie kamen schließlich in Schulden und mussten sich entschließen, ihr Projekt verloren zu geben. Sie verkauften, was sie hatten, aber es gelang nicht einmal, alle Schulden damit zu decken, doch das große Kaufhaus H. S. Popoff stundete ihnen auf ihr ehrliches Angesicht den Rest der Schuld, und erst nach Jahren, gelegentlich einer Reise, ging Brüderlein bei der Firma vorbei, um seine alte Schuld zu bezahlen. Man suchte und suchte, konnte aber in den Büchern nichts finden. Lachend hat man Bogdan versichert, dass es ihnen in ihrer Praxis noch nicht vorgekommen sei, dass jemand seine Schulden nach Jahren noch bezahlen wollte.

Die ersten schweren Jahre

Alexander ging nach Nordamerika, nach Sheboygan (Wisconsin), wo ihm durch Vaters Vermittlung eine Stelle als Emailleur angeboten war, und Bogdan ging auf gut Glück nach Petersburg, um sich dort etwas zu suchen. Er hat eine sehr schwere Zeit durchgemacht. Um die Verzinnung von Eisenblech kennenzulernen, trat er in eine solche Fabrik als Arbeiter ein. Für kärglichen Lohn und sehr schlechte Unterkunft, bei 30 Grad Kälte ohne warmen Pelz, musste er morgens zur Arbeit gehen. Oftmals wurde er von Vorübergehenden angerufen, Nase und Ohren waren schneeweiß und am Erfrieren. Abends und nachts hatte er sich Arbeit verschafft mit Notenabschreiben.

Zum Glück hat dieser Zustand nicht lange angedauert. Bogdan hatte von den großen Malzowschen Werken gehört, in denen auch emailliert wurde. Er ging zum Vertreter dieser Werke in Petersburg und bot ihm seine Dienste als Emailleur an. Er wurde sofort mit Empfehlung zum General Malzow nach Diatkowo im Gouvernement Kaluga geschickt. Der alte Malzow war entzückt, endlich jemanden zu finden, den er schon lange gesucht hatte und schickte ihn sofort, mit allen möglichen Vollmachten ausgerüstet, nach Pessotschnja, um dort Proben zu machen. Nach einigen Tagen fuhr dann unser Brüderlein mit einigen wohlgelungenen Proben zum alten Malzow zurück und wurde gleich engagiert mit einem Kontrakt auf zehn Jahre und einem vorläufigen Gehalt von 200,00 Rubel pro Monat.

Alles ging von nun an glatt. Nach 14 Tagen konnte er den ihm beigegebenen Dolmetscher entlassen, alle Not war überstanden, und so kamen wir dann im Mai 1883 nach Russland.

Ich kann nicht gerade behaupten, dass unsere erste Zeit dort eine für uns zufriedene oder behagliche gewesen war. Eine große unbequeme Wohnung ohne Einrichtung – außer meinem Klavier und Bettzeug hatten wir natürlich nichts mitnehmen können. Möbel waren sehr schwer zu beschaffen, man musste sich begnügen mit dem, was der Fabriktischler machte. Es fehlte an allen Ecken und Kanten, auch in der Küche. Der Sprache nicht mächtig, ziemlich verwöhnt und an ganz andere Verhältnisse gewohnt, war es für uns sehr schwer, uns einzuleben. Mutter und ich waren oft recht unglücklich und hatten brennendes Heimweh. Wir haben uns aber bemüht, es den guten Bruder nicht merken zu lassen.

Helene Moll mit den Töchtern Karoline und Magda, Büdelsdorf 1883

Auf Veranlassung einer deutschen Gutsbesitzerin, die uns aufsuchte, Laura Wassilesna de Tellier, wurde unsere Magda – auf Russisch Macheling genannt – mit ihrer Tochter Marilla in die Kreisstadt Shisdra in Pension mit höherer Mädchenschule abgegeben, wo sie es sehr guthatte. Im Ganzen war unser erstes Jahr in Russland ein recht trauriges Jahr, woran auch verschiedene Bekanntschaften mit den Familien der Umgegend, alter Landadel, nicht viel änderte. Dann aber wurde es bald anders. Der alte Malzow wurde von seiner Frau und Söhnen gezwungen, sich auf sein Gut in der Krim zurückzuziehen, er hatte sich mit einer Eisenbahn, die sämtliche Fabriken bis Briansk verband, in große Schulden gestürzt. Seine Frau, die Hofdame der Kaiserin war, hatte beim Zaren intrigiert, weil er ihr die fällige Apanage nicht zahlen konnte, so dass so etwas wie eine Vormundschaft über ihn und seine Fabrik gesetzt wurde (Staatsaufsicht), woraus dann später eine Aktiengesellschaft entstand. Der alte Malzow, natürlich tief empört, schmiss alles hin und reiste in die Krim, wo er ein prachtvolles Gut hatte.

Die Söhne, Offiziere, die nichts verstanden, wirtschafteten schlecht und verleideten auch unserem Bruder die Sache in der Fabrik, aber er war erst mal vertraglich gebunden und konnte nicht viel machen. Auf einer Reise traf er dann den Besitzer der Fabrik Duminitschi, einen Herrn Labunsky, auch im Gouvernement Kaluga. Dort hatte man ebenfalls Versuche gemacht zu emaillieren, es wollte aber nicht klappen. Labunsky machte nun dem Bruder ein glänzendes Anerbieten, ganz selbständiges Arbeiten auf eigene Rechnung, nur den Verkauf wollte die Fabrik Duminitschi übernehmen. Es glückte dem Bogdan, sich von den Malzowschen loszukaufen, indem er dem Direktor die Rezepte übergab und für das erste Jahr seine Hilfe zusagte. Dann zog er mit Mutter nach Duminitschi. Ich konnte mich nicht entschließen mitzugehen. Duminitischi war in meinen Augen damals ein furchtbares Nest, und ich

Karoline Moll als junge Frau

hatte mir eine Stelle als deutsche Erzieherin bei drei Kindern auf dem Gute Semeonowka bei Roslow, Gouvernement Smolensk, besorgt.

Dort hatte ich es sehr angenehm, gehörte ganz zur Familie Suchadolsky, wo ein sehr reges Gesellschaftsleben herrschte. Nach einem Jahr schied ich mit dem größten Bedauern aller von dort.

Gut Newedomskoje

Da Bogdan unterdessen das Gut von Frau de Tellier gekauft hatte, sollten wir mit Mutter selbständig wirtschaften. So hatten wir nun in Russland festen Boden unter den Füßen. Jetzt hatte auch ich jeden Gedanken an Rückkehr nach Deutschland aufgegeben. Die Fabrik in Duminitischi arbeitete vorzüglich, und unser Gut konnte verbessert und ausgebaut werden nach Herzenslust. An die 30 Jahre ist es uns eine liebe zweite Heimat gewesen, die Kinder sind dort geboren und aufgewachsen, viel Freude, aber auch manches Leid erlebten wir dort, wie das im menschlichen Leben nun mal nicht anders ist. In der Erinnerung scheint jetzt alles licht und golden, verklärt in lichten traulichen und dankbaren Erinnerungen, die Zeit in Russland war unsere schönste Zeit.

Im Jahre 1890 kam ganz unerwartet unser lieber Bruder Alexander aus Amerika besuchsweise zu uns. Es war am Ostersonnabend, Bogdan brachte ihn mit aus Duminitschi, wo er nach sehr abenteuerlicher Fahrt endlich gelandet war. Der Sprache nicht mächtig, wusste er immer nur nach der „Fabrik Duminitschi“ zu fragen, aber in dem weiten Russland wusste man schon in Smolensk am Schalter nichts von einer solchen Fabrik. Man schickte ihn erst mal nach Briansk, da dort viele Fabriken seien; dort halfen ihm Geschäftsleute und brachten ihn auf die Malzowsche Kleinbahn. In Diatkowo nahm er Postpferde, die ihn dann zu dem Besitzer von Duminitschi, Herrn Labunsky, nach Shisdra brachten, wo er liebenswürdig aufgenommen und am nächsten Tage, mit warmen Pelzen wohl versehen, in einer feurigen Troika nach Duminitschi befördert wurde. Die Fahrt vorher mit Postpferden war sehr unbehaglich gewesen, bei 30 Grad Kälte musste Alexander immer ein Kleidungsstück nach dem anderen aus seinem Koffer holen und sich öfters in einer Bauernkate aufwärmen. Sobald ein Dorf auftauchte, fragte er den Kutscher „Duminitschi?“, der aber schüttelte missbilligend den Kopf, wie konnte jemand nur so dumm fragen.

Aus dem anfänglich beabsichtigten Besuch wurde bald ein dauernder Aufenthalt. Die Malzowschen Werke boten Alexander ihre Emaillierabteilung in Ljudinowo und später auch in Pessotschnja unter sehr günstigen Bedingungen an, genau wie bei Bogdan in Duminitschi.

Alexander ließ seine Frau Anna, geb. Geussenhainer, und seine Tochter Magda – auf Russisch Maka genannt –, ein Jahr alt, nachkommen, und nun begann für uns ein herzliches und fröhliches Zusammenleben: Alexander und Anna in Ljudinowo, wo sie eine große schöne Wohnung hatten, Bogdan in Duminitschi, seine Familie meistens mit uns auf dem Gute. Er selber kam gewöhnlich sonnabends und fuhr montagfrüh zurück.

Alexander Moll und Frau Anna, geb. Geussenhainer mit Tochter Magda (Maka), Sheboygan, Wisconsin 1890

Im Sommer waren auch Alexander und Anna mit den Kindern auf dem Gute, später waren auch Geussenhainers einige Sommermonate dort. Jede Familie hatte ihr Häuschen, wo sie ungestört wohnten, und das Mittag- und Abendessen versammelte dann alle in der großen Sommerküche mit angebauter großer Glasveranda als Speisesaal. Dienstboten waren genug vorhanden, jede Familie brachte mit, so viel sie brauchte, auch Hauslehrer und Gouvernanten. In der heißesten Zeit saßen, wenn alle anwesend waren, meistens 25 bis 26 Personen zu Tische.

Die alte Awdotia war noch Leibeigene gewesen, die wir beim Kauf des Gutes mit übernommen hatten; sie war ‚Oekonomka' und sorgte für alles musterhaft. Hühner, Enten, Truthühner, alles war im Überfluss vorhanden, die Käserei lieferte Rahm, Butter, Milch und Schweizer Käse, so viel man nur haben wollte. 4.000 Obstbäume lieferten Obst, dass die Keller den Reichtum nicht fassen konnten. Kälber und Schweine mussten ihr Leben lassen, wenn es nötig war. Gemüse wurde en gros angebaut. War das eine schöne und sorglose Zeit!

Das Gut war schön gelegen; mit der Zeit hatte unser Brüderlein ein Mustergut daraus geschaffen, das über das Gouvernement Kaluga hinaus berühmt war. Alles, was es Neues an landwirtschaftlichen Maschinen gab, wurde angeschafft, sogar aus Amerika. Der Viehbestand war vorzüglich, die holländische Rasse wurde aus Ostpreußen bezogen. Durchschnittlich waren es 100 bis 120 Kühe außer dem Jungvieh. Alle benachbarten Güter lieferten ihre Milch in die Käserei, die ganz modern eingerichtet war. Gewöhnlich wurden 60 Schweine gehalten, die mit den Molken und Kartoffeln gefüttert wurden. Auf den Feldern waren oftmals 100 bis 120 Tagelöhner beschäftigt, der Wohlstand in den Dörfern ringsumher hob sich zusehends, weil alle Arbeit fanden, Groß und Klein, auch im Winter waren viele Bauern mit Fuhren für die Boraxfabrik beschäftigt. Durch Land- und Waldankauf war das Gut sehr vergrößert worden, so dass der Besitz schließlich bis an die 1.000 Desjatinen groß war. Davon war 1/3 Ackerland, 1/3 Wiesen und 1/3 Wald. Ein schöner Park mit alten Bäumen dehnte sich hinter dem Hause aus.

Ursprünglich soll das Gut dem Fürsten Narischkin gehört haben, der aber nie dort wohnte, sondern nur einen deutschen Verwalter eingesetzt hatte, der die Leibeigenen schändlich gequält und misshandelt haben soll, wie die alten Bauern erzählten. Dann war der Besitz an einen Herrn Newedomsky übergegangen, wonach auch das Gut den Namen hatte, bis die Bauern es mit der Zeit in „Mollowsky Chutor“ umtauften. Newedomsky war ein echter, in der Wolle gefärbter adliger Herr, mit allen Fehlern und auch Vorzügen seines Standes. Er hatte die reiche Fürstin Lwow geheiratet unter der Bedingung, dass sie sofort zurücktreten oder sich das Leben nehmen sollte, wenn er ihrer überdrüssig würde. Er hatte sich bald keinen Zwang mehr auferlegt, alle heranwachsenden Mädchen im Dorfe wurden zum „Herrn befohlen“, später dann nach Willkür verheiratet, immer das Prinzip im Auge, die Rasse zu verbessern. Ganz sicher ist in dem Nachwuchs der Dörfer nicht wenig herrschaftliches Blut, das sieht man heute noch an den vielen hübschen und rassigen Gestalten.

Na, Frau Newedomsky hat sich zwar nicht das Leben genommen, hat aber in ihrer Ehe auch nicht auf Rosen getanzt, hat alles verziehen, alles entschuldigt und ist beim gänzlichen pekuniären Zusammenbrauch die treue aufopfernde Freundin geblieben, die ihren ewig scheltenden, unzufriedenen Mann als Telegraphistin in Petersburg ernährt und gepflegt hat bis zu seinem Tode. Newedomsky war ein Spieler der allerschlimmsten Sorte. Ein Stück Land, ein Wald oder eine Wiese wurden nacheinander verschleudert, ein Stück Vieh nach dem anderen fortgetrieben. Zwei Güter seiner Frau mussten auch daran glauben, bis schließlich der Rest des Gutes Newedomsky mit den Gebäuden und Garten für 6.000 Rubel an Herrn de Tellier, dem Mann von Laure Wassilesna, verkauft wurde, und auch diesen Rest hat er noch in der Nacht vor seiner Abreise in Shisdra am grünen Tisch gelassen, und wenn Herr de Tellier nicht das Reisegeld zurückbehalten hätte, dann wäre auch das fort gewesen. So reichte es gerade noch für zwei Karten 1. Klasse nach Petersburg.

Seine Frau muss eine Heilige oder eine „Dura"[1] gewesen sein. In bitterer Kälte, ohne Pelz, mit einem dünnen Umschlagstüchelchen, musste sie zum Dienst aufs Telegraphenamt. Selber darbte sie, damit der ewig bramabasierende Herr Gemahl sich beruhigte, der Refrain seiner Tiraden war immer, dass er ein solches Hundeleben nicht gewöhnt sei und nicht mehr aushalten könne. Nach sechs Jahren hat er es dann auch wirklich nicht mehr ausgehalten und hat das Zeitliche gesegnet.

Unterdessen hatte die Schwester, auch eine Fürstin Lwow, den verarmten Fürsten Chilkow geheiratet, der die Lokomotive geführt hat, die den jungen Thronfolger, später Nikolai II., durch Sibirien fuhr. Er wurde dem Thronfolger vorgestellt, und dieser fand Gefallen an ihm. Chilkow wurde dann auch bald nach der Thronbesteigung Nikolais Eisenbahnminister. Als solcher war er bei uns auf dem Gute auf der Wolfsjagd mit noch vielen prominenten Persönlichkeiten von damals, u. a. den Leibärzten Wiliaminow und Hirsch, I. S. Malzew, Milikow, Baron Meindorf u. a. Ihre Jäger kamen schon einige Tage vorher, um alles für die Wolfs- und Bärenjagd einzurichten, die Wölfe aufzuspüren und zu umgehen, Treiber zu bestellen usw. Den ganzen Winter wurden von uns alte Pferde aufgekauft und auf bestimmtem Platze geschlachtet, so dass die Wölfe gewissermaßen ihren Futterplatz hatten, den sie nachts aufsuchten und am Tage in nicht allzu großer Entfernung im Dickicht schliefen. Für die

[1] *Dura ist die weibliche Form für Dummkopf.*

Jäger war es denn nicht schwer, die Spuren zu verfolgen; dann stellten sich die Treiber im weiten Bogen rundherum auf und auf ein gegebenes Zeichen trieb alles mit Geschrei und Gejohle die aufgescheuchten Wölfe den der Reihe nach aufgestellten Jägern zu. Ich habe viele solcher Jagden mitgemacht, oft bis zum Bauche im Schnee stehend; es war riesig interessant und die Wölfe oft schlauer als ihre Treiber, indem sie einfach durch die Treiberkette durchbrachen.

Bärenjagden waren seltener. Es gab sie nur in den unendlichen Wäldern von Malzew bei Briansk und Pessotschnja. Von einer solchen Jagd brachte Alexander in seiner Brusttasche des Fahrpelzes einen reizenden kleinen Bären mit. Die Mutter hatten sie erschossen und die drei Kleinen hatten sich die Jäger unter sich aufgeteilt. Wir haben viel Spaß mit dem Schlingel gehabt. Nachts brüllte er wie ein ungezogenes Kind, wenn er auf seine Flasche warten musste, und wenn sie leer war, wurde sie von ihm im großen Bogen herausgekegelt. Der Mischa, so nannten

Gruppenbild mit Bär Mischa um 1893

wir ihn, gehörte geradezu mit zur Familie, war im Ganzen ein lieber und gutmütiger Kerl, konnte aber in blinde Wut geraten, wenn ihm was gegen den Strich ging, und darin liegt eben die Gefahr, wenn der Bär groß und stark wird.

Er hatte geradezu eine fanatische Liebe und Anhänglichkeit für seine Pfleger, ich konnte ihn durchprügeln und strafen, das tat der Liebe keinen Abbruch; er hing sich mit seiner Kette absichtlich über einen Baum-ast, hielt sich dann hängend fest und schrie wie am Spieß zum Balkon hin, wo er mich anwesend wusste. Schickte ich aber den Gärtner, ihn herunterzunehmen, dann war er wütend und biss und kratzte, ich sollte eben selber kommen. Er konnte geradezu hysterisch weinen, wenn er sah, dass ich fortfuhr und goss auch die Milch wutschnaubend in den Sand, wenn jemand anders sie ihm bringen wollte, sogar den Eimer suchte er dann noch zu zertrümmern.

Im Übrigen aber war der Mischa ein lieber und auch verträglicher Hausgenosse, lief wie ein Hund mit in Feld und Wald, war nicht ohne Humor, ging oft aufrecht, machte allerhand Faxen, badete mit uns im See, rieb sich den Bauch weißschäumend mit unserer Toilettenseife ein, wenn er ihrer habhaft werden konnte, trocknete sich kopfüber in unseren Kleidungsstücken, die im Rasen lagen, kurz, er war oft der reine Clown. Es ist erstaunlich, wie viel intelligenter wilde Tiere sind, wenn sie mit Menschen umgehen, als Haustiere, Hunde nicht ausgenommen. Wir hatten Wölfe, Füchse, Hasen, Eichhörnchen, immer habe ich dasselbe beobachten können.

Fast zehn Monate hatte die Freude mit dem Mischa gedauert, dann wurde die Geschichte doch zu gefährlich, zumal viele kleine Kinder auf dem Gute zusammenkamen. Auf einem benachbarten Gute hatte ein zweijähriger Bär ein Stubenmädchen, das ihn herausjagen wollte, bös zugerichtet. Die Bärenwut kann man ihnen eben nicht abgewöhnen, und so musste dann Alexander sich schweren Herzens entschließen, Schluss zu machen. Er hat ihn mit einer Kugel direkt ins Herz sofort hingestreckt. Mir war das sehr schwer, und ich habe manche bittere Träne um den Mischa geweint, aber es war nicht zu wollen, das sah ich ja auch selber ein. Kein Tier ist mir jemals so ans Herz gewachsen wie Mischa. Selbst meine Lotte und später Krassawka oder Uragan, meine Reitpferde, konnten sich an Zuneigung mit ihm nicht messen.

Freude und Trauer in der Familie

Im Jahre 1889 hatte ich Wassil Iwanowitsch Gokin geheiratet; er war Verwalter bei uns auf dem Gute und stammte aus dem Gouvernement Saratow, wo er beim Fürsten Wolkonsky Unterverwalter gewesen war. Erzogen war er bei dem befreundeten und uns benachbarten Gutsnachbarn Popow, da er eine Stiefmutter hatte, die ihn sehr schlecht behandelte. Popow war mit Vater befreundet, ihn dauerte der Junge. Die Mutter meines Mannes war vier oder acht Wochen nach seiner Geburt an Schwindsucht gestorben, was ich aber erst lange nach unserer Trauung erfuhr.

Sechs Jahre lang waren wir verheiratet, dann fing mein Mann an zu kränkeln. Wir fuhren nach Berlin in das Sanatorium von Dr. Oppenheim, der schickte uns nach Kiel an den Strand, und dort ist er dann auch bald an tuberkulöser Gehirnentzündung am 3. Mai 1895 gestorben. Wir haben ihn auf dem Südfriedhof in Kiel, fern der Heimat, begraben. Nahe Verwandte hatte mein Mann außer einer Schwester, die etwa 25 Jahre älter war, nicht. Sie lebte wohlhabend im Gouvernement Tambow, wo ich sie nach dem Tode meines Mannes aufgesucht habe. Einige Jahre später ist auch sie dann gestorben.

Bogdan hatte sich mit einer Russin aus Pessotschnja verheiratet, Edwin Geussenhainer war im Jahre 1896 aus Amerika gekommen, um Alexander zu unterstützen; er fuhr nach etwa zwei Jahren nach Amerika zurück, um sich Tante Mamie als Gattin zu holen. Im April 1901 feierten wir die Hochzeit unserer lieben Magda mit Bernhard Kionka, der im Jahre 1898 nach Russland gekommen war, um die Leitung der Seifenfabrik, die mein Mann gegründet hatte, zu übernehmen. Diese Fabrik war aber nicht lebensfähig, da sie zu weit von der Bahn entfernt war und man gegen die Konkurrenz nicht aufkommen konnte. Die Seifenfabrik wurde nachher in eine Chemische Fabrik umgewandelt, in der Borax und Borsäure hergestellt wurde, die sich recht gut rentierte, da die meiste Ware in den eigenen Emaillierfabriken verbraucht wurde. Die jungen Leute wohnten bis 1905 im roten Hause auf dem Gute, das für sie sehr niedlich eingerichtet war. 1902 wurde dann Walterchen geboren, der aber leider mit 11 Monaten zu unser aller großen Schmerz starb. Es war ein liebes und aufgewecktes Kind, wir haben es in Kosmatschowo neben der Kirche begraben.

Karoline, Alexander, Magda und Gottlieb Moll 1900

Unser sorgloses Leben wurde zuerst durch den Tod meines Mannes und dann die lange Krankheit und den Tod unserer lieben Mutter und Babuschka (Großmutter) gestört. In der Hoffnung auf Besserung hatten wir sie nach Deutschland begleitet, nachdem sie schon länger in Russland gekränkelt hatte. Das war eine sehr schwere und bange Zeit, Magda und ich waren immer um sie. Zuerst in Berlin, bis sie in Kiel im Mutterhause am 8. Dezember 1900 die lieben Augen für immer schloss. Auf dem Büdelsdorfer Kirchhof haben wir sie begraben, neben unserem Vater, wie es ihr Wunsch war.

Alexander und Bogdan waren auch aus Russland gekommen. Ihr Tod hatte eine große Lücke in unser Familienleben gerissen. Um die Babuschka hatte sich eigentlich alles gedreht, ihre Wünsche wurden unbedingt respektiert. Sie war immer lieb, immer freundlich zu allen, die Bauern nannten sie nur „Mamscha“, was ihr im Übrigen nicht immer sehr angenehm war, besonders wenn so ein versoffener, abgerissener Bauer daherkam, aber immer war sie hilfsbereit, immer auf das Wohl aller bedacht. Möge Dir die Erde leicht sein, liebes, liebes Mütterlein, und heißen Dank für alles, was Du uns gewesen!

Auch unser Macheling (Magda) war in der ganzen Umgegend eine bekannte und geliebte Persönlichkeit. Es verging wohl kein Tag, an dem man ihr nicht Kranke brachte, denen sie helfen sollte; ganz merkwürdig, wie viel mehr Zutrauen die Leute zu ihr hatten als zum Doktor oder gar zum Krankenhaus. Es kam öfters vor, dass die Patienten heimlich aus dem Krankenhause ausrückten und zur Magda kamen, da half dann auch kein Zureden und Sträuben, sie musste helfen. Mit den Ärzten waren wir gut befreundet, und es war dann auch weiter keine Empfindlichkeit vorhanden, im Gegenteil, sie gaben gute Ratschläge. Macheling sei die geborene Krankenschwester, haben alle Doktoren immer behauptet, sie konnte die grauenhaftesten Sachen verbinden und auch Brüderlein behauptete, das Verbinden hätte bei ihr nur halb so weh getan wie beim Doktor. Das war gelegentlich eines Karbunkels, den er im Rücken hatte.

Natürlich war das Gut auch sehr gastfreundlich und aller Besuch wurde mit offenen Armen aufgenommen. Im Sommer war oftmals lieber Besuch aus Deutschland da: Rudolphis, Liesel, Elli und Marie Kionka, letztere fast ein Jahr lang und schwer krank,

Tante Hassfeld, Ludwig Mertens mit Sohn, Albers, Franz und Klaus Rohwer, Olga und Liete Niemann, selbst die amerikanische Babuschka, Annas Mutter, die heute (1935) noch lebt und ihren 90. Geburtstag gefeiert hat, Lilly Geussenhainer und Pastor Ziemer, alle blieben monatelang und fühlten sich wohl. Im Winter fuhren wir dann öfters davon, um den langen Winter abzukürzen. Die größeren Kinder waren alle in Pensionaten in Moskau untergebracht, Wanja, Njuscha, Maka, Schura, Sascha, später dann auch Hermann und Manja. Da war dann oft Gelegenheit, in Moskau nach den Kindern zu sehen und Besorgungen zu machen. Der Sommer versammelte alle auf dem Gute. Die russischen Ferien dauerten meistens vier Monate, da konnte sich die Gesellschaft nach Herzenslust austoben. Was wurde nicht alles angestellt, Reiten, Fahren, Jagen, Wasserschlachten, nächtliche Biwaks, selbstgebaute Höhlen und Häuschen – was haben unsere Kinder für eine glückliche Jugend gehabt! Dass alles immer so gut abgelaufen und keine Unglücksfälle vorgekommen sind, darüber muss ich mich noch heute wundern. Nach wie vor hielten wir Geschwister aber treu zusammen, ja ich glaube, wir schlossen uns noch fester zusammen, nun wo unser Mütterlein nicht mehr der Mittelpunkt sein konnte.

Abwechselnd wurden Reisen ins Ausland unternommen. Die Brüder fuhren zur Weltausstellung nach Chicago, Alexander machte eine Orientreise. Später, als er zu kränkeln anfing, verbrachte er den Winter meist an der Riviera und in Davos, Clavadel. 1912 machten Schwägerin Anna und ich gemeinsam eine Orientreise, die wundervoll war. In Kairo trafen wir Alexander, der sich in Heluan mit Klaus Rohwer aufhielt. In Genua kamen wir dann abermals zusammen und blieben noch etwa 3 – 4 Wochen in Vervi.

Im Winter wurde auf dem Gute allerhand Sport getrieben, Schlittenpartien nach Ljudinowo und den benachbarten Gütern wurden unternommen. Es hatte jeder seine Beschäftigung und

Arbeit in Haus- und Gutswirtschaft, nie war Langeweile und Missmut, immer herrschte eine fröhliche und zufriedene Stimmung, natürlich kleine Misshelligkeiten und Hofjungenärger nicht ausgenommen, ohne die es nun mal nirgends abgeht.

Emaillierwerk Moll & Rohwer in Neumünster (Holstein)

Die Fabrik von Moll & Rohwer hatte Alexander im Jahre 1902 mit seinem ehemaligen Lehrherrn, Franz Rohwer sen., in Neumünster gegründet, infolgedessen war er von dieser Zeit an öfters mal in Neumünster und schließlich, nachdem die erste Revolution in Russland 1905 niedergeschlagen war, fuhr Alexander mit seiner gesamten Familie zum bleibenden Aufenthalt nach Neumünster. Alexanders Gesundheit ließ schon lange zu wünschen übrig, zumal auch seine Anwesenheit in Neumünster immer dringender notwendig wurde. Er überließ die Leitung der Fabriken in Ljudinowo und Pessotschnja nun ganz Onkel Edwin, der zu seiner Unterstützung Onkel Kionka erhielt, aber im Jahre 1906 übernahm Alexander das Werk von Moll & Rohwer allein von Rohwer, und Bogdan und Onkel Edwin traten an seiner Stelle ein. Onkel Edwin sollte den kaufmännischen Teil übernehmen und siedelte im selben Jahre mit seiner Familie ebenfalls nach Neumünster über.

Bernhard übernahm die Leitung der Fabriken in Ljudinowo und Pessotschnja, die er bis zum Ausbruch des Weltkrieges im Jahre 1914 behielt.

Alexander und Anna wie auch die Kinder sind dann noch öfters, aber nur für kurze Zeit, bei uns zu Besuch gewesen, aber ihr Heim blieb doch von nun an immer Neumünster, wo Alexander sich dicht bei der Fabrik eine schöne Villa gebaut hatte. Ursprünglich bestand ja zwischen den Brüdern der Plan, so nach und nach in Russland abzuwickeln, wir sollten alle unsere Zelte allmählich hinter uns abbrechen und möglichst nach

Neumünster übersiedeln. Das war aber leichter gedacht als ausgeführt, es war ein zu großer Besitz, der aufgegeben werden musste, und schließlich hingen wir auch alle sehr an unserer russischen zweiten Heimat. Besonders konnte sich Bogdan mit dem Gedanken nicht vertraut machen, sein geliebtes Russland, seine Güter, seine Fabriken, alles aufzugeben. Ihm waren die ganzen Verhältnisse in Deutschland nie sympathisch, er hat sich auch später, nach seiner Rückkehr, in Neumünster nie recht wohl gefühlt.

Alexander war besonders damals sehr weitblickend. Nach der russischen Revolution von 1905 sah er nichts Gutes für uns Deutsche voraus. Wie Recht er hatte, hat uns der Krieg 1914 und der Bolschewismus dann gezeigt. Bis 1914 hätten wir noch Geld und Gut sicher herausschaffen können, aber dann war es zu spät, wir saßen selber fest und mussten grauenvolle sieben Jahre durchmachen, bis es uns gelang, im Jahre 1921, arm und halb verhungert, verlaust und äußerlich verkommen, Russland den Rücken zu kehren.

1912 erhielten wir in Russland die traurige Nachricht, dass unser lieber Alexander schwer erkrankt sei. Wir Geschwister eilten sofort nach Neumünster, trafen ihn zwar noch lebend, aber ganz hoffnungslos an. Er starb am 29. August 1912; mittags 12 Uhr tat er seinen letzten Atemzug. Es schien, als ob die Sirene seines geliebten Werkes ihm noch den letzten Abschiedsgruß zurufen wollte. Das war ein harter Schlag für uns alle und ein schmerzlicher Abschied, und es war aus mit der sorglosen, glücklichen Zeit, sowohl in Russland als auch in Neumünster.

Schon im Dezember des nächsten Jahres, 1913, mussten wir wieder an ein Sterbelager, an das unserer lieben Maka, eilen. Eine tuberkulöse Gehirnentzündung hat sie schnell hinweggerafft, wo wir immer noch alle Hoffnung auf Besserung hatten.

Bald nach Alexanders Tod waren wir mit Anna, Maka, Mika, Njuscha, Schura, Magda alle zusammen auf der Krim in Simeis gewesen, wo auch Makalein sich sehr erholt hatte. 1914 kam dann noch mal Schwägerin Anna mit Olga, Mika und Schwester Anna aufs Gut zum Besuch, und es glückte ihnen, eben vor Ausbruch des Krieges wieder zurückzufahren, hingegen blieben Olga Niemann und Liete, die etwas später hinzugekommen waren, hängen und konnten erst einen Monat später mit Ach und Krach über Schweden und Rauma die Reise nach Bremen antreten. Der Krieg kam für uns so unerwartet und unvorbereitet wie nur möglich; hätten wir auch nur eine Ahnung gehabt, wir hätten Manches noch anders einrichten können.

Krieg! Schikanen und Internierung

Drei Tage vor Ausbruch des Krieges fuhr Schwager Kionka in Geschäften nach Deutschland, ohne auch nur eine Ahnung zu haben, was ihm und uns allen bevorstand. Noch bevor er über die Grenze fuhr, hatte ihm eine prominente Persönlichkeit im Coupé versichert, dass alle plötzlich auftauchenden Gerüchte über den Krieg nur Quatsch seien, jedoch schon auf dem Bahnhof in Breslau bestätigten sich die Gerüchte: es war Krieg !!!!!!!!!! Als er sofort zurückwollte, war es zu spät, der letzte Zug war hinüber, die Schienen waren aufgerissen, alles war gesperrt. Er war anfangs geradezu verzweifelt – Krieg mit Russland! und Frau und Kind mittendrin!

Wir übrigen in Russland waren nicht weniger bestürzt. Diese Möglichkeit hatten wir niemals ernstlich ins Auge gefasst; es war ja klar, dass für uns Auslandsdeutsche nun alles auf dem Spiele stand, und es dauerte auch nicht lange, bis wir es zu fühlen bekamen, dass wir Landesfeinde seien. Das Schlimmste war für uns die deutsche Kriegserklärung, die in allen Dörfern sogar verlesen wurde und wonach es dem urteilslosen Volke sofort klar war, dass die Deutschen die Friedensstörer, die

Barbaren seien. Grauenhafte Geschichten wurden erfunden, wie man die flüchtenden Russen in Deutschland auf den Bahnhöfen malträtiert, den Frauen die Ohrringe mitsamt den Ohren abgerissen, Mädchen auf dem Perron von deutschen Offizieren aus dem Zuge geschleppt und vergewaltigt hatte. Die plötzlich allgeliebte Zarin-Mutter wurde höhnisch an der Grenze zurückgeschickt, kurz, der Hass wurde geschürt wie nur möglich, wie das ja überall und nicht nur in Russland geschehen ist.

Mitten in der Ernte kam der Polizeigewaltige des Kreises und beschlagnahmte alles, was nicht niet- und nagelfest auf dem Gute war, alle landwirtschaftlichen Maschinen, Wagen, Pferde, Geschirr, alles wurde auf unseren Fuhren verstaut und nach Shisdra gebracht. Die ganze Landwirtschaft war also mit einem Schlage lahmgelegt. Auf meinen Protest, dass ich russische Staatsangehörige sei, mein Reitpferd, Sättel und manches andere mein Eigentum sei und sie nicht das Recht hätten, mich zu pfänden, versprach mir der Polizeimann, mein Pferd zurückzuschicken; stattdessen bekam ich aber das elendste aller Pferde, einen alten Gaul, der blind und nur noch zum Wasserpumpen benutzt werden konnte, zurück. Hohn natürlich! Sogar unser Gouverneur von Kaluga, Fürst Gortschakow, setzte sich für uns ein und gab telegraphischen Befehl, alles dem Gute Moll wieder zurückzustellen, aber die Halunken waren schlau und telegraphierten sofort zurück, dass der Befehl leider zu spät gekommen und alles an die Front weiterbefördert sei. Dabei hatten die Pferde noch drei Tage ohne Futter auf dem Hofe angebunden gestanden, weil man einfach nicht wusste, was man mit ihnen beginnen sollte und die Behörde kein Geld für Futter hergeben wollte. Als die armen Tiere dann schon vollständig entkräftet waren, wurde der Vorschlag gemacht, den verfluchten Deutschen einzusperren, weil er so schlechtes Pferdematerial geliefert habe.

Ein großes Glück war es, nicht zum wenigsten auch für uns Deutsche, dass kein Wodka mehr zu haben war, alle Brennereien waren geschlossen und die Vorräte in festen Gewahrsam genommen, sonst wären wir nie und nimmer mit dem Leben davongekommen, wie denn überhaupt die Zarenzeit während des Krieges die gefährlichste war, was unser Leben anbetraf. Seinen Höhepunkt hatte der Deutschenhass erreicht bei dem Progrom in Moskau, als alle deutschen Läden, Fabriken und Geschäfte zerstört wurden. Auf der Zündelschen Manufaktur wurden der Direktor, einige Angestellte und sogar zwei Damen erschlagen und in die Moskwa gestürzt, wo sie so lange mit eisernen Stangen heruntergehalten wurden, bis sie ertrunken waren. Wer von den Geschäftsinhabern sich dem Mob entgegenstellte, wurde runtergeschlagen.

Ja, ich muss sagen, es war auch gutgestelltes, gewissermaßen gebildetes Publikum unter der Bande. Man konnte feine Herren und Damen sehen, wie sie sich beteiligten und mit den Händen voller Uhren, Schmucksachen und Kleidungsstücken herausgestürzt kamen. Alles nahmen sie, was sie in der Eile zusammenraffen konnten. Die kostbarsten Flügel und Musikinstrumente der Firma Zimmermann flogen aus den Fenstern der Etagen auf das Pflaster; was nicht geraubt werden konnte, wurde vernichtet.

Die Straßen waren schließlich unpassierbar und die Bande so in Geschmack gekommen, dass sie schließlich auch vor russischen Firmen nicht haltmachte und der Reihe nach vorging, bis sich dann endlich die Polizei einmischte. So etwa 15 bis 20 von der allerschlimmsten Sorte waren in einen Keller geraten, in dem riesige Fässer von Spiritus und Wodka verwahrt wurden. Da man sich in seiner Gier nicht Zeit ließ, die Fässer anzuzapfen, wurde einfach das Spundloch losgeschlagen, was dann zur Folge hatte, dass die ganze Bande im Wodka versoffen ist. Andere sah man mit blutenden, aufgeschnittenen Mäulern herumirren, weil sie einfach den Flaschen den Hals abgeschlagen und dann daraus getrunken hatten, usw.

Man kann sich vorstellen, wie uns bei alledem zu Mute war und was wir zu erwarten hatten. Zwar blieben unsere älteren und vernünftigen Bauern und Arbeiter wohlwollend, wenigstens ließen sie sich immer wieder überzeugen, dass wir persönlich doch nicht schuld an den deutschen Grausamkeiten seien, aber die jüngeren Elemente, hauptsächlich unter den Fabrikarbeitern, waren gehässig, was ja auch bei den schrecklichen Hetzereien nicht weiter verwunderlich war. Im Gegenteil, man musste sich wundern, dass immer noch viel Überlegung vorhanden war. Sehr zu denken gab uns ein Fall, als ein benachbarter Landbesitzer unseren Verwalter, Herrn Schopin, bitten ließ, ihm einen Sack Kalk leihweise zu überlassen. Der Bote stellte sich breitbeinig in die Küchentür und fuhr Axinia, unsere Köchin, an: „Na, und Du kochst immer noch für Deine deutschen Hunde! Es wird nicht mehr lange dauern, dann machen wir Schluss mit der Bande, in Moskau haben sie schon gekriegt, was ihnen gehört, jetzt geht's hier bald los." Das war für uns nicht sehr beruhigend, jedoch tröstete mich Kusma, ein alter, der Familie treu ergebener Bauer aus dem nächsten Dorf Ussowka immer wieder: „Seid nur nicht bange, ich warne Euch vorher, wenn etwas gegen Euch geplant wird, damit Ihr Euch retten könnt; helfen kann ich Euch ja nicht, aber Euch warnen kann ich immer"; das war immerhin ein großer Trost bei den damaligen Verhältnissen. Kusma war wirklich ein treuer Freund der Familie, und wir alle haben seinen plötzlichen, frühen Tod an Typhus aufrichtig bedauert.

Wie gesagt, unsere nächste Umgebung in Ussowka (Palomo), auch Kosmatschewo war im Grunde nicht feindlich und gehässig gegen uns, ja, sie betonten sogar bei jeder Gelegenheit, dass wir nur sofort zu ihnen ins Dorf schicken möchten, wenn uns Überfall durch hergelaufene Banden drohe, und das haben sie auch bei einem späteren Überfall von 6 – 7 Kerlen in Soldatenuniformen bezeugt. Diese hatten ihre Pferde im nahen Walde versteckt und uns dann in unserer Wohnung auf dem Gute den Revolver unter die Nase gehalten, sie müssten Haussuchung machen, was sie dann auch redlich besorgten und einsteckten, was ihnen nützlich und brauchbar schien. Wir kamen damals verhältnismäßig glimpflich davon, da sie zuerst dem Chemiker Karobotschkin einen Besuch machten; so hatten wir Zeit, Geld und was an Wertsachen da war, im Holzstoße auf dem Hofe zu verstecken. Dem Chemiker und seiner Frau hatten sie alles genommen, sogar die Trauringe vom Finger gezogen. Wir Frauen wurden einer Leibesvisitation nicht unterworfen, wir waren auch von Anfang an höflich und machten gute Miene zum bösen Spiel; was war auch Anderes zu machen, Widerstand hätte unsere Lage nur verschlimmert. So hatten wir auch unsere männlichen Mitbewohner und Familienmitglieder bewogen, durch Hintertüren in den Wald zu gehen. Man wusste aus Erfahrung, dass die Banditen gegen Männer viel schärfer und rücksichtsloser vorgingen.

Sehr lange dauerte auch dieser Überfall nicht, nicht länger als etwa eine Stunde, die Sache war ihnen wohl selbst nicht recht geheuer, und sie fürchteten, ihrerseits von den Bauern überfallen zu werden. Diese kamen dann auch ganz prompt, aber gottlob zu spät, es wäre sonst zu einem Handgemenge oder gar zur Schießerei gekommen, und Schlimmeres hätte uns gar nicht passieren können. Natürlich wären wir in jeder Beziehung die Leidtragenden und Schuldigen gewesen, der Vorfall hätte für uns unabsehbare Folgen haben können. Charakteristisch war es übrigens, von den empörten Bauern zu hören: Wenn hier geplündert werden soll, dann sind wir die nächsten dazu, wir werden doch nicht von fremden, hergelaufenem Lumpenpack hier ausplündern lassen, das können wir ganz allein besorgen, das ist dann unsere Sache. Ganz treuherzig und in vollem Ernst haben sie uns diese Versicherung gegeben, die wir doch mit gemischten Gefühlen aufnahmen.

Etwa vier Wochen nach Ausbruch des Krieges gelang es endlich unserer Kusine Olga Niemann, mit Tochter herauszukommen. Die Reise war nicht ohne Gefahr für sie, und sie konnten sie nur unter Hinterlassung von sämtlichem Gepäck antreten, über Raumo mit dem Dampfschiff nach Stockholm hinüber. Sie sind dann ziemlich ungefährdet dort angekommen, so dass sich unser liebes Macheling ebenfalls entschloss, sich mit ihrer einzigen Tochter, die am 28. März 1908 geboren, also eben sechs Jahre alt war, auf den Weg zu machen. Viel Zeit war nicht zu verlieren, denn die Verbindung mit Schweden drohte auch abzubrechen. Natürlich war es eine harte Nuss, sie ziehen zu lassen, aber sie hatte keine Ruhe, verzehrte sich in Sehnsucht und Sorgen um Bernhard, und so brachte ich sie schweren Herzens nach Moskau, wo Karl Dawidowitsch, unser langjähriger Verwalter und zuletzt Geschäftsführer der Grammophonplattenfabrik in Aprelewka, sie in Empfang nahm und über Petersburg nach Rauma begleitete. Sie konnten nur das Allernotwendigste an Kleidungsstücken mitnehmen, auch Geld war strengstens verboten; trotzdem gelang es Magda, etwa 14.000 Rubel durchzuschmuggeln, die sie dann an Moll und Rohwer ablieferte. Die Überfahrt war sehr stürmisch, so dass das Schiff wieder in den Hafen umkehren musste, die Minengefahr war dadurch doppelt groß, aber alles ging gottlob gut. In Stockholm konnte sie sich mit Bernhard in Verbindung setzen, und in Berlin war natürlich die Freude des Wiedersehens groß.

Auch wir Zurückgebliebenen erhielten ziemlich prompt Nachricht, dass alles gut abgelaufen sei. Aber dann kamen Jahre, wo jede regelmäßige Verbindung aufgehört hatte, wo keine Nachrichten hin und her gelangten. Hätten wir geahnt, dass dieser Zustand sieben lange Jahre dauern würde, wären wir verzweifelt, aber man hoffte ja immer, dass der Krieg in ein paar Monaten, spätestens in einem Jahre zu Ende sein würde. Es wäre klüger gewesen, wenn wir gleich zu Anfang alles stehen und liegen gelassen und geflüchtet wären, wir hätten uns viel Kummer erspart, denn schließlich haben wir von dem großen Vermögen gar nichts retten können, haben nur unnütz Zeit verloren, schrecklich viel durchgemacht und Leben und Gesundheit aufs Spiel gesetzt. Aber wer konnte das ahnen; die Zeitungen ließen uns vollständig im Unklaren, solange es solche noch gab. Briefe und Nachrichten aus dem Auslande kamen nicht durch. Gerüchte, wahre und unwahre, verwirrten noch mehr den klaren Blick. Von der Schlacht bei Tannenberg, überhaupt dem Einbruch in Ostpreußen, erfuhren wir erst vier Wochen später. Kusma kam aus Shisdra zurück und hatte dort von durchfahrenden Verwundeten erfahren, dass die Russen geschlagen und große Verluste gehabt hätten. Gerade die Leute aus unserer Gegend hätten schwer gelitten, die Hälfte sei in den Sümpfen und in den Seen steckengeblieben und umgekommen. Dies alles raunte man sich aber nur unter dem Siegel tiefster Verschwiegenheit zu, offiziell glaubte man an glänzende Siege der Russen.

Dann schlug Ende 1915 wie eine Bombe das Dekret ein, dass alle Deutschen ihrer Stellung enthoben und in die Verbannung geschickt würden mit Kind und Kegel. Der Polizeiminister des Kreises Shisdra telegraphierte es unter Bedauern persönlich an Bogdan, dass er in drei Tagen mit seiner ganzen Familie reisefertig zu sein habe. Frauen und Kinder müssten auch mit. Es traf also außer Bogdan und Agafia auch Wanja mit Frau und fünf Kindern, Viktor Allé mit Schura und einem Kinde – sie war mit Sascha in anderen Umständen – und Hermann, der eben Abitur gemacht hatte. Manja durfte weiter in Pension bleiben. Außerdem war da noch ein Angestellter, Wilhelm Raabe von der chemischen Fabrik, der auch mit Frau und zwei Kindern fortmusste. Wohin die Reise gehen sollte, wusste niemand. In Moskau sollten sie es erfahren.

In großen Kisten und Säcken wurde nun das Allernotwendigste zusammengerafft, was für eine solche Fahrt ins Ungewisse mit so vielen kleinen Kindern notwendig war. Lowa (Leo), der Älteste, war 10 Jahre alt. Als dann so ziemlich alles gepackt war, kam abends vor der Abreise die Nachricht, dass die Frauen und Kinder vorläufig noch zurückbleiben könnten, wenn sie es wollten. Na und ob sie wollten! Allen fiel ein Stein vom Herzen, den Männern auch. Alleine konnten sie sich ja viel leichter durchschlagen. So fuhren sie, immerhin mit etwas erleichtertem Herzen, am nächsten Morgen zur Bahn nach Moskau, wo sie die Weisung erhielten, sich vorläufig nach Kasan zu begeben. Das war immerhin sehr günstig, wir waren alle darauf gefasst gewesen, dass es weit nach Sibirien gehen würde, nach Tobolsk oder noch weiter nach Norden.

In Kasan wurde ihnen aber mitgeteilt, dass sie weiter nach Mamadisch, ebenfalls Gouvernement Kasan, fahren müssten – ein grauenhafter Aufenthaltsort, 200 Werst (rd. 200 km!) von der Eisenbahn entfernt, ein elendes Nest mit keiner regelmäßigen Postverbindung und einem sehr berüchtigten Pristaw, der Zivilgefangene niederträchtig behandelte. U. a. erlaubte er nicht, dass sie auf dem Bürgersteig gehen, sondern nur den Fahrweg benutzen durften und auch diesen Weg nur bis zum Dunkelwerden, danach durfte sich niemand mehr auf der Straße zeigen.

Brüderlein gab mir ein Telegramm und bat, mich um sie alle zu verwenden. Es gelang mir durch die sehr befreundete Familie Straßburger, Direktor bei den Malzowschen Werken, eine warme Empfehlung an einen höheren Beamten, Juschkewitsch, in Kasan für unsere Bedrängten zu erhalten, und auf dessen Vermittlung hin durften sie sich Swijashsk, etwa 40 bis

50 Werst von Kasan entfernt, als Wohnort wählen. Swijashsk lag sehr hübsch, hoch oben auf einem Bergkegel, ein kleines, aber freundliches Städtchen mit einem Frauen- und zwei Männerklöstern am Zusammenfluss der Wolga mit der Oka. Der Berg war von Wiesen umgeben, die im Frühjahr hoch unter Wasser standen, so dass der Verkehr statt mit der Eisenbahn mit Kähnen und kleinen Dampfschiffen unterhalten werden musste. Im Sommer war zweimal täglich Dampfschiffverbindung auf der Wolga mit Kasan – eine sehr schöne Fahrt dorthin; im Winter war alles vereist, aber es gab eine gute Bahnverbindung mit Kasan.

Es gelang ihnen in Swijashsk sofort, ein Häuschen zu mieten. Betten und das Allernotwendigste wurden angeschafft; ich konnte auch noch allerhand notwendige Sachen nachschicken So wurde der Hausstand notdürftig eingerichtet. Natascha, die Schwester eines Verwalters vom Gute Frederitschow, war

Internierung: Familiengruppenbild in Swijashsk 1914

gleich mitgefahren, als unentbehrlicher weiblicher Beistand, und so ging alles besser als wir gedacht hatten.

Ja, schließlich war man noch ganz froh, dass alle Männer aus der Schusslinie waren, es drohte ihnen in der Gefangenschaft weniger Gefahr als in den Fabriken und in den Dörfern, denn hauptsächlich die Jugend war verhetzt, und dass die Söhne, Brüder und Väter in den Krieg ziehen mussten, sei doch allein Schuld der Deutschen, die in das friedliche Russland eingefallen waren, beutegierig und grausam – so wurde es ihnen mündlich und schriftlich dargestellt. Man rief uns Schimpfworte nach, wenn wir durch die Dörfer fahren mussten, so dass wir schließlich die notwendigen Wege lieber des nachts fuhren, und selbst da passierte es Bogdan, dass man ihn aus dem Hinterhalt mit schweren Feldsteinen bombardierte, als sein Kutscher abgestiegen war, um das Tor zum Eingang in das Dorf zu öffnen. Wir waren so gut wie recht- und schutzlos.

Die Leitung der Betriebe fällt in meine Hände

Damals sahen wir es als ein großes Glück an, dass ich durch meine Heirat russische Staatsangehörige geblieben war; ich konnte also bleiben, und die Fabriken konnten auf meinen Namen überschrieben werden. So bekam ich die Fabriken Duminitschi, Ljudinowo und Pessotschnja (früher mit der Malzowschen Verwaltung und der Duminitscher Fabrik) überschrieben. Die Fima hieß hinfort K. Gokina & Co. Das war schon früher mit der Malzowschen Verwaltung und der Duminitscher Fabrik schriftlich niedergelegt worden, einem Dekret zufolge, dass kein Deutscher in führender Stellung sein durfte. Aber unser Brüderlein war doch immer da und leitete alles hinter den Kulissen.

Nun stand ich plötzlich vor der Aufgabe, mit allem allein und selbständig fertig werden zu müssen. Freilich, die Arbeiter waren eingearbeitet, die Angestellten ehrlich, tüchtig und treu, taten vollauf ihre Pflicht, so lange sie konnten. Aber in der Emaille beim Zusammenwiegen und Schmelzen konnte ich mir nirgends Rat holen, damit war kein Angestellter vertraut, das war immer ausschließlich Geschäftsgeheimnis in der Familie geblieben, das die Brüder, Onkel Edwin und Bernhard allein besorgt hatten. Unser Brüderlein war weit, und es dauerte mindestens acht Tage, bis ich Antwort auf einen Brief erhielt, und auch dieser musste in russischer Sprache geschrieben sein, der Zensur wegen. Von Swijashsk drei Tage hin und drei Tage zurück, mehr als viermal im Jahre konnte und durfte ich die Reise nicht machen.

Na ja, wenn man ins Wasser geworfen wird, lernt man am schnellsten schwimmen, und so ging es mir auch. Zwar habe ich viel Angst und Sorgen, manche schlaflose Nacht durchgemacht, aber meine Arbeit ging flott, Wannen und Geschirre blieben erstklassig und auf der Höhe. Sogar als verschiedene Materialien knapp wurden, glückte es mir noch, Ersatz zu beschaffen. Das erste, was fehlte, war Zinnasche. Natürlich wusste Bogdan sofort Rat, nach seinen Anweisungen habe ich dann einen Ersatz zusammengeschmolzen, der sich glänzend bewährte, auch für Ljudinowo und Pessotschnja. Als dann schließlich der vollständige Zusammenbruch kam, war es nicht meine Schuld, sondern die Hochöfen und Gießereien hatten kein Roheisen mehr, da aller Bahnverkehr aufhörte und damit jede Tätigkeit lahmgelegt wurde. Eine Zeitlang bekamen wir noch Befehl, Bomben abzuglühen, aber das hörte auch bald wieder auf.

Alle 14 Tage musste ich nach Ljudinowo fahren, um dort abzuwiegen, zugleich auch für Pessotschnja. Die Wege waren sehr unsicher; Raubüberfälle, Mord und Totschlag waren an der Tagesordnung. Ich habe mich oft selbst gewundert, dass ich immer so glatt durchgeschlüpft bin. Besonders gefährlich war es unter der provisorischen Regierung unter Kerensky. Es herrschte damals vollständige Anarchie: Güter wurden ausgeraubt, die Besitzer erschlagen, alles angezündet, Eisenbahnwaggons auf den Stationen einfach abgehakt und von den Bauern ausgeplündert, das Militär war ganz disziplinlos, mit den Offizieren gleichberechtigt, denen sie die Achselstücke abrissen und sie malträtierten, wenn sie muckten; jeder Bauernlümmel fühlte sich als General. Von Gericht oder Gerechtigkeit konnte keine Rede sein. Diese und die erste Bolschewikenzeit waren das Schwerste, was wir in Russland durchgemacht haben.

Ich kann nicht sagen, dass unsere Arbeiter und Bauern gerade feindselig gegen mich waren, die älteren Arbeiter waren sogar hilfsbereit, man fühlte doch eine gewisse Teilnahme heraus. Freilich, die jüngeren Elemente waren ablehnend, oft feindlich, sie stellten allerhand unmögliche Forderungen und drohten hinter meinem Rücken, mich totzuschlagen, wenn ich dieselben nicht befriedigen wollte, was ich absolut nicht konnte. Ich machte mir übrigens nicht viel daraus, solange ich sicher war, dass die Fabriken mich nötig hatten. Wer sollte abwiegen, wenn nicht ich? Das wussten alle ja auch recht gut, und so suchte ich mich durchzuschlängeln, gab nach, wo ich nur konnte, zeigte niemals Furcht und Unsicherheit, steckte auch manches ein, stellte mich öfters dumm, versorgte meine Gefangenen in Swijashsk mit allem Nötigen, und so ging alles verhältnismäßig ganz flott. Die Frauen und Kinder waren inzwischen, nachdem die Männer sich gut eingerichtet hatten, dorthin nachgezogen.

Eines schönen Morgens war die Bombennachricht da, der Zar sei abgesetzt und es gebe eine provisorische Regierung! Man wusste nicht, sollte man sich freuen, würde es nun besser oder schlimmer. Ich fuhr nach Moskau, um Geld auf den Banken Lyoner Kredit und bei Dschamgaroff zu deponieren, damit ich das viele Geld, das sich bei mir in Duminitschi angehäuft hatte, loswurde. Meine Lage in den Fabriken wurde immer brenzliger, so dass ich mich öfters genötigt sah, nach Moskau zu fahren, wo man in der Menge untertauchen konnte. Die Not unter den Arbeitern war natürlich groß. Um sich und die Familien durchzubringen, wurde gestohlen, was nicht niet- und nagelfest war, um es gegen Brot einzutauschen. Zum Eintauschen fuhren die Leute dann mit gelegentlich verkehrenden Zügen in die Schwarzerde-Gouvernements Saratow, Tambow, sogar bis nach Bessarabien, nahmen mit, wessen sie habhaft werden konnten und tauschten es dort in den Dörfern gegen Mehl, Grütze, Fastenöl, das Allernotwendigste zum Leben ein. Besonders Kochtöpfe, Kattun, Seife, Schleifsteine für Sensen waren dort sehr begehrt. Von letzteren hatte Bogdan nach seiner Rückkehr aus der Gefangenschaft eine ganze Industrie entwickelt, von weither kamen die Arbeiter und Bauern, um die Schleifsteine (Bruskie genannt) bei uns zu erstehen.

Auch eine rege Seifenindustrie entwickelte sich. Die Bauern brachten uns ranzig gewordenes Öl oder sonstige ungenießbare Fette, und wir gaben ihnen für drei Pfund Öl ein Pfund Seife zurück. Soda und was sonst dazu gehörte, gaben wir von unserer Seite. Die alte Köchin Ustinia und ich haben manchen Tag in der Kälte gestanden und einen primitiven Seifenkessel gerührt und waren höchst beunruhigt, wenn die Seife nicht dick werden wollte. Alles dies musste möglichst heimlich geschehen, um den Neid der Besitzlosen nicht herauszufordern und wir nicht Gefahr liefen, ausgeraubt zu werden. Für ein Pfund Seife bekamen wir zwei Pfund Fleisch und drei Pfund Roggenmehl. Von Weizen und Buchweizengrütze konnte keine Rede sein, ab und zu etwas Hirse, aber die war sehr kostbar.

Ein großes Glück war es, dass wir zwei Kühe halten durften. Laut Dekret konnte eine achtköpfige Familie eine Kuh halten, da wir aber zusammen mehr als acht Köpfe zählten, durften wir zwei Kühe haben. Im Winter war zwar oft große Not, das Futter zu beschaffen, aber es fand sich doch immer wieder ein

Ausweg. Die Hühner streikten schließlich auch ganz und gar, das Futter war zu kläglich, auch wurden sie abgefangen, sobald sich nur ein Huhn außerhalb des Hofes blicken ließ. Wenngleich sie sehr mager waren, lockte ein Hühnerbraten doch zu verführerisch. Kartoffeln, Steckrüben, Kohl und Gurken hatten wir vollauf, dank unserer eigenhändigen Arbeit. Auch Tomaten, Bohnen und ganz besonders der Tabak gediehen vortrefflich. Ich habe dann halb Duminitschi mit getrocknetem, auf der Kaffeemühle gemahlenem Tabak versorgt und beglückt.

Überhaupt, satt sind wir immer noch geworden, wenn auch das Brot mit Kartoffelschalen und Ölkuchen gestreckt werden musste und Tee von geriebenen und gerösteten Möhren bereitet werden musste. Zucker und Weizenmehl gab es gar nicht. Butter war sehr wenig, überhaupt war der Fett- und Salzhunger sehr groß. Das Salzbedürfnis ist das Allerschlimmste, das kann Leute zur Verzweiflung bringen. Unser gutes, kluges Brüderlein hatte auch diese Not von uns ferngehalten, indem er aus ganz verdorbenem, verfaultem, gesalzenem Speck, den man ihm zur Seifengewinnung aus dem Konsumverein gebracht hatte, auf chemischem Wege das Salz herausgezogen und auf heißen Platten geröstet hatte, so dass wir schönes, weißes Salz bekamen. Der Rest wurde dann noch zu Seife verkocht. Diese Salzgewinnung aber musste tiefstes Geheimnis bleiben, sonst hätte man uns das Haus gestürmt, und allzu viel hatten wir ja selbst nicht.

Dramatische Ereignisse in Moskau

Dies alles geschah schon zur Bolschewistenzeit. Den Übergang von Kerenski zum Bolschewismus musste ich in Moskau am eigenen Leibe in einer furchtbaren Weise erfahren, und davon will ich jetzt erst erzählen.

Ich war gerade in Moskau und hatte mir ein Zimmer genommen im „Nizza“, einem Privathotel, Ecke der Nikoskaja und dem Swetnoi Boulevard, und ganz aus heiterem Himmel, d. h. ohne dass vorher etwas zu merken gewesen wäre, fing eines Morgens um 6 Uhr unter unseren Fenstern ein großes Geschrei und eine Schießerei an. Sowie ich den Vorhang öffnete, um herauszusehen, richteten sich drei Gewehrläufe auf mich und mein Fenster. Ich hatte Nadenka, eine frühere langjährige Gouvernante der Kinder eingeladen, um nicht so schrecklich allein zu sein, und wir beide waren nun eingeschlossen und mitten drin im Schlamassel. Irgendwie herauszukommen oder gar den Bahnhof zu erreichen, war ganz ausgeschlossen, die Straßen waren mit einem Schlage menschenleer und gesperrt, und die Kugelspritzen fegten die Straße ab und zu entlang; wer sich leichtsinnigerweise herauswagte, blieb auf der Straße liegen. Abends durfte kein Fenster in ganz Moskau erleuchtet sein, man riskierte, dass einfach ins Fenster hineingeschossen wurde. Keine Straßenlaterne brannte.

Unglücklicherweise lag unser „Nizza“ gerade zwischen zwei feindlichen Lagern: Im Strassnoi-Kloster hatten die Bolschewiki ihre Basis, und in der Nähe von Arbat, Swetnoi Boulevard, lag die Junkerschule, die Verteidiger des alten Regimes. Die armen jungen Kerle haben sich tapfer gewehrt, aber es konnte von Anfang an kein Zweifel sein, dass sie unterliegen müssten, da sie keine Hilfe erhielten, auf die sie sicher gerechnet hatten und die ihnen wohl auch versprochen war. Die Soldaten waren zu den Bolschewiki übergegangen, und die Offiziere drückten sich und liefen davon, solange sie noch konnten. Mit uns waren drei Offiziere im „Nizza“, die plötzlich alle verbundene Köpfe hatten und sich leidend stellten. Es wäre ja ihre Pflicht gewesen, den Jungen zu Hilfe zu eilen gegen die Bolschewiki, aber sie drückten sich und spielten den ganzen Tag Karten. Überhaupt hat die Intelligenz damals völlig versagt. Wären alle auf dem Platze gewesen und hätten ihre Pflicht getan, wären die Bolschewiki nicht so schnell und hoffnungslos hochgekommen.

Die Junker allerdings wehrten sich verzweifelt, aber viele Hunde sind des Hasen Tod. Die Bolschewiki waren ihnen wohl um das Zehnfache überlegen. Es hieß zwar, die Junker schießen besser, aber was konnte das schließlich helfen. Der Kampf dauerte sechs Tage, erst am siebten Tag morgens hörte die Schießerei auf. Im „Nizza“ hatten wir nur zwei Tage ausgehalten, nicht in unseren Zimmern, sondern in einem Korridor, der, ähnlich orientalischer Art, um den inneren Hof herumführte. Alle Zimmer gingen nach der Straße heraus, so waren wir dort ziemlich sicher, hatten unsere Matratzen herausgeholt und schliefen dort auch nachts. Am dritten Morgen erschienen Sanitäre, die uns erklärten, dass wir unbedingt herausmüssten, da uns große Gefahr drohe. In einem Nachbarhause, in einer Drogerie, lägen große Vorräte an Benzin, viele Brennstoffe, sogar Munition, und wir könnten jeden Augenblick in die Luft fliegen, wenn es dort einschlüge. Ja, aber wohin? Da konnten sie auch keinen Rat geben. Versuche, in einer Pause, in der nicht geschossen wurde, den Boulevard oder an den Häusern entlangzulaufen, das bedeutete beinahe den sicheren Tod. Einige Franzosen unternahmen es, zu ihrer Gesandtschaft, die in der Nähe lag, zu gelangen, wir hörten dann aber später, dass die Gesandtschaft ihre Annahme verweigert und nicht geöffnet hätte. Wo sie geblieben sind, haben wir niemals erfahren.

Wir beschlossen, erst mal zu bleiben, wenigstens bis zur Dunkelheit. Nun kamen aber die Junker und besetzten unseren ganzen Flügel, der zum Kloster hin lag. Geschütze wurden auf den Dächern aufgestellt, Fenster ausgebrochen, und es wurde hin und her gefeuert, dass einem Hören und Sehen verging. Bis zum Abend war dieser ganze Flügel ein einziger Trümmerhaufen, die Bolschewiki hatten sehr schwere Geschütze. Tote und

Verwundete wurden zu uns heruntergebracht, wir halfen dem Arzt, der zufällig unter uns war, rissen zu Binden, was wir nicht gerade auf dem Leibe hatten. Alle waren wie weiß, wie Müllerknechte, der Staub der einschlagenden Bomben ließ einen kaum noch atmen, kurz, der Zustand war nicht mehr erträglich. Lebensmittel waren auch ausgegangen bei den vielen Menschen, die wir waren. Wir sahen ein, dass wir auf alle Fälle herausmussten. Zu alledem war auch die beständige Gefahr, dass die Bolschewiki kämen und sich ein Nahkampf entspinnen würde, wobei wir als Bourgeois natürlich alle niedergemacht worden wären, mitsamt den Junkern.

Es wurde hin und her beratschlagt, der Wirt bot uns seinen tiefsten Keller an, wir waren auch schon auf dem Wege dorthin, aber der Gedanke, dass wir dort ja lebendig begraben sein würden, ließ uns kehrt machen. Nun erinnerte sich ein Herr seiner Bekanntschaft mit dem Direktor einer Musikschule, gar nicht so weit von uns in einer Seitenstraße vom Arbat, und ganz merkwürdigerweise arbeitete auch das Telefon dorthin noch. Wir waren etwa 40 Menschen, die herauswollten; die übrigen hatten keinen Mut und konnten sich zu nichts entschließen. Der Direktor erklärte sich bereit, uns aufzunehmen. Diese Musikschule hatte ein kugelsicheres Erdgeschoss; es war so gebaut, dass die kleinen Fenster in gleicher Höhe wie die Straße waren. Im Erdgeschoss lagen die Garderoben, Toiletten usw., während oben Konzerte stattfanden.

Wir sollten zwischen 12 und halb 1 Uhr nachts vor der Tür sein und klopfen, es würde dann aufgemacht werden. Aber wie hingelangen? Die Geschosse fegten durch die Straßen. Zwei Herren unserer Gesellschaft entschlossen sich, den Gang zu wagen, sich zur Junkerschule durchzuschlagen und um Hilfe, Geleit oder Rat zu bitten. Dort war man entgegenkommend, man versicherte, dass sie 15 Minuten nicht durch die Straßen oder über den Boulevard schießen würden; das habe aber wenig Wert, da die Bolschewiki dann erst recht schießen würden. Man riet also, auch zu den Bolschewiki zu gehen und um Hilfe zu bitten. Natürlich mit einem Parlamentär. Ein solcher wollte sich aber nicht finden, bis schließlich eine Schwester erklärte, mitgehen zu wollen. Die stockdunkle Nacht begünstigte das Vorhaben, und die Drei gelangten glücklich zum Stab der Bolschewiki. Die Versicherung, dass etwa 70 Menschen dem Tode geweiht wären, wenn sie nicht herauskämen, dass alle diese Leute mit Frauen und Kindern absolut keiner Partei angehörten, aus allen Gegenden Russlands zusammengekommen seien und dass sie weiter nichts wollten als nur heraus und schon einen sicheren Aufenthalt hätten, also nur die Bitte, dass wir gefahrlos die Straße entlang kämen, das machte wohl einen guten Eindruck, und man versprach, ebenfalls für 15 Minuten das Schießen einzustellen, also von 12 bis 12.15 Uhr sollte nicht geschossen werden.

Nach langem und bangem Warten kamen die Herren heil und ganz um 11 Uhr des Nachts zurück, und nun kam Leben in unsere Gesellschaft. Das Allernotwendigste wurde zusammengesucht, von Gepäck irgendwelcher Art konnte natürlich keine Rede sein. In einer kleinen Handtasche Kamm, Seife und Handtuch, ich hatte noch ein Stück Schwarzbrot und eine größere Käserinde, Nadenka nahm ein kleines Reisekopfkissen, das wir dann abwechselnd benutzten, das war so ziemlich alles. Ich hatte noch eine kleine Tasche mit den allerwichtigsten Dokumenten und Geld, so standen wir marschbereit um 12 Uhr vor einer großen Kellertür, die direkt zu unserer Straße führte. Über allerhand Gerümpel kletterten wir, und kreischend tat sich das Tor auf. Wir standen atemlos. Aus der Dunkelheit lösten sich drei Gestalten, es waren Junker, die uns führen sollten, sehr nette und umsichtige junge Leute. Sie redeten uns gut zu, nur keine Angst zu haben, nur ja nicht zu laufen, ruhig zu gehen, so würden wir heil bleiben. Einer von ihnen übernahm die Führung, die anderen wünschten uns alles Gute und mit einem „Christoss spassi“ verließen sie uns. Nun ging es die Straße entlang, dann durch ein Haus, eine Kirche, durch den Korridor einer Popenwohnung, über Misthaufen und Stacheldrahtzäune, bis wir gegenüber der Musikschule wieder auf die Straße gelangten. Es war aber auch höchste Zeit, denn das Geknatter fing wieder an, wenn auch noch nicht in unmittelbarer Nähe.

Ich muss noch erzählen, dass mir beim Überklettern eines Zaunes in der Aufregung meine Handtasche mit den Dokumenten und Geld entglitten war, was ich erst nach einigen Minuten merkte. Sofort rannte ich zurück und fand auch meine Tasche am Zaune liegen. Herr Schopin, unser Gutsverwalter, der auch mit zur Expedition gehörte, hatte meine Abwesenheit bemerkt, und auf Befragen hatte Nadenka ihm gesagt, dass ich zurückgelaufen sei, um die Tasche zu holen. Händeringend kam er mir entgegengelaufen, scheltend über meinen bodenlosen Leichtsinn. Aber alles ging mal wieder gut, ich hatte meine Dokumente und war auch wieder rechtzeitig in Reih und Glied. Die Straße wurde überquert, aber wir klopften und klopften und klopften, niemand machte auf. Das war wieder eine große Aufregung, denn wo sollten wir nun hin, ein Zurück gab es nicht, und rundherum um uns zischte und knatterte es.

Endlich, nach verzweifeltem Klopfen, öffneten sich dann doch die Türen, der Hausherr stand mit einem Licht und begrüßte uns scheinbar nicht sehr erfreut. Aber das machte uns schon gar nichts aus, und unten angelangt, suchten wir uns schnell jeder einen Kleiderständer aus, damit wir nicht auf den kalten Fliesen zu liegen brauchten. Die Kleiderständer in Russland haben nämlich unten ein schmales Brett für die unentbehrlichen Galoschen, und dieses Brett wurde unsere Schlafstätte, außer unserem Pelz hatten wir ja nichts. Es war sehr kümmerlich und unbequem, noch dazu Männlein und Weiblein durcheinander, aber wir waren froh und hatten noch lange Zeit ein Gefühl des Geborgenseins.

Gewundert habe ich mich aber doch, dass gerade in so kritischen und gefährlichen Momenten das weibliche Geschlecht mehr Mut zu haben scheint als das männliche. Ich habe keine einzige Frau gesehen, die mit schlotterndem Unterkiefer und vor Angst verglasten Augen dagestanden hätte wie mancher Vertreter des starken Geschlechtes. Schließlich war man doch durch alles Vorhergehende mürbe geworden, und ein schneller Tod schien auch nicht gar so schrecklich zu sein. Angst hat mir immer nur der Gedanke gemacht, was aus meinen lieben Gefangenen in Swijashsk werden sollte, wenn ich nicht mehr für sie sorgen und ihnen nichts schicken konnte, was zu ihrem Unterhalt nötig war. Auch hoffte ich, doch manches Eigentum als russische Staatsangehörige für mein liebes Brüderlein retten zu können.

Um mich persönlich habe ich keine Angst gehabt und wohl gerade dadurch in kritischen Augenblicken nie die Ruhe und den Kopf verloren – eine Sache, über die ich mich selbst am meisten gewundert und Gott gedankt habe. Wohl habe ich mir in schlaflosen Nächten Sorgen gemacht und wusste oft nicht ein noch aus, aber im Augenblick der Gefahr war ich immer ruhig und klar. Unser Aufenthalt war vorläufig gefahrlos, auch lagen wir hier nicht so in der Schusslinie, wenigstens schlugen über uns keine Bomben ein; trotzdem war dieser Aufenthalt ein trauriger. Wir saßen und lagen umher und hatten Hunger. Zwar brachte der Hauswirt es fertig, uns morgens und abends einen kleinen Teller Tschi zu geben, aber es fehlte an Brot, und der Hunger quälte uns. Man half sich sehr freundschaftlich aus, wo man nur konnte, aber es wurde weniger und weniger, und wir mussten den Riemen enger und fester schnallen.

Abends wagten wir uns hinauf in die Dachkammern und erstarrten bei dem Anblick: Ganz Moskau schien in Flammen zu stehen, um unser „Nizza" herum ein Feuermeer, auch der Kreml schien zu brennen, der Himmel war blutrot, ununterbrochen krachten die Geschosse, menschliche Laute waren nicht zu hören. Der Gedanke, dass es in Kasan ebenso aussehen könnte, war furchtbar, denn ich wusste, dass die Unsrigen alle die Erlaubnis erhalten hatten, nach Kasan überzusiedeln. Wanja, Vitja und Hermann waren dort sogar in Stellung getreten, die man ihnen wohlwollend, weil ohne Gehalt, eingeräumt hatte.

Am siebenten Tage, morgens gegen 10 Uhr, wurde es merkwürdig still, die Straßen belebten sich, die Sonne schien hell, das Schießen hörte ganz auf, wir wagten uns vorsichtig an die Fenster, vereinzelt kam auch mal ein Soldat daher, und einer erklärte uns auf Befragen, dass der Kampf zu Ende und die Bolschewiki die Sieger seien, was wir ja auch nicht anders – leider! – erwartet hatten. Wir konnten also unseren liebenswürdigen Wirten herzlich danken und zogen ab. Der erste Gang war natürlich auf das Telegraphenamt, um in Kasan anzukündigen, dass wir heil und unversehrt waren. Es war keine Kleinigkeit, an die Schalter zu gelangen, aber mit Geld und guten Worten gelang es doch, und glücklicherweise kam das Telegramm auch in Kasan an, ehe die Zeitungen das Bild von unserem zerschossenen „Nizza" brachten.

In Kasan hatten sie auch mancherlei erlebt. Im Büro waren ihnen die Kugeln ganz unerwartet um die Ohren geflogen, und unsere drei Jungen waren ausgerissen, immer querfeldein. Gottlob aber waren alle heil geblieben, das war erstmal die Hauptsache. Im „Nizza" war natürlich unseres Bleibens nicht, das Haus war ganz und gar verwüstet, von den Zurückgebliebenen waren einige wahnsinnig geworden, unter anderem auch der Portier. Für die Nacht nahm uns eine befreundete Familie

Straßburger auf, und dann glückte es uns, mit der Bahn, im Viehwagen, nach Duminitschi abzureisen, natürlich in fürchterlicher Enge, aber wir kamen doch nach 12 Stunden dort an.

Die Bolschewiki übernehmen das Kommando

In Duminitschi wusste man längst, was in Moskau geschehen war, ich merkte es auch sofort an der Stimmung und der Art, wie sich die Arbeiter verhielten. Gleich am ersten Morgen, als ich in die Fabrik kam, erwiderte man zwar meinen Gruß, aber es fiel keinem ein, aufzustehen, wie man es sonst gewohnt gewesen war. Bald fingen dann auch die niederträchtigsten Plackereien an. Ein Sowjet- und Arbeiterrat wurde eingesetzt, einer unserer Arbeiter, Aufträger, war Präsident, und nun kamen Befehle und Änderungen über meinen Kopf hinweg. Ich wurde zum Sowjet befohlen und dort wurde mir mitgeteilt, was ich zu tun und zu lassen hätte. Einwendungen meinerseits, dass das doch so nicht gehe, wurden nicht beachtet oder man zuckte mit den Schultern, „Befehl von oben".

Von Anfang an war natürlich alles auf den Untergang der Bourgeoisie, überhaupt der besitzenden Klassen, zugeschnitten, alles sollte ruiniert werden. Hätte ich das von vornherein gewusst, hätte ich mir vielen Ärger und Scherereien ersparen können – einfach die Sachen laufen lassen, wie sie liefen. Aber ich wunderte mich über die Unvernunft der Befehle und bemühte mich dummerweise, das den Leuten klarzumachen. Zuerst kam der Befehl, dass alle Akkordarbeiten in der Fabrik aufzuhören hätten. Die Arbeiter hatten für erstklassige Wannen eine höhere, für zweitklassige weniger und für drittklassige keine Prämie bekommen. Natürlich war alles Streben darauf ausgegangen, erstklassige Wannen zu machen, und ein Arbeiter hatte schon auf den anderen aufgepasst, dass jeder an Zahl und Güte sein Möglichstes tat. Nachdem nun dieses Dekret heraus war, hatten die Leute kein Interesse mehr an erstklassigen Wannen. Sie schliefen nachts, trugen nachlässig auf, ließen verbrennen, und nach einigen Wochen war das Resultat da: Statt in 24 Stunden 36 Wannen wurden nur 8 bis 10 gemacht, und auch diese taugten nicht viel. Dann hieß es, alle früheren Arbeiter, die an der Front waren, seien wieder anzunehmen und auf ihren Platz zu stellen. Dass die Plätze durch andere Arbeiter besetzt waren und ersetzt sein mussten, tat nichts zur Sache; entlassen durfte man keinen, und so standen meistens auf einem Platz 2 – 3 Leute, die nun erst recht nichts taten, sondern nur Unsinn trieben. Die ganze Arbeiterschaft lief fast täglich zu Versammlungen, ließ Muffeln Muffeln sein, und alle Disziplin hatte aufgehört.

Sagen durfte ich natürlich nichts, man lachte hinter meinem Rücken. Die Arbeiter, hauptsächlich die jüngeren, stellten unmögliche Forderungen und riefen mich täglich in die Fabrik, bis mir die Sache zu bunt wurde und ich ihnen erklärte: „Wählt 3 – 4 Delegierte, eure Vertrauensmänner, und schickt sie zu mir, ich werde alles mit ihnen beraten, aber mit eurer ganzen Bande zu reden, hat keinen Zweck und keinen Sinn, jeder von euch schwatzt drauf los, das ungereimteste Zeug, zu einem Resultat kommt man nicht." Einen gewissen Respekt haben alle trotzdem mir gegenüber bewahrt. Freilich wurden hinter meinem Rücken unglaubliche Sachen ausgeheckt, z. B. würden sie mir mit Gewalt die Rezepte für Emaille abnehmen, wenn ich sie nicht gutwillig herausgäbe, sie würden mich einfach totschlagen, wenn ich dies und jenes nicht bezahlte, sie wollten meine Wohnung mit Arbeiterfamilien besetzen, denn ich hätte auch nur Anrecht auf ein Stübchen usw. Meine alte Köchin, die Ustinia, heulte Tag und Nacht vor Angst, und gerade ihr schien man am meisten einzuheizen, wohl in der Hoffnung, dass sie auf mich einwirken würde.

Auf mich machte dies aber alles keinen großen Eindruck, denn wie gesagt, ins Gesicht hat mir niemand etwas zugefügt, und solange mich die Fabrik nötig hatte, wusste ich auch, dass man mich nicht umbringen würde. Wer sollte das Abwiegen besorgen? Gott sei Dank war vorläufig kein Ersatz für mich zu finden, das wussten Arbeiter und Sowjets nur zu gut, und deshalb sah ich auch keine unmittelbare Gefahr in meiner Lage. Im Übrigen suchte ich ja auch mit allen Kräften, mit dem Strom zu schwimmen – gegen den Strom hätte keinen Sinn gehabt, das hätte meine Lage und die meiner Gefangenen nur noch verschlimmert. Viel Klapot und Sorgen machten mir auch die Fabriken in Ljudinowo und Pessotschnja, wohin ich zweimal im Monat fahren musste, um Glasur abzuwiegen, wozu ich immer drei Tage brauchte. Ljudinowo lag 60 Werst von Duminitschi entfernt, die Straßen waren über alle Maßen unsicher, sogar die Bauern, die sonntags mit ihren kläglichen Produkten noch zum Markte nach Ljudinowo fuhren, wagten sich nicht mehr auf den Weg, aus Furcht, ausgeraubt zu werden.

Erschreckt wurde ich öfters in dieser Zeit, aber Gott sei Dank ist mir niemals etwas Ernstes zugestoßen. Gelegentlich einer solchen Fahrt nach Ljudinowo sahen wir, auf einer Anhöhe angelangt, einen Trupp von 5 – 6 Personen, die sich unter einem Baum gelagert und Gewehre bei sich hatten. Mein Kutscher wurde blass und fragte, ob er umkehren solle, aber dazu war es zu spät, man sah, dass sie uns beobachteten. Es blieb nichts anderes übrig, als in aller Ruhe heranzufahren und im letzten Augenblick dann auf die Pferde einzuhauen, dass sie hergaben, was sie konnten. Nur einer war aufgestanden mit seinem Gewehr im Arm, die anderen blieben seelenruhig liegen. Nun hieb Iwan auf die Pferde ein und siehe, zu unserem maßlosen Erstaunen flogen die Mützen von den Köpfen und sie grüßten höflich, während wir vorüberrasten. Es werden wohl jagende Arbeiter gewesen sein, die sich einen Sonntagsbraten erhaschen wollten, schließlich waren sie auch mit einer Krähe zufrieden, die sie dann in ihrem Tschi kochten, wenn sie sonst nichts erwischt hatten.

Solche Abenteuer gab es unzählige, die sich aber gottlob immer in Wohlgefallen aufgelöst haben. Natürlich war ich vorsichtig, sagte nie vorher, wann und wohin ich fahren wollte, auch in Ljudinowo wurde es nie den Leuten bekannt, wann ich eintreffen würde. Möglichst wählte ich verschiedene Wege über Schacht, über Simnitzi oder über Maklaki. Verschiedentlich sind aber Fuhren, die ich mit Materialien nach Ljudinowo geschickt hatte, ausgeraubt worden. Ich hatte oft große Summen bei mir, wenn ich selber fuhr, die aber kunstvoll in und unter dem Wagen versteckt waren, aber niemals bin ich damit angehalten worden.

In Ljudinowo ging es anfangs mit den Arbeitern ganz gut, die Leute waren froh, dass sie durch mich die Möglichkeit hatten, weiterzuarbeiten, die Hetze aus der Zarenzeit machte auf sie keinen allzu großen Eindruck, erst als der Bolschewismus anfing, änderten sie ihre Haltung. Kionkas Wohnung, später die meinige, war zwar mit Rekruten besetzt, die ausgebildet wurden. Oben lagen 100 Mann, und unten hatte sich der Oberst mit Frau und Kind und seinem Adjutanten, ebenfalls mit Frau und Tochter und der dazugehörenden Dienerschaft, eingenistet. Mir hatten sie nur die zwei vorderen Zimmer gelassen. Die Frau Oberst aber war sehr liebenswürdig, schickte mir sogar Gebäck und Leckereien. Ich war natürlich ebenso entgegenkommend, stellte ihnen alles an Geschirr und Möbeln zur Verfügung, oft sehr zum Missvergnügen der alten Axinia und Natascha, Köchin und Stubenmädchen aus Kionkas Zeit, aber schließlich waren sie doch vernünftig und ließen sich überreden, dass es nun mal nicht anders gehe.

Übrigens, der Herr Oberst schoss immer wie eine Gewitterwolke an mir vorüber, auch sein Adjutant war sehr ablehnend, ja, er erfrechte sich sogar, in meiner Abwesenheit den Schlüssel von meinem Schlafzimmer zu verlangen, und als Axinia behauptete, diesen nicht zu besitzen, wurde er wütend und drohte, mich herausschmeißen zu wollen, da ich ihm sehr im

Wege sei. Heulend kamen mir meine zwei Getreuen schon auf der Treppe entgegen. Nun, das war denn doch ein bisschen gar zu frech, ich war zwar deutscher Abkunft, aber auch vollberechtigte Russin, außerdem war ich zur Zarenzeit noch für die Fabriken unbedingt notwendig. Der Direktor Straßburger war mit unserer ganzen Familie sehr befreundet, auch die Generaldirektion in Diatkowe war mir dankbar, dass die Sache im Lot blieb, und darauf fußend ging ich direkt zum Obersten mit Anklagen gegen seinen Adjutanten. Wenn sein Adjutant meine, dass ich hier überflüssig sei, dann könne er sich ja hierüber bei der Generaldirektion Klarheit verschaffen usw. Der Oberst war immer Gentleman, ein bildschöner Kaukasier; er meinte, das müsse ein Irrtum sein, meine Dienstboten hätten seinen Adjutanten wohl nicht verstanden, er werde mit demselben reden. Weiter wurde dann nicht mehr über die Sache gesprochen, aber das Resultat war, dass der Herr Adjutant sehr höflich grüßte, wenn er an mir vorbei musste.

So ging alles ganz friedlich, bis der Bolschewismus losbrach. Mein Oberst samt Familie und seinem ganzen Stabe, sogar die gedrillten Rekruten, waren plötzlich wie vom Erdboden hinweggefegt, und die Sache wurde für alle offiziellen Persönlichkeiten sehr brenzlig; sie suchten das Weite, auch unser Polizeigewaltiger war noch in derselben Nacht verschwunden. Es kochte und gärte in allen Kanzleien, und die Bolschewiki waren mit einem Schlage Herren der Situation. Sie waren plötzlich da, und eine Kanzlei nach der anderen wurde eröffnet, und nun wurde ohne jeden Umstand niedergeknallt, was missliebig war. Zuerst wurde Rode, der Meister der „Großen Mechanischen Abteilung", abends beim Nachhausegehen hinterrücks erschossen, und dann folgten mancher andere Meister aus der Fabrik und Herren aus dem Kontor, keiner war seines Lebens mehr sicher. Gerichte gab es nicht, wenigstens wurde in solchen Fällen nicht nachgeforscht. Dem Direktor Straßburger wurde schließlich der Boden zu heiß, er war der vielen Drohungen müde, und eines Nachts war auch er verschwunden. Der neue Direktor Schiffers war noch keine 14 Tage im Amt, da wurde auch er schon abends durchs Fenster in seinem Hause niedergeknallt. Ganz Ljudinowo kannte die beiden Halunken, die völlig besoffen waren, als sie die Tat vollbrachten. Im Triumph über das gelungene Attentat tanzten sie auf der Straße vor dem Hause Kamarinska nach einer alten Harmonika. Schiffers war ein tüchtiger Ingenieur, der schon in der Revolution 1905, nach dem japanischen Kriege, in Ljudinowo sehr erfolgreich Unterdirektor gewesen war, um sich dann in der Nähe von Moskau selbständig zu machen. Da der Krieg sein junges Unternehmen sehr gefährdet hatte und um sich aus den Schwierigkeiten herauszuziehen, hatte er die Direktorstelle in Ljudinowo angenommen. Er war bei den Arbeitern und Angestellten immer sehr beliebt gewesen.

Unsere Emaillierfabriken arbeiteten aber noch unentwegt weiter, wenn auch die Schwierigkeiten größer und immer größer wurden. Eismondt, Ackermann und alle Angestellten ließen sich nicht beirren, bis dann auch Eismondt einen Wink bekam, dass er aufs Korn genommen sei. Die Arbeiter waren plötzlich feindlich, und es blieb ihm nur übrig, schleunigst das Feld zu räumen. Er übergab alles seinem Gehilfen und fuhr aufs Moll'sche Gut, wo sein Schwager Angestellter der chemischen Fabrik war, die noch immer im vollen Betrieb stand. Das Gut war allerdings schon konfisziert, die Fabriken kamen erst später an die Reihe. Für mich war Eismondt natürlich auch ein großer Verlust. Ich fuhr sofort nach Ljudinowo, hatte mit den Arbeitern große Auseinandersetzungen, versuchte ihnen klarzumachen, dass wir ohne Eismondt gar nicht weiterarbeiten könnten, stieß aber auf so viel Übelwollen, sogar Hass, dass ich einsehen musste, es sei nichts zu machen und sein Leben sei wirklich bedroht, wenn ich sein Bleiben mit Gewalt durchdrücken wollte.

In Pessotschnja blieb Ackermann zwar noch auf dem Posten, aber auf der ganzen Linie ging es auch dort rückwärts, langsam aber sicher. Die Arbeiter legten sich keinen Zwang mehr auf, stahlen ganz ungeniert, was sie erreichen konnten; warum auch nicht, Diebstahl wurde nicht bestraft. Lebensmittel wurden knapp, schließlich für Geld unerschwinglich; für ein Pfund Brot reichten 20.000 Rubel nicht mehr aus, nur ein schwunghafter Tauschhandel lieferte das Allernotwendigste. Das Papiergeld wurde teils nur noch mit der Elle gemessen und später nach Gewicht berechnet, da das Zählen zu langwierig war. Dass es unter solchen Umständen kein Vergnügen war, außer Duminitschi auch noch die Malzowschen Fabriken zu haben und in der Hauptsache die Fahrten zur Hauptdirektion nach Diatkowo machen zu müssen, von denen man eben so dumm zurückkam, wie man hingefahren war, lässt sich begreifen, dass wir schließlich sehr froh waren, endlich diese beiden Fabriken los zu sein.

Die Bauernwirtschaften waren armseliger denn je, sie wurden gebrandschatzt von allen Seiten, die Rote Armee musste und wollte leben. Die Behörden bekamen Befehl, dieser oder jener Kreis habe so und so viel an Lebensmitteln, Hafer usw. zu liefern; dann kam die Abteilung der Roten Armee und nahm den Bauern den letzten Sack Roggen, die letzte Kuh, das letzte Schwein aus dem Stall, sie wurden direkt ausgeplündert, den Weibern wurde sogar das selbstgesponnene Leinen aus der Truhe geholt. An Widerstand war nicht zu denken; wer auch nur muckte, wurde auf der Stelle niedergeknallt. Wo gar nichts mehr zu holen war, dem wurden Fronarbeiten auferlegt, irgendwo, wo Arbeiten nötig waren, wurden sie hinbeordert, sogar Weiber, wenn sie nicht gerade kleine Kinder hatten.

Unter solchen Umständen war schließlich kein Pfund Brot mehr aufzutreiben. Der Bauer hatte in unserem Gouvernement für seinen Bedarf nie genug gehabt; wenn das Brot bis Weihnachten reichte, war er reich. Nun lagen die Güter brach, die doch in der Hauptsache den Markt beschickt hatten. Unser Land, das unter die Bauern verteilt war, Ackerland, Wiesen und Wald, alles wurde zwar anfangs von den Bauern bearbeitet, weil es besser war als das ihrige, dafür blieb ihr eigenes Land aber liegen. In den Wäldern wurde maßlos gehaust, das Beste schlugen sich die Bauern aus dem Walde heraus, ohne Rücksicht darauf, wie viel Bestand dadurch vernichtet wurde. Natürlich bauten sie, was sie nötig und nicht nötig hatten, die Wiesen versauerten, schließlich war auch kein Vieh mehr da zum Weiden, alles, alles ging rückwärts, wohin man auch blickte.

Wer den russischen Bauern kennt, kann sich vorstellen, was es bedeutete, dass eine so urteilslose Masse plötzlich sich selbst überlassen war. Nur ein Beispiel: Auf dem Gute war ein riesengroßer Obstgarten, vom Bruder angelegt, mit etwa 4.000 Apfelbäumen. Im Frühjahr, nachdem die Früchte angesetzt hatten, kamen jedes Jahr Händler, pachteten den Garten und stellten 6 – 8 Wächter an, die Tag und Nacht im Garten wohnten bis zur Ernte. Nachdem alles konfisziert war, kam natürlich kein Händler mehr, und der Sowjet muss das wohl vergessen haben. Eines Tages, so im Juni, kam ein ganzes Dorf angerückt, von weit her sogar, mit Kind und Kegel, Fuhren, Säcken, Saatlaken, Körben und anderen Dingen. Der Zaun wurde am Wege umgerissen, durchs Tor zu fahren hatten sie doch wohl nicht Mut genug, und nun wurden die kleinen, grünen Äpfel, die noch absolut keinen Wert hatten, heruntergehauen, Äste abgebrochen und die Bäume dabei ruiniert.

Mein Neffe Wanja, der eben aus der Gefangenschaft zurückgekommen war, ging hinaus und fragte nach dem Zweck dieser Verwüstung. Die Bauern und Weiber waren natürlich frech, das gehe ihn gar nichts an, sie seien die Herren und Besitzer; immer dasselbe Lied bei allen Ungehörigkeiten. Sie rieten ihm, nur schleunigst zu verduften, und in wenigen Stunden war der Garten ruiniert und die grasgrünen Äpfel auf den Fuhren verstaut, und heim ging es im Triumph. Das Resultat dieser Geschichte war, dass sämtliche Kinder und viele Erwachsene schwer erkrankten, alle Schweine krepierten und einige Kälber und Kühe erstickten, da ihnen die Äpfel im Halse stecken geblieben waren. Später wurden dann noch die Bauern von den Kommissaren für Volkswohl zur Verantwortung gezogen. Letztere hätten selber gern daraus Vorteil gezogen und ärgerten sich, dass sie zu spät kamen. Hätte man die Äpfel reifen lassen und zur Zeit verkauft, hätten die drei Dörfer von dem Ertrag den Winter überleben können, denn es wäre eine gute Ernte geworden. Später gefragt, warum die Bauern so unsinnig gehaust hätten, meinten sie, sie hätten gefürchtet, zu spät zu kommen und hätten deshalb nicht warten wollen.

Aber auch den Bauern schlug ihre Stunde, und sie müssen noch heute für ihren Übermut hart büßen, wenn es einer war. Sobald sich der Bolschewismus erst einmal festgesetzt hatte, kamen auch die Bauern an die Reihe, für das Land, das sie erhalten hatten, hohe Pacht zu zahlen, es zu bebauen und zu besäen, ob die Kraft dazu ausreichte oder nicht. Die Ernte mussten sie zu einem äußerst niedrigen Preis abliefern und durften für sich nur so viel behalten, dass sie mit ihrer Familie gerade davon leben konnten. Das Holz, das sie sich geschlagen hatten, mussten sie mit Produkten bezahlen oder mit Fronarbeiten, täglichen Fuhren usw. Um dem zu entgehen, haben sie nachts ihren Holzvorrat aufs Feld gefahren und den Kommissaren erklärt, das sei nicht ihr Holz, sie wüssten von nichts. Wo noch ein einigermaßen brauchbares Pferd war, wurde es für die Rote Armee eingezogen. Kühe wurden ebenfalls für diese oder für die Kommissare geschlachtet.

Mit einem Wort, die Bauern wurden bis aufs äußerste geschunden und ausgeplündert, und es wurde kurzer Prozess mit ihnen gemacht, wenn sie sich zur Wehr setzten, was sie noch anfangs dann und wann wagten. Dann wurde eine Abteilung Rotgardisten dahin beordert, und ohne weiter zu parlamentieren, wurde das Dorf in Brand geschossen, die Bauern der Reihe nach aufgestellt und jeder 4., 5. oder 10. Mann an die Wand gestellt und niedergeknallt, je nachdem die Verfehlungen leichter oder schwerer waren. Der Offizier der Roten, der sich kaltlächelnd im Waggon dieser Exekution rühmte, versicherte höhnisch, dass nach solch einer Strafexpedition im ganzen Gouvernement auf Jahre hinaus Ruhe herrschen werde. Das letzte Kalb oder Schwein wurde abgestochen, wenn solch ein allmächtiger Kommissar ins Dorf kam, er wurde untertänigst bewirtet und hofiert, wenngleich der Kerl selbst ein Bauer war und kaum lesen und schreiben konnte. Das war überhaupt die allerschlimmste Sorte in ihrem Machtrausch.

So hatten wir uns die Jahre durchgehampelt, das Leben wurde immer schwerer und es wurde zunehmend schwieriger, das Allernötigste zum Lebensunterhalt zu beschaffen. Schuhzeug gab es nicht mehr. Man drehte sich aus Hanffasern feste Stricke, nähte daraus Sohlen, lieh sich Leisten vom Schuster und machte aus altem Tuch oder dergleichen Schuhe. Absätze wurden aus Holz darunter genagelt. Mein letztes Paar Stiefel hatte ich versteckt und für die erhoffte Abreise nach Deutschland aufbewahrt.

Unsere Internierten in Swijashsk hatten unterdessen bedeutend mehr Freiheit bekommen, sie konnten sogar mit kommissarischer Erlaubnis verreisen, und dann stellte man ihnen schließlich anheim, nach Hause zu fahren. Darin waren die Bolschewisten toleranter als die Zarenregierung; auch die deutschen Kriegsgefangenen wurden besser behandelt, bis sie schließlich abtransportiert und gegen russische Soldaten ausgetauscht wurden. Deutschland forderte alle wehrpflichtigen Deutschen aus Russland ein, und so mussten Wanja, Hermann und Vitja sich in Moskau stellen, um nach Deutschland abtransportiert zu werden. Das war ein schwerer Abschied, aber ehe sie ihr Ziel erreichten, kam der Rückschlag und man brauchte in Deutschland kein Militär mehr.

Angstvolle Zeiten nach der Internierung

Unser Brüderlein war also wieder frei, und nach kurzem Aufenthalt in Moskau kehrte er nach Duminitschi zurück. In den Fabriken und auf den Gütern gab es für ihn nichts mehr zu tun. Alles war enteignet und ruiniert. Weil wir doch leben mussten und auch um sich geistig über Wasser zu halten, machte er allerhand Erfindungen. Er stellte eine vorzügliche Zahnplombe her, die von den Zahnärzten sehr gelobt und viel verwendet wurde, es war ja eben sonst nichts mehr zu haben. Dann machte er „Bruski“, um Sensen zu schleifen, die reißenden Absatz fanden. Seife wurde gekocht, Salz gewonnen, wir kamen schließlich in einen schwunghaften Handel, d. h. Tauschhandel, denn alles wurde gegen Fleisch, Fastenöl, Hafer, Mehl usw. eingetauscht. Hätten wir etwas Zucker und Milch gehabt, wäre der Tee aus Mohrrüben sehr genießbar gewesen. Immerhin ging es uns noch nicht ganz so schlecht, wir wurden auch satt, als Wanja mit Frau und fünf Kindern vom Gute zu uns kam, sie hatten es nun endgültig räumen müssen.

Im Vergleich zu anderen waren wir immer noch wohlhabend und konnten viele Menschen mit Tabak, Steckrüben usw. beglücken, wenn nur nicht die ewige Unsicherheit und Schikane gewesen wäre. Auch wir Alten wurden zu allerhand Arbeit herangezogen, z. B. sollten wir Holz fällen, Nachtwächter spielen, Schnee von der Bahn schaufeln und so verschiedene ersprießliche Tätigkeiten mehr. Es gelang aber immer, uns durch Produkte freizukaufen, man drückte dann gern mal ein Auge zu, denn Brüderlein war immer sehr beliebt und populär gewesen und blieb es auch nach dem Zusammenbruch. Ja, die Kommunisten traten sogar für ihn ein gegen fremde Kommissare, die ihn als echten Bourgeois verhaften wollten. Freilich,

Haussuchungen nachts, Durchstöbern aller Papiere, Schränke, Koffer usw. gab es einige Male, sie konnten aber beim besten Willen nichts finden, woran sie hätten anhaken können.

Eine Haussuchung ist mir besonders angstvoll im Gedächtnis geblieben. Ich hörte nachts um null Uhr 30 allerhand Geräusche und Türen gehen; nichts Gutes ahnend, stürzte ich ins Esszimmer und stand fünf Kerlen gegenüber, der vordere mit vorgehaltenem Revolver: „Hausdurchsuchung, ziehen Sie sich schnell an". Zitternd warf ich einen Morgenrock über, drehte das Licht aus und warf eine kleine Kassette mit den letzten Habseligkeiten an Schmuck und Geld zum Fenster hinaus in die Brennnesseln. Etwas gefasster führte ich dann die Bande ins Laboratorium, wo sie ihr Werk zu beginnen wünschten. Der Anführer ging mit dem Bruder an seinen Schreibtisch und an die Bücherregale, nun wurde alles von unten nach oben gekehrt, jede Ecke, jeder Winkel durchsucht, und doch fanden sie nicht, was sie suchten. Tief unter dem Fußboden unter dem Laboratorium war ein trockener Raum, dort hatten wir versteckt, was uns allenfalls noch geblieben war, auch Silberzeug, eigenes und fremdes war tief vergraben. Die Bretter des Fußbodens hatten Ustinia und ich mit großer Mühe aufgebrochen und auch wieder unauffällig festgelegt. Kein Mensch wusste von diesem Versteck, auch die Mascha, das Stubenmädchen, nicht, die damals noch bei uns war.

Schließlich war bis auf den Boden alles durchsucht, ohne wesentliche Resultate. Der Keller war voll Wasser. Da sie sich kein Boot mitgebracht hatten, wie meine Alte höhnisch bemerkte, verzichteten sie auf den Keller, aber der Boden!!! Mir wankten die Knie, mir war eingefallen, dass seit Jahren schon mein Revolver oben unter Sägespänen versteckt lag. Anfangs der Zarenzeit hatte ich Erlaubnis gehabt, einen Revolver führen zu dürfen, weil ich viel unterwegs sein musste, dann später forderten die Bolschewiki alle Schusswaffen ein, die abzugeben seien, ein Zurückbehalten habe Todesstrafe zur Folge. Mir war mein Revolver damals zu wertvoll; ich dachte auch, im Notfalle ihn gebrauchen zu können und hatte ihn oben versteckt. Mittlerweile aber war es mit dem Suchen spät geworden, der Tag graute, und das schien ihnen unangenehm zu werden und sie trieben zur Eile, so dass der Boden nur oberflächlich untersucht wurde. Ustinia sagte, ich habe wie ein Geist ausgesehen, als ich herunterkam. Mein gutes Brüderlein stand ahnungslos und guten Mutes, er wusste nichts von dem Revolver. Sie hätten den Bogdan ja sofort an die Wand gestellt, wenn sie den Revolver entdeckt hätten. Er wäre nicht der Erste gewesen, der deshalb füsiliert worden wäre.

Nun reifte bei uns aber doch der feste Entschluss, endlich nach Deutschland überzusiedeln, es war ja auch nichts mehr zu wollen für uns in Russland, wir standen absolut vis à vis de rien. Für Brüderlein, als deutscher Staatsangehöriger, war es weiter nicht schwierig, herauszukommen, man konnte ihn nicht halten, aber für mich als Russin war die Sache viel schwieriger. Es dauerte über ein Jahr, bis meine Bemühungen Erfolg hatten, d. h. bis ich die Einreiseerlaubnis nach Deutschland erhielt, und dann bin ich noch in Moskau von Pontius zu Pilatus gerannt mit Bitten und Flehen und Goldstücken, um auch auf russischer Seite die Erlaubnis zur Ausreise zu erlangen.

Damals gab es in Moskau den deutschen Arbeiter- und Soldatenrat, und das war in jeder Beziehung eine ganz schäbige Gesellschaft. Das frühere Morosowsche Palais war in der Powarskaja hergerichtet, um Soldaten und Reichsdeutschen Unterkunft zu geben, bis ein Transport abgefertigt werden konnte. Es war ein grauenhafter Aufenthalt, die Verpflegung war ganz unter aller Kritik, unsere Schweine auf dem Gute haben einen besseren und saubereren Fraß bekommen. Gefrorene, faule Kartoffeln, Kohl verdorben, roch schon im Fass wie Tabak. Um den faulen Geschmack etwas zu verdecken, kam so viel Pfeffer an den so genannten Schie, dass es im Magen brannte. Ab und zu schwammen dann noch einige Fleischfasern einer Konservenbüchse darin herum. Das war Tag für Tag das Mittag- und Abendessen, dazu à Person ein Viertel Pfund Hafer- oder Kleiebrot, dazu aber so viel heißes Wasser, wie einem beliebte. Wer sich beklagte, wurde angeschnauzt: „So, das gefällt Dir nicht, hast Du zu Hause vielleicht etwas Besseres zum Fressen gehabt?“ Dabei hing den Leitern dieser deutschen Fürsorge das Fett in dickem Wulst über den Rockkragen.

Alle waren verlaust und dreckig, schon am ersten Tage spürten wir es am eigenen Leibe. Es sah gräulich aus: die prachtvollen Holzschnitzereien, Stuck und Marmorgetäfel in den Sälen, alles war verdorben und verdreckt, vom Parkett natürlich keine Spur mehr, nicht einmal besenrein hielt es die Bande. Mit etwa 20 Weibern waren Agafia und Lowa zusammengepfercht, unten bei Bogdan waren sogar 60 Soldaten untergebracht, natürlich auf Stroh. Ein Glück, dass wir gute Bekannte hatten, zu denen wir ab und zu flüchten konnten. Freilich, Essbares hatten auch sie nicht, aber man konnte sich doch ungestört mal das Ungeziefer absuchen und sich Wasser heiß machen zum Waschen.

Es war furchtbar kalt, aus Kohlenmangel war man froh, wenn man jeden dritten Tag heizen konnte; in den meisten Häusern wurde überhaupt nicht geheizt, die Wände glitzerten von Eiskristallen, wie dies z. B. auch bei Nadenka der Fall war. Sie hatte sich die Haare schneiden lassen, weil die Finger verklammten; es gab kein heißes Wasser, um die Wäsche zu waschen, alles sah verdreckt aus. Auf einer elenden kleinen Petroleumlampe machte sie sich in etwa einer Stunde ein bisschen Teewasser heiß. Für eine Wassersuppe mit ein paar darin herumschwimmenden Kohlblättern musste sie zwei Werst laufen. Elektrisches Licht gab es nicht, Petroleum war unerschwinglich; so musste halb Moskau die meiste Zeit im Bett liegen, der Kälte und der Dunkelheit wegen.

Die Unsicherheit auf den Straßen war schrecklich, nicht nur nachts, wo sich schon niemand ohne große Not hinauswagte. Es strichen Banden umher mit Totenmasken vor den Gesichtern, in lange weiße Laken gehüllt, sie plünderten ihre zu Tode erschreckten Opfer ganz nackt aus und ließen sie so laufen. Man kann sich vorstellen, was das heißt – bei 30 Grad Kälte! Natürlich öffnete nachts niemand, sehr oft fand man die Unglücklichen erfroren auf der Straße. Später soll man die Banden abgefasst und in ihren Totenhemden lebendig begraben haben. Aber auch am Tage war ein Überfall nicht selten, sogar in der allerbesten Gegend. Es fiel auch keinem Passanten ein, zu Hilfe zu eilen, denn dann wurde man eben mit arretiert und konnte monatelang in der Tscherewitschaika sitzen, wenn man überhaupt wieder herauskam. Alle Gefängnisse waren gepfropft und so verlaust, dass sich ganze Trauben von Läusen unter den Pritschen festgesetzt hatten. Viele Gefangene gingen dadurch an Typhus ein – viele unserer Freunde und Bekannte haben so geendigt.

Wanja und Njuscha, auch Eismundt haben es am eigenen Leibe erfahren, was damals Gefängnis hieß. Vor Hunger hat Wanja sogar ein Stück Seife aufgegessen, das er bei sich hatte. Er war zweimal arretiert, einmal bei seiner Rückkehr aus Deutschland, wo ihm an der Grenze seine Papiere, ungeachtet der Empfehlung der deutschen Botschaft, abgenommen wurden samt Geld und er dann als der Spionage verdächtigt nach Moskau transportiert und im Butierka-Gefängnis eingelocht war. Da ihm Geld und Ausweis abgenommen waren, konnte man nichts machen. Hätten nicht die Arbeiter unserer Schallplattenfabrik in Aprelewka sich für ihn verwandt und ein Gesuch eingereicht, dann wäre er wohl auch dort verdorben und gestorben. Er sah schrecklich aus, als er nach zwei Monaten freikam. Das zweite Mal wurde er als Geisel festgenommen, unter irgendeinem Vorwand wurde er nach Kosmatschewo gelockt, dort gleich festgenommen und nach Shisdra transportiert. Auf die Anfrage seiner Mutter, weshalb das geschehen sei, erklärte man (Zitat), „es sei deshalb, weil er ein Bourgeois sei und weil Denikin in Orel sei und alle Juden totschießen lasse; für jeden Juden würden drei Bourgeois niedergeknallt".

Man kann sich denken, wie uns bei dieser Nachricht zu Mute war. Für uns alle war es ein Glück, ja sogar eine Lebensfrage, dass sich Denikin in Orel nicht halten konnte und zurückgehen musste, sonst hätten wir alle dran glauben müssen. So wurde Wanja nach 2 ½ Monaten wieder freigelassen. Auch Njuscha war aus herbeigezogenen Gründen etwa zwei Monate in Briansk eingesperrt, bis sie bei einem öffentlichen Prozess freigesprochen wurde. Eismundt war damals Verwalter der Schallplattenfabrik in Aprelewka; er hatte das Unglück, dass nachts im Kesselhaus Feuer ausbrach, das zwar bald gelöscht war und nicht viel Schaden angerichtet hatte, aber ihm wurde doch ein Strick daraus gedreht. Nicht der Wärter, der geschlafen hatte, sondern Eismundt wurde zur Verantwortung gezogen. Er hat monatelang in Untersuchungshaft gesessen, bis er wahnsinnig wurde und sich mit einer Flasche den Schädel einschlug, zum Glück nicht tödlich.

Dreimal in der Woche wurde nachts ein Lastauto auf den Gefängnishof gebracht, dann ging es den Korridor entlang, an jede Tür wurde geklopft: „Ivan Prochorow, mache Dich fertig und komme heraus, ohne Deine Sachen". Jeder wusste, was das zu bedeuten hatte und jeder wartete, ob auch sein Name aufgerufen wurde. Dann Stöhnen, Weinen und Geschrei, viele mussten herausgeschleppt werden, viele klammerten sich fest. Auf dem Hofe verschlang das laut ratternde Lastauto das Schießen, das dann, wenn es vollgeladen war, mit seiner schrecklichen Ladung losfuhr und sie außerhalb der Stadt in einer Grube, oder wo es sonst bequem war, ablud. Eismundt wurde schließlich freigesprochen, litt aber dann noch monatelang an Verfolgungswahn, bis er auch das überwand und nunmehr ganz wieder hergestellt in Riga lebt.

Dramatische Ausreise und glückliche Ankunft in Deutschland

Auch unsere Nerven waren nach den fortwährenden Erschütterungen und Katastrophen mürbe geworden, und es wurde für uns höchste Zeit, das Feld zu räumen, wir waren körperlich und geistig am Ende. Zwar verhehlten wir uns nicht, dass eine Reise mitten im Winter unter den gegebenen Verhältnissen auf Leben und Tod ging, trotzdem beschlossen Brüderlein und ich, die Reise zu wagen. Wir rüsteten also allmählich zum Aufbruch. Es war keine Kleinigkeit, alles, was einem lieb und wert war, zurückzulassen, Abschied zu nehmen von einer mehr als 30-jährigen Vergangenheit. Auch wussten wir nicht einmal recht, wie es in Deutschland, der alten Heimat stand. Wir wussten nur, dass Alexanders Söhne, unsere zwei lieben Jungs Sascha und Willi, nicht mehr am Leben waren, dass Olitschka (Olga) verheiratet war und dass Kionkas irgendwo am Rhein wohnten.

Wie es aber mit der Fabrik von Moll und Rohwer stand, überhaupt wie die ganzen Verhältnisse in Deutschland waren, darüber konnten wir uns in Russland kein Bild machen. Oft haben wir gefürchtet, vom Regen in die Traufe zu kommen. Zeitungen gab es nicht, und Briefe kamen nicht durch oder doch nur äußerst selten. Die Einreiseerlaubnis aus Deutschland hatte ich erhalten, trotzdem musste ich noch vier Wochen in Moskau herumlaufen, ehe ich auch russischerseits die Erlaubnis zur Ausreise bekam. Was habe ich nicht alles versucht, mich als Kinderfrau, Sekretärin, als Schwester usw. angeboten, ja wir haben sogar mit einem deutschen Gefangenen verhandelt, dass er mich als seine Frau mitnehmen sollte, fiktiv natürlich, denn vielen war es auf diese Weise geglückt, so herauszukommen, bis schließlich die deutsche Regierung dahinterkam und sie zurückgeschickt hat. Aber es stellten sich doch zu viele Schwierigkeiten dem Heiratsplan entgegen, so dass wir ihn fallen ließen. Erst drei Tage vor Abgang des Transportes erhielt ich die Erlaubnis abzureisen, eigentlich schon ziemlich unerwartet, denn man hatte alle unsere Bemühungen bis dahin schroff abgelehnt.

Zuletzt hat ein junger Mann mein Anliegen durchgesetzt, natürlich gegen eine hohe Summe, aber das war ja ganz egal, Geld hatte doch keinen Wert mehr, weil man absolut nichts dafür kaufen konnte. Nur versteckt hinter einer Planke oder Pforte konnte man zuweilen etwas an Kartoffeln oder Kohl, mitunter auch ein Brot, erstehen, aber da musste man schon überall Bescheid wissen. Vielleicht hätte man von Anfang an in meiner Angelegenheit besser schmieren sollen, jedoch war dies äußerst gefährlich. Sicher waren alle Kommissare käuflich, aber um sich höheren Orts einen weißen Fuß zu machen, gaben sie dann die Bestechungsversuche an, und dann war natürlich alles verloren. Der junge Mann war nun weniger gefährlich, da er kein offizielles Amt bekleidete, deshalb hatten wir auf ihn schon gar keine Hoffnung mehr gesetzt, uns nur mit ihm eingelassen, da er immer fest und unerschütterlich behauptete, er mache es. Wie er uns später erzählte, hat er das unglaublichste Zeug zusammengelogen, z. B. dass meine Reise für die Plattenfabrik in Aprelewka eine unbedingte Notwendigkeit sei, dass ich in geheimer wichtiger Sendung nach Deutschland fahren müsse und dass die Kommissare eine große Verantwortung übernähmen, wenn sie mich zurückhielten; dies scheint geholfen zu haben.

Einige Tage vor unserer endgültigen Abreise aus Duminitschi hatten wir noch die Ehre, für das dortige Publikum in einem Wohltätigkeitskonzert die Hauptmitwirkenden zu sein, eigentlich ganz gegen unseren Willen. Besonders Brüderlein war sehr wenig erbaut, aber es half ihm nichts, man hatte ihn so bestürmt mit Bitten, sogar die Kommunisten ließen nicht locker, so dass eine Absage nicht gut möglich war. Auf die Nachricht hin, dass wir beide spielen würden, war der Klub gedrängt voll, wir hatten die Ouvertüre zu Dichter und Bauer, etwas aus dem Somnambulen und kleinrussische Tänze, Schunki, als Zugabe gewählt. Natürlich hatten wir rasenden Applaus – was versteht der Bauer vom Gurkensalat!!!! Die Kommunisten haben sich übrigens bedankt und dem Bogdan mehr als einmal versichert, dass sie persönlich gar nichts gegen ihn hätten und dass sie immer bereit seien, ihm zu helfen, wenn er ihrer Hilfe bedürfe. Dies war auch früher schon einmal zu Tage getreten, gelegentlich einer von Bogdan bereiteten Flüssigkeit gegen Läuse. Überhaupt Ungeziefer: Wenn die Leibwäsche damit präpariert war, ging kein Ungeziefer daran, was die Kommunisten, die viel reisen mussten, sehr zu schätzen wussten. Leider fehlte uns später bei unserer eigenen größeren Reise das Material zu dieser Flüssigkeit, was wir hart haben empfinden müssen.

Nun hatte ich also endlich meinen Pass! Wir hatten zwar etwas später fahren und etwas wärmeres Wetter abwarten wollen, aber es litt uns nicht mehr in Duminitschi. Der Hauptgrund war, dass Brüderlein ein großes Karbunkel im Genick hatte und viele Schmerzen; das Geschwür war zwar mit heißen Kompressen durchgegangen, aber ärztliche Hilfe war doch unbedingt notwendig. In Duminitschi war ein alter Arzt, aber an Medikamenten und Verbandszeug war auch nicht die Spur vorhanden. Auf sein Drängen beim Sowjet wegen Arzneien gab man ihm zur Antwort: „Kurieren Sie mal mit Luft, Wasser und Hypnose, Anderes ist nicht vorhanden.“

So mussten wir also versuchen, nach Moskau zu gelangen. Das Schlimmste war, dass wir für eine lange Zeit Schwarzbrot, überhaupt Lebensmittel mitzunehmen hatten, Zucker und Holz, Kohlen für den Samowar, ohne den man ja in Russland nicht auskommt. Kohl, Steckrüben, sogar Kartoffeln hatte ich gedörrt. Für jeden wurde ein großer Sack zurechtgemacht, und so waren wir dann am 7. Februar 1921 um 8 Uhr reisefertig. Der Bahnhofsvorsteher hatte versprochen, uns einen Platz zu verschaffen, natürlich im Frachtwagen. Es war nicht bestimmt, wann ein Zug ginge, aber wir fuhren auf gut Glück los. Der Abschied war begreiflicherweise nicht leicht, denn wir wussten, es war für immer. Zum Unglück war es wieder bitter kalt geworden, 25 Grad Kälte. Nachmittags so gegen 2 Uhr kam ein Zug, wir bekamen ganz hinten in der Ecke eines Waggons eine Bank extra hingestellt und los ging es, natürlich sehr sehr langsam – an jeder Station wurde mehr als eine Stunde gehalten.

Solange es Tag war, ging ja auch alles ganz leidlich; es war zwar bitter kalt, aber wir wickelten uns ein. Der ganze Waggon war voll gedrängt mit Menschen, mit Säcken und Körben, alle mussten stehen, Sitzgelegenheiten gab es nicht, aber alle waren friedlich und freuten sich, dass sie überhaupt mitkamen. Bei Einbruch der Dunkelheit wurde es furchtbar, kein Licht im Waggon, ebenso wenig Laternen auf den Stationen, vollständige Dunkelheit. Unter Schreien und Schimpfen drängte alles in die Wagen, herauszukommen gab es keine Möglichkeit. Von drinnen schrie man, wir ersticken, es geht niemand mehr herein, von draußen wüstes Schimpfen und rücksichtsloses Drängen. Ein Trupp Soldaten schrie: „Alle Mann heraus, der Wagen ist für uns bestellt“, natürlich ganz erfolglos, niemand rührte sich. Die Kälte wurde immer unerträglicher, die Füße drohten zu erfrieren. Zum Unglück kam irgendein verrückter Kerl auf die Idee, ein Feuerchen anzumachen, nachdem es auf einer Station etwas leerer geworden war. Nun wurde Holz herangeschleppt und direkt auf dem Boden des Waggons ein tüchtiges Feuer angezündet. Der Rauch war natürlich schrecklich, man konnte nicht atmen und die Augen brannten wie Feuer. Ich machte die

Bemerkung, dass das Feuer nicht wärme, aber der Rauch unerträglich sei, erhielt aber prompt die Antwort: „Wenn es dir nicht gefällt, kannst du ja erster Klasse fahren, uns Bauern und Proletariern tut der Rauch nichts.“ Merkwürdig, dass die Bande auch in der Dunkelheit sogleich die Bourgeois witterten.

Es war eine furchtbare Nacht! Brüderlein saß apathisch, mit großen Schmerzen auf der elenden Bank. Nichts, woran er sich hätte stützen oder anlehnen können, einem konnte geradezu das Herz brechen. Endlich fing es an zu tagen, viele stiegen aus und es gab etwas Luft. Auch wir sprangen mal herunter, um Luft zu schöpfen, liefen auf und ab, um uns zu erwärmen, es waren 30 Grad Kälte. Beim Wiedereinsteigen waren mir meine Galoschen abgeglitten, ohne dass ich es merkte, es war furchtbar hoch, um hinaufzukommen. Sofort sprang ich wieder heraus, aber meine Galoschen waren schon verschwunden. Auch das noch! Nun hatte ich nur noch leichte Lederstiefel bei der Kälte. Wir versuchten dann, etwas zu frühstücken, ein Stückchen Speck und Schwarzbrot, aber alles war so hart gefroren, dass wir den Versuch bald aufgaben. Endlich gegen 2 Uhr nachmittags kam Aprelewka in Sicht. Wir beschlossen, dort auszusteigen, denn in dem Zustande, in dem wir uns befanden, konnten wir unmöglich in Moskau ankommen. Die Gesichter kohlschwarz und die Augen dick verschwollen und voller Tränen vom Rauch. So gingen wir denn zu Eismundt und wurden freundlich aufgenommen. Freilich, beköstigen konnte er uns nicht, aber wir hatten ja Proviant bei uns.

Die Reise von Aprelewka bis Moskau ging ziemlich erträglich vonstatten, nur musste jeder mit seinem Sack auf dem Rücken vom Bahnhof durch die ganze Stadt marschieren, etwa drei Werst, bis zu unserem Quartier, dem früheren Morosowschen Palais, wo die Transporte abgefertigt wurden.

Es blieb nichts Anderes übrig, Droschken gab es nicht, und von der Elektrischen war schon längst keine Rede mehr. Moskau ohne Fahrgelegenheit bei den meilenweiten Entfernungen!!! Alle die weiten Wege mussten wir zu Fuß besorgen, Bogdan immer in der Gefahr auszugleiten, was bei seinem Bruchleiden natürlich äußerst gefährlich war, ich ohne Galoschen in Kälte und Schnee! Uns fielen Bleigewichte von der Seele, als wir endlich das Palais erreichten, freilich nicht für lange, denn Lowa erkrankte an Scharlach. Wir waren wie erschlagen, denn zurücklassen konnten wir den Jungen nicht, und der Transport sollte in den nächsten Tagen vor sich gehen. Zum Glück war aber der Scharlach nicht sehr heftig. Der Arzt meinte, dass wir den Jungen wohl in drei bis vier Tagen mitnehmen könnten, was uns dann auch gelang und auch gut ging, obwohl Lowa noch nicht wieder ganz hergestellt war und die Fahrt zum Bahnhof im offenen Lastauto bei schrecklichem Schneegestöber und 10 Grad Kälte vor sich ging.

So kam endlich der Tag der Abreise heran. Von früh morgens bis spät abends lief in unserem Palais alles durcheinander, alles packte und rüstete, und um 2 Uhr wurde ein Lastauto vorgefahren, natürlich nur für Alte und Kranke; alles, was jünger und gesund war, musste 6 Werst (rd. 6 km) zu Fuß im Schneesturm marschieren. Wir Alten fuhren also. Sitze gab es nicht, vollgepfropft und stehend balancierten wir, einander festhaltend, durch die Stadt, was bei den furchtbaren Straßen keine Kleinigkeit war. Ungefähr eine Werst vor der Station ging es nicht weiter, das Auto blieb im Schnee stecken, wir wurden samt unseren Habseligkeiten abgeladen und konnten sehen, wie wir zur Station kamen. Agafia und ich haben die schweren Körbe mit unseren Habseligkeiten zur Station geschleift, jeder hatte eben mit sich selber genug zu tun.

Endlich hatten wir auch das geschafft, aber wenn wir gedacht hatten, dass wir so ziemlich das Schwerste überstanden hätten, dann hatten wir uns gründlich geirrt. Man zeigte uns auf einem Gleis 10 bis 12 Viehwagen, schmutzig und verwahrlost, wie alles. Das seien unsere Waggons und darin könnten wir uns häuslich einrichten. Auf heftiges Drängen zeigte man uns auch einen Haufen verschneiter Bretter, die wir nehmen könnten, um uns Sitzgelegenheiten zu schaffen. Nun wurde also erst mal ausgefegt, die gefrorenen und nassen Bretter in zwei Etagen befestigt; die Baronin Leitner ließ durch ihren Mann einen kleinen Kanonenofen aus ihrer Wohnung herbeischaffen, ein Doktor der Chemie lief um ein Beil, wir Damen klauten Brennholz, ein mitleidiger Maschinist drückte ein Auge zu und ließ uns gewähren, und so waren wir dann beim Dunkelwerden einigermaßen gerüstet, wärmten und trockneten unsere Kleider und Schuhe und die nassen Bretter zum Schlafen. Etwas Brot und ein Stückchen Pferdefleisch, das man uns aus Aprelewka als Delikatesse zur Wegzehrung geschickt hatte, besaßen wir auch noch. Die Türen wurden zugeschoben, und nun wurde es gemütlich. In unserem Waggon waren nur Zivilgefangene oder die es gewesen waren, und einige deutsche Offiziere aus Afghanistan und Ufa, auch Chemiker mit ihren Familien, zum Glück keine kleinen Kinder dabei, frühere reiche Gutsbesitzer aus Bessarabien, reiche Kolonisten von der Wolga, im Ganzen etwa 30 Personen. Es ist erstaunlich, wie schnell gemeinsame Not die Menschen zusammenbringt; sehr bald waren wir eine Familie, teilten, was wir hatten und halfen uns gegenseitig, wo wir konnten.

Obgleich man uns gesagt hatte, dass wir noch in der Nacht abgefertigt würden, wurde es doch noch einmal Nacht, und erst am zweiten Tage, morgens um 10 Uhr, rollten wir langsam aus Moskau heraus – ein halbes Menschenleben mit Freud‘ und Leid versank hinter uns auf Nimmerwiedersehen. Unsere ganze Gesellschaft war still geworden, jeder hing wohl seinen Gedanken und Gefühlen nach, erst allmählich löste sich die gedrückte Stimmung, fuhren wir doch einer besseren Zukunft entgegen.

Immerhin gab es aber doch noch Vieles, was keinen Übermut bei uns aufkommen ließ. Die Fahrt war unglaublich lang, immer wieder lagen wir tage- oder nächtelang still, immer wieder war die Lokomotive schadhaft, musste ausgebessert oder Ersatz hunderte von Werst herbeigeschafft werden. Die Verpflegung war unter aller Beschreibung. Eine Art Hundekeks, ab und zu etwas Schwarzbrot und einen halben Hering für die Nacht pro Person, so dass nachher alles nach Heringen roch, sogar Pelze und Decken. Dann der Durst nachts, wo kein Wasser aufzutreiben war. Meistens hielt der Zug nur auf freiem Feld oder vor der Einfahrt in einen Bahnhof. Man kann sich diesen Zustand wohl vorstellen, Männlein und Weiblein dann heraus, um alles Notwendige zu verrichten. Da gab es kein Sich-Genieren mehr, alles Anstandsgefühl hatte aufgehört, es war ja eben nicht anders möglich.

Mit Grauen denke ich daran, wie ich mal nachts herausklettern musste. Brüderlein saß gerade am Ofen und heizte ihn, eine Notwendigkeit, worin die Herren sich des Nachts ablösten. Brüderlein schob mir die schwere Tür zurück und ich kletterte hinaus, aber kaum war ich einige Minuten draußen, da setzte sich der Zug wieder in Bewegung. Ich bin sofort hingesprungen, um mich hinaufzuschwingen, das Brettchen aber, das wir zu diesem Zwecke unter den Waggon gebunden hatten, war vereist und glitschig, ich rutschte immer wieder zurück und lief mit, mich festhaltend. Der Bruder rief um Hilfe, und einige Herren zogen mich dann eben noch an den Armen herauf, die Arme mir dabei halb ausrenkend. Was wäre aus mir geworden, wenn ich alleine in dunkler, kalter Nacht auf freiem Felde allein zurückgeblieben wäre! Selten bin ich so erschrocken und verstört gewesen wie damals.

Tag und Nacht wurde auf dem Öfchen Tee gekocht, das einzig warme Getränk, das wir zu uns nehmen konnten. Man hat uns zwar zweimal warmes Essen versprochen, aber Versprechen und Halten war zweierlei bei den Bolschewiken. Die Station, auf die man uns vertröstet hatte, dass wir warmes Essen bekommen sollten, erreichten wir anstatt 2 Uhr nachmittags um 2 Uhr nachts, wurden dann aus tiefem Schlaf geweckt, um uns das versprochene Mahl zu holen. Nur Agafia entschloss sich zu gehen, kam aber nach einer Stunde mit nur halb gefüllten Schüsseln schimpfend zurück. Diese wohltätige Suppenanstalt lag eine Werst weit abseits, es war stockdunkel und Glatteis. Agafia war mit ihren Schüsseln eine Anhöhe heruntergerutscht und hatte dabei die halbe Suppe vergossen. Sehr schade war es übrigens um dieses Göttermahl nicht, ein dicker Graupenbrei, in Wasser gekocht; auch von dem nicht Verschütteten blieb noch viel übrig. Trotz Hunger und Kälte war die Stimmung aber doch gehoben, wenigstens meistens; alle bemühten sich, die Sache humorvoll aufzufassen. Wenn wir uns morgens auf freiem Felde mit Schnee waschen mussten oder gar eine Pumpe erwischten, dann gab es viel Gelächter, und wenn wir uns über Hunger beschwerten und es empört hieß „Ach, ihr wollt auch immer essen", nahmen wir das nicht tragisch und haben oft Tränen gelacht.

So schlängelten wir uns langsam aber sicher an Riga heran, wo wir nach 14tägiger Fahrt anlangten. An der lettischen Grenze war noch erst Pass- und Gepäckrevision. Wir wurden einzeln in eine Kammer gebeten, aufgefordert, alles Geld und Wertsachen, die wir bei uns hatten, auf den Tisch zu legen, und dann wurden wir gründlich abgesucht, von oben bis unten, 20.000 Sowjetrubel, Uhr und Trauring durften wir behalten, was darüber hinaus ging, wurde konfisziert. Beiläufig gesagt, bekamen wir später in Stettin für 1.000 Rubel eine Reichsmark, wir vier also zusammen 20 M, und auch das nur als Vergünstigung, weil wir Flüchtlinge waren. Die Prozedur des Absuchens dauerte natürlich sehr lange, und als wir in unsere Wagen zurückkamen, hatte man schon ohne uns das Handgepäck revidiert unter Mitnahme von allem, was den Leuten nützlich und brauchbar erschien. Bei mir fehlten zwei Krankenthermometer, Thermosflasche und sonst allerhand Kleinigkeiten.

Die große Gepäckrevision im Waggon lief verhältnismäßig günstig ab, auf mein bitter Gesagtes „Sucht euch aus, das ist nun das Letzte aus Russland, das man uns noch nehmen kann", meinte der Beamte, mich vertrauensvoll ansehend: „Haben Sie nicht einen weißen wollenen Schal für Damen? Ich hätte so einen sehr nötig." Das kam mir natürlich sehr gelegen, ich wusste, dass obenauf in einem Korbe ein weißes, gehäkeltes großes Tuch von Macheling lag. Bereitwilligst und innerlich sehr erfreut, sagte ich zu, und sehr geschickt brachte es der Revisor beiseite. Wir hatten uns also angebiedert und nur pro forma wurde noch ein Korb aufgeschlossen, jedoch nicht mehr nachgesucht, und die Revision war beendet.

Ja, wie viele Hindernisse auch zu überwinden waren, schließlich kamen wir doch eines Morgens in Riga an und waren erstaunt und enttäuscht, dass man uns so rüde anschrie und befahl, mitten auf der Fahrstraße zu fahren, wie Soldaten zu marschieren, unser Handgepäck, Kissen und Decken sollten wir selber tragen, und das war recht weit durch die Stadt. Es muss wohl ein bemerkenswerter Zug gewesen sein, den wir bildeten, alles blieb stehen oder drängte sich an uns heran, um zu erfahren, wohin und woher. Man brachte uns schließlich in eine frühere Linoleumfabrik, eine ausgebrannte Ruine, die notdürftig hergerichtet war. Wir durften uns auf unser Gepäck setzen und warten, denn in die Schlafsäle durften wir vor der Desinfektion nicht hinein.

Beim Aufstehen musste Brüderlein sich irgendwo versehen haben, denn sein Bruch war plötzlich herausgetreten, und er litt große Schmerzen. Ich rannte zum Arzt, der zum Vorstand gehörte und bat um sofortige warme Wanne. Gott bewahre, es sei nur eine Wanne da und die könne nicht mit Beschlag belegt werden; wenn ein Bruch vorhanden sei, müsse der Mann sich sofort operieren lassen und hierzu ins Hospital geschafft werden. Ich sagte ihm, dass wir das, so nahe am Ziel, nicht wollten, es sei ein altes Leiden, das in einer heißen Wanne sofort besser würde. Es half aber alles nichts, bis ich energisch wurde und den Herrn Doktor anschrie, worauf er dann Erlaubnis für die Wanne gab; dann wollte Brüderlein auf eine eigens eingerichtete Krankenstube für eventuell Kranke geführt werden.

Man denke sich meinen Schrecken, als ich nach einigen Stunden nach eigener Desinfektion und Entlausung mein Brüderlein zusammengekrümmt in der Krankenstube vorfand: Man hatte ihm nach fünf Minuten das Wasser einfach abgelassen, so dass er gezwungen war auszusteigen. Der Bruch war noch nicht zurückgegangen. Ich rannte zu einer Schwester in die Küche und bat um heißes Wasser für den Gummibeutel – nirgends heißes Wasser, und die Badestuben waren jetzt von Männern besetzt, es war mittlerweile stockdunkle Nacht geworden. Ich rannte zum Männerbad, entschlossen, auch hineinzugehen. Zum Glück kam mir ein Soldat entgegen, der mir dann mitleidig einen Eimer heißes Wasser herausbrachte. In meiner Angst und der Dunkelheit verlief ich mich auf dem weitläufigen Hofe und kam in ein tiefes Schmutzloch, erreichte aber doch mit meinem Eimer die Krankenstube, musste nochmals um heißes Wasser laufen, und nach einer langen angstvollen Stunde war der Bruch zurückgetreten und Brüderlein fühlte sich besser. Ich war aber auch mit meiner Kraft am Ende – nach dieser Katastrophe das einzige Mal, dass ich in der ganzen bösen Zeit einen Weinkrampf gehabt habe.

Unser Schlafsaal war rein und anständig, natürlich lagen wir auf Pritschen und Stroh, aber doch auf reinen Kopfkissen und Decken. Die Verpflegung war aber sehr schlecht, Aborte gab es überhaupt nicht. Aus unserer Umzäunung durften wir natürlich nicht heraus, aber einer unserer Herren war über den

Zaun geklettert und hatte den Lowa auf meine Bitte hin mitgenommen. Der Junge kam begeistert zurück, er habe in den Schaufenstern wirkliches Weißbrot gesehen, sogar Schokoladenstangen. Drei Tage blieben wir in Riga, durften unsere Angehörigen in Deutschland benachrichtigen, dass wir unterwegs seien und wurden eines Nachmittags von einer amerikanischen Gesellschaft mit Schokolade und Keksen bewirtet. Das war ein unglaublicher Genuss. Brüderlein zog es vor, die ganze Zeit über im Bett liegen zu bleiben, bis dann gemeldet wurde, dass wir uns am Morgen des vierten Tages bereitzuhalten hätten, aufs Schiff gebracht zu werden, zur Überfahrt nach Stettin. Meine Bitte beim Arzt, eine Droschke für meinen Patienten zu bestellen, wurde abschlägig beschieden, das war überhaupt ein ganz schäbiger H.... Um 10 Uhr standen wir bereit zum Abmarsch, aber doch nicht in Reih und Glied. Eine Droschke für Brüderlein fand ich auf der Straße, und er konnte noch ein altes gebrechliches Fräulein von Löwenstern mitnehmen. Leicht beschwingt schritten wir dahin, unser Gepäck wurde diesmal gefahren, es war mittlerweile Ende März geworden und schönes Wetter.

Bald sahen wir unseren Dampfer „Rügen“ liegen. Zu unser aller Erstaunen erfolgte erst noch einmal eine Gepäckrevision, die sich sehr lange hinzog, und dann hatten wir endlich auf der „Rügen“ deutschen Boden unter den Füßen. Lachend und weinend fielen wir uns in die Arme, beeilten uns dann aber, unsere Blechbüchsen mit Sand und Seewasser zu reinigen; dann durften wir antreten zu einer prachtvollen Erbsensuppe, es lag sogar ein Stückchen Speck darin. Ich bat: „Machen Sie die Schüssel nur recht voll“, was der Koch auch lachend und bereitwillig tat. Nie im Leben hat uns eine Erbsensuppe so gut geschmeckt! Überhaupt, diese Reise auf der „Rügen“ habe ich in dankbarer Erinnerung behalten, zumal auch der Ton und die Behandlung sehr anständig waren. Wir hatten eine größere Kabine für 5 Personen für uns vier allein, das Meer war ruhig, wir hatten seit langer Zeit zum ersten Mal wieder Matratze und Kopfkissen unter uns, und flott ging es unserem Ziele entgegen – wir ruhten körperlich und seelisch aus.

Am dritten Tag frühmorgens kam Land in Sicht, dann fuhren wir an Travemünde vorbei – ein ungewöhnlicher Anblick, alles schien so ordentlich und elegant. Gegen 2 Uhr nachmittags legte die „Rügen“ langsam an, und ich sah unter den wenigen Menschen, die am Ufer standen, den Hermann, der mich auch sofort erkannte, trotz meiner vorsintflutlichen Pelzkappe. Ich wusste vor Rührung nicht wohin mit mir. Irgendeine hohe Persönlichkeit hielt dann noch eine kurze Ansprache und hieß uns im Vaterlande willkommen, nach langen Leiden, die wir ausgestanden – na, und dann rasselte die Landungsbrücke herunter und wir waren in Deutschland. Ich war fassungslos, den Hermann, meinen „Sisi“ wieder zu haben. Damen kamen und brachten uns kleine Liebesgaben, Keks und Schokolade, auch ein Stückchen Seife war dabei; wir sahen wohl danach aus, dass wir sie gebrauchen konnten und nötig hatten. Kaffee konnten wir haben so viel wir wollten, aber dann kam doch noch eine sehr unliebsame Überraschung. Wir mussten in Quarantäne, um desinfiziert zu werden. Alles Bitten half nichts – es half nichts, dass wir schon in Riga in Quarantäne gewesen waren.

Sehr bald wurde ein Extrazug eingesetzt, der uns mit Sack und Pack nach Stettin-Kreckow in ein Gefangenenlager brachte. Schrecklich enttäuscht waren wir von dieser Station, sie war auch nicht die Spur besser als Moskau und Riga. Das erste, was wir zu tun hatten war, uns Besen zu besorgen, um wenigstens etwas auszumisten. So wie der Russentransport ausgezogen war, so komplimentierte man uns hinein, in schmutziges Stroh, Unordnung und Dreck. Man muss wissen, was es heißt und wie es aussieht, wenn russische Soldaten ausgezogen sind. Das hatten wir denn doch nicht erwartet. Die allgemeine Empörung war groß, Hermann ging sofort und klagte, aber was half es! Als

Abendbrot erhielten wir Schwarzbrot und eine Brühe, die Tee hieß, dann legten wir uns auf unsere Strohlager, deckten uns mit unseren Pelzen zu, denn die Pferdedecken der russischen Soldaten waren doch zu unappetitlich. Leider war der folgende Tag ein Sonntag, wir wuschen uns draußen unter der Pumpe mit den Soldaten, bekamen wieder Tee und Schwarzbrot, erhielten aber die Erlaubnis, in einer nahen Speisewirtschaft zu Mittag zu essen. Wir tranken dabei ein Glas Bier und waren trotz allem froh, dass wir so weit waren.

Am Montag war allgemeine Desinfektion, und nach dieser Prozedur gingen wir dann zum Vorstand und baten uns Betttuch, Kissenbezug und reine Decken aus, die uns auch nach einigem Parlamentieren gegeben wurden. Jetzt konnte man wenigstens frei von der Leber weg reden und auch Unzufriedenheit zeigen, was nach dem langen Gedrücktsein in Russland eine Wohltat war. Man brauchte keine sogenannten Provokateure mehr zu

Rückkehr aus Russland, Quarantänelager Kreckow bei Stettin 20.03.1921

befürchten. In Russland musste man eben schrecklich vorsichtig sein, um nirgends eine missliche Äußerung zu machen, es waren extra Spione zum Aushorchen angestellt. Diese schimpften selber auf alles und meldeten dann, was darauf geantwortet wurde. Das genügte oftmals direkt zu einer Hinrichtung, wenn es ein Bourgeois war, den sie verderben wollten. In allen Gefängnissen waren diese Kreaturen angestellt.

Am Dienstag, dem 3. Tag, nach Fragen nach Ausweisen, des Wohin, Warum, Wieso, Wieviel usw., versprach der Vorsitzende, ein Herr von Puttkamer, uns am Mittwoch freizulassen, wenn wir vorher noch die Pocken- und Typhusimpfungen erledigt hätten. Bogdan hatte auf jede Unterstützung verzichtet. Hermann war mit den nötigen Moneten zur Weiterreise da. So fuhren wir dann, als erste von dem ganzen Transport, am Mittwoch ab. Der Abschied von unseren Leidensgenossen war sehr herzlich, wir wollten uns niemals aus den Augen verlieren, immer recht oft schreiben usw., aber wie das so geht, wir haben uns schließlich doch alle aus den Augen verloren.

Großartig und breitspurig fuhren wir zweiter Klasse nach Berlin, ja, im Waggon tranken wir noch eine Tasse Kaffee. Ich glaube aber, wir hätten uns dritter Klasse doch wohler gefühlt, denn unser Äußeres war nicht sehr Vertrauen erweckend, mir schien sogar, dass man uns misstrauisch aus dem Wege ging, aber wir hatten schon schlimmeres Misstrauen ausgestanden. In Berlin kamen uns Schura, Manja, Victor und Sascha jubelnd entgegen. Abends konnten wir uns mit unserem Schwager Bernhard, der sich auf dem Rückweg von der Abstimmung in Oberschlesien in Breslau aufhielt, telefonisch in Verbindung setzen und am nächsten Tag traf auch er in Berlin ein und wir freuten uns des Beisammenseins, nach all der überstandenen Not.

Georg Moll 1980

ZWEITER TEIL

Georg Moll

DIE FAMILIE MOLL IN DEN BEZIRKEN KALUGA UND BRJANSK ZUR ZEIT DES LETZTEN ZAREN

Vorfahren der Büdelsdorfer Familie Moll

Wo der Ursprung der altwürttembergischen Familie Moll zu suchen ist, lässt sich nicht mit Gewissheit sagen. Hinweise dafür, dass die Vorfahren unseres Familienzweiges über Köln kamen, gibt es dagegen mehrere. Sie wanderten um 1600 nach Solingen und Remscheid-Lennep ein und wurden dort Messerschmiede und Schwertfeger. Während die Solinger Molls evangelisch-reformiert waren und stets biblische Vornamen trugen, waren die Lenneper Molls evangelisch. Bei ihnen finden sich keine biblischen Vornamen, und Ehen mit den Solingern sind selten nachweisbar; man blieb unter sich.

Einer meiner Solinger Vorfahren war der evangelisch-reformierte Johann Abraham Moll (22. November 1766 – 31. August 1817). Er war Messerschmied und arbeitete in Solingen am „Rothen Haus“, das eine Art Zollstation am Stadtrand gewesen sein muss. Dieses Haus, umbenannt in „Am roten Esel“, fand ich noch 1969 in der Grünewalder Straße/Gasstraße unversehrt und bewohnt vor. Während der schweren französischen Besatzungszeit von 1795 wanderte Johann Abraham Moll nach Berlin aus und arbeitete hier wahrscheinlich auf der Königlichen Eisengießerei. Er heiratete die Berlinerin Caroline Kropen 1778 ? – 1827) und ging mit ihr nach Gleiwitz/Oberschlesien. In dieser durch die Franzosen bewirkten Auswanderung aus Solingen findet die irrtümliche Überlieferung eine Erklärung, dass die Familie Moll hugenottischen Ursprungs gewesen sei.

Im Jahre 1811 entwickelte Johann Abraham auf der Königlichen Eisengießerei Gleiwitz das erste haltbare Weiß-Email für das Küchengeschirr. Sein Verfahren war das folgende: fünf Teile weißer geglühter und in Wasser abgeschreckter Feuersteine wurden mit drei Teilen Borax gefrittet. Die Fritte wurde mit etwas Ton gemahlen aufgetragen, dann mit leichtflüssigem Bleiglas bestäubt und eingebrannt. Diese Arbeit war einfach und zweckmäßig, und der einzige Übelstand war die Gefahr, der die Arbeiter durch Einatmen des bleihaltigen Staubes ausgesetzt waren. Es wurde in einem Auftrag emailliert. Diese folgenschwere Erfindung sollte später den Lebensweg vieler Generationen der Familie Moll bestimmen.

Johann Abraham Moll arbeitete in Gleiwitz bis zu seinem Tode am 31. August 1817. Das Tragische war, dass er im Alter von nur 50 Jahren ein Opfer seines eigenen bleihaltigen Emails wurde. Ohne Zweifel ist aber ein erster Aufschwung der Gleiwitzer Hütte ab 1812 von ihm mitgestaltet worden. Nach seiner Beisetzung am 3. September 1817 auf dem Gleiwitzer Friedhof setzte ihm die Königliche Eisengießerei ein gusseisernes Denkmal in Gestalt einer Säule auf drei Kanonenkugeln. Solche Denkmäler waren damals üblich, um verdiente Leute zu ehren.

Seine Rezepte wurden mit allen späteren Verbesserungen von den Nachkommen sorgfältig verwahrt. Erst während der sowjetischen Revolutionswirren 1917 sind seine Aufzeichnungen in Moskau aus dem Safe der Bank Crédit Lyonnais gestohlen worden. Darüber ist Folgendes bekannt:

Auf der Sitzung des Gesamtrussischen Zentralexekutivkomitees am 14. Dezember 1917 wurde ein Beschluss über die Nationalisierung (Enteignung) aller Banken und Banktresore verabschiedet. Im Tresorbeschluss heißt es:

Alle Geldbeträge, die in den Tresoren der Banken aufbewahrt werden, sind auf das laufende Konto des Kunden bei der Staatsbank zu überweisen – Gold in Form von Münzen und Barren wird konfisziert und dem gesamtstaatlichen Goldfonds zugeführt.

Alle Besitzer von Tresoren haben sofort nach Erhalt der Aufforderung mit den Schlüsseln in der Bank zu erscheinen, um der Revision der Tresore beizuwohnen.

Das Nichterscheinen in der Bank im Laufe von drei Tagen nach Erhalt der Aufforderung wird als böswillige Nichtbeachtung der Revolutionsorder betrachtet.

Die Tresore von Personen, die die Revision böswillig boykottieren, sind durch die von den Kommissaren der Staatsbank festgesetzten Untersuchungskommissionen aufzubrechen. Das gesamte darin enthaltene Vermögen wird von der Staatsbank beschlagnahmt und in das Volkseigentum überführt.

Alle Aufzeichnungen und Rezepte Johann Abraham Molls, seiner Söhne und Enkel wurden bei dieser Aktion gestohlen und gingen damit der Nachwelt für immer verloren.

Der Ehe Johann Abraham Molls mit der Berlinerin Caroline Kropen (1796?) entstammen drei Söhne: David Friedrich (1800 – 1861), Carl Ernst Eduard (1811 - ?) und mein Urgroßvater Ferdinand Wilhelm (13. Oktober 1815 – 3. Mai 1882). Die verwitwete Caroline heiratete in zweiter Ehe den Wagenmeister Gottlieb Demuth und zog mit ihm und den drei Söhnen nach Sterkrade (Oberhausen). Hier emaillierte Gottlieb Demuth ebenfalls Küchengeschirr. Die Familie zog dann weiter nach Isselburg/Rees; die beiden jüngeren Söhne Carl Ernst Eduard und Ferdinand Wilhelm gingen hier zur Schule. Der ältere Sohn David Friedrich arbeitete zu dieser Zeit bereits in Elberfeld als Emailleur bei der Firma Jäger und de Weerth „Fabrik und Handlung in Gusseisen, emaillierten, geschlagenen und verzinnten Gesundheitskochgeschirren und Kuirassen“. Demnach wurde bereits in Elberfeld geschlagenes Eisen, also Blech, emailliert.

Am 13. Juni 1825 heiratete David Friedrich in Elberfeld Henrietta Op der Beck (1802 – 1857), die Tochter des Gelbgießers Heinrich Op der Beck aus Elberfeld-Mirke und seiner Ehefrau Henrietta Dehnen. Nach dem Tode seiner Mutter Caroline Demuth – sie starb am 29. Oktober 1827 in Isselburg/Rees an Schwindsucht (Tbc) im Alter von nur 49 Jahren – nahm David Friedrich seine beiden Brüder zu sich nach Elberfeld und sorgte sich um deren Erziehung; so gab er Ferdinand Wilhelm zu einem Klempner in die Lehre.

Der große Bedarf an emaillierten Kochgeschirren machte es rentabel, auch Eisenblech zu verarbeiten. Aus diesem Grunde gelang es David Friedrich, der ja derartige Kenntnisse bei Jäger und de Weerth erworben hatte, 1841 in Gosselies bei Charleroi (Belgien) ein eigenes Emaillierwerk zu gründen. Hierher war er 1838 über Charleroi gekommen. In Gosselies wohnte er seit 1852 in der Rue du Fauborg de Bruxelles, Nr. 107. Dieses Werk nahm schon bald einen großen Aufschwung. Sein Sohn David Théophile Moll (1825 – 1899) vergrößerte es, und David Friedrichs Tochter Caroline Moll (1827 – 1915) gründete mit ihrem Ehemann Alexander Englebin (1826 – 1888) im Jahre 1842 in Molenbeek St. Jean (Brüssel) ein weiteres Emaillierwerk „Englebin – Moll“. Dieses in der Rue des Quatres Vents 151 gelegene Werk erreichte gewaltige Ausmaße.

Der zweite Sohn, Carl Ernst Eduard Moll (1811 – ?), ging 1828 über Elberfeld an die Sayner Hütte bei Koblenz. Er heiratete eine Camilla, hatte zwei Söhne, ging nach Polen und ist dort verschollen.

Nun zu meinem direkten Vorfahren, dem dritten Sohn Johann Abrahams, meinem Urgroßvater Ferdinand Wilhelm Moll (1815 – 1882). Er wurde in Elberfeld konfirmiert. Nach seiner Klempnerlehre war er eine Zeitlang auf Wanderschaft in Galizien und den Karpaten. Hier erlernte er auch die polnische Sprache. 1852 bewarb er sich von Elberfeld aus erfolgreich um den Posten eines Emailliermeisters bei der Hollerschen Hütte (Carlshütte) in Rendsburg. Die Familienrezepte waren noch immer in seiner Hand. Auf der Carlshütte arbeiteten zu dieser Zeit 450 Arbeiter und Angestellte.

1855 heiratete er die Rendsburgerin Magdalena Johanna Henriette (Helene) Bülck (1838 – 1900), Tochter des Heinrich Bülck und seiner Frau Catharina Wille. Er wohnte mit ihr in Büdelsdorf bei Rendsburg, Alte Dorfstr. 58, neben der Carlshütte.

Dieser Ehe entstammten Karoline Henriette Katharina Wilhelmine (1857 – 1945), mein Großvater Gottlieb Heinrich Karl (5. Juni 1859 – 30. Januar 1926), Alexander Karl Georg Wilhelm (1862 – 1912) und Magda Dorothea Wilhelmine (1871 – 1954). Die Beziehungen zu den Verwandten in Belgien wurden über Jahre hinweg durch Besuchsreisen aufrechterhalten.

Ferdinand Wilhelms Söhne, mein Großvater Gottlieb und mein Großonkel Alexander besuchten in Rendsburg das Dohrnsche Institut, eine Privatschule im Haus Kronprinzenstr. 24. Gottlieb wurde 1874 und Alexander 1878 in Rendsburg-Neuwerk evangelisch-lutherisch konfirmiert.

Alexander (9 Jahre) und Gottlieb (12 Jahre) 1871

1872 wurde bei der Firma UNION-Eisen (Gebrüder Miether) in Pinneberg (Holstein) zum ersten Mal Blech emailliert; diese Firma wurde 1873 in eine AG umgewandelt. Am 2. August 1878 kaufte einer der Direktoren Miethers, Herman Wupperman, die Firma. Sie trug von nun an seinen Namen. 1873 war Gottlieb bei Miether als Lehrling eingetreten. Seine Lehre dauerte bis 1877.

Gottlieb Moll beim Infanterieregiment in Rendsburg 1877

Im Jahre 1877 leistete er beim Infanterieregiment 85 in Rendsburg seinen Militärdienst ab, und von 1878 – 1880 arbeitete er bei Herman Wupperman in Pinneberg erst als Geselle, dann als Meister. Ende 1880 legte ihm Herman Wupperman einen Vertragsentwurf vor, hier wörtlich aufgeführt:

Zwischen dem Fabrikbesitzer H. Wupperman in Pinneberg und G. Moll in Rendsburg wurde heute folgender Vertrag abgeschlossen:

§ I.

Der G. Moll ist in der Fabrik des H. Wupperman als Meister im Emaillirwerk angestellt und soll vom 1. Januar 1881 als solcher weiterbeschäftigt werden.

§ II.

Die Dauer dieses Vertrages hat keine bestimmte Zeit, es soll beiden Theilen freistehen, diesen Vertrag durch halbjährige, schriftliche Kündigung aufzuheben.

§ III.

G. Moll erhält als Gehalt Elfhundertfünfzig Mark per Jahr in monatlichen Raten postnumerando zahlbar und soll ihm alljährlich Hundert Mark zu dieser Summe zugelegt werden, bis das Gehalt die Summe von Achtzehnhundertfünfzig Mark erreicht hat, so dass also für das Jahr 1882 Zwölfhundertfünfzig Mark und im Jahre 1888 endlich das volle Gehalt von Achtzehnhundertfünfzig Mark zur Auszahlung gelangt.

§ IV.

G. Moll verpflichtet sich, seine Kenntniße des Emaillirens mit specieller Unterstützung seines Vaters W. Moll, Emailleur der Carlshütte bei Rendsburg, ohne Rückhalt vollständig und alleine im Geschäft des H. Wupperman zu verwerthen, die Mischungen in Gemeinschaft mit H. Wupperman zu machen und nichts ohne dessen Einverständnis nach vorheriger Mittheilung zu versuchen.

§ V.

G. Moll verpflichtet sich auf sein Ehrenwort und bei einer Conventionalstrafe von Tausend Mark, während der Dauer seiner Stellung bei H. Wupperman keinem Dritten irgendwelche mündliche und schriftliche Mittheilungen zu machen über die Fabrikation und das Geschäft im Allgemeinen wie im Speciellen. Zuwiderhandlungen berechtigen H. Wupperman zur sofortigen Entlassung des G. Moll und Eintreibung der Conventionalstrafe, für welche vom Gehalt jährlich Fünfzig Mark deponiert bleiben.

§ VI.

Die Thätigkeit des G. Moll wird in bisheriger Weise durch H. Wupperman geregelt und verspricht derselbe, pünktlich und fleißig seines Amtes zu walten, gewißenhaft und treu den Anforderungen zu entsprechen, die an ihn gestellt werden. Da in der Emaille Tag und Nacht gearbeitet wird, so sollen die Dienststunden so geregelt werden, daß ein Wechsel zwischen Tag- und Nachtdienst die nöthige Erholung gestattet, im Uebrigen sind die Arbeitsstunden der Fabrik in ihrem Anfang und ihrer Beendigung maaßgebend.

§ VII.

G. Moll hat die volle Verantwortlichkeit für den guten Ausfall der Emaille zu tragen, er hat über die Thätigkeit des Arbeiterpersonals in der Emaille zu wachen, jede Anordnung der Arbeiter zu untersagen und Fahrlässigkeiten zur Strafe oder Entlassung anzuzeigen. G. Moll haftet nur alleine für die Folgen unrichtiger Zusammensetzungen der Emaillematerialien, er ist auch verantwortlich für die weitere Verarbeitung der Mischungen in allen Arbeitsstadien bis zum fertiggebrannten Geschirr, und muß für den Außschuß aufkommen, der durch seine mangelhafte Controlle oder durch Fahrlässigkeit seiner Arbeiter entsteht.

§ VIII.

Zur weiteren Ausbildung des G. Moll wird derselbe einige ihm durch H. Wupperman bezeichnete und empfohlene Concurenzwerke besuchen, und sich deren Emaillirwerke ansehen und wenn möglich practisch in denselben arbeiten. Die Reise- und Zehrungskosten werden G. Moll von H. Wupperman vergütet und verspricht G. Moll, sich so sparsam wie möglich einzurichten und bestrebt zu sein, die Abwesenheit fleißig zum Lernen zu benutzen. Ueber die gesammelten Erfahrungen erstattet G. Moll einen schriftlichen eingehenden Bericht an H. Wupperman und macht demselben Vorschläge zur Verbesserung seiner ganzen Emailliranlagen, die die Herstellung guter untadelhafter Emaille zu den geringsten Kostenpreisen ermöglichen. Im Uebrigen hat G. Moll die gesammelten Erfahrungen gegen Jedermann geheim zu halten.

§ IX.

Dieser Vertrag ist doppelt ausgefertigt, von beiden Contrahenten eigenhändig zur Gültigkeit unterschrieben, und entsagen dieselben allen denkbaren Einreden gegen die Rechtsbeständigkeit desselben.

§ X.

Sollte G. Moll freiwillig aus der Fabrik von H. Wupperman austreten, so verpflichtet er sich unter Verpfändung seines Ehrenwortes während 3 Jahren nach dem Tage seines Austritts aus dem Geschäft von H. Wupperman ohne dessen specielle Bewilligung in kein gleiches oder ähnliches Geschäft einzutreten, oder mit eigenem oder fremdem Gelde einzurichten oder zu dessen Einrichtung behilflich zu sein.

Da nach diesem „Vertrag“ von Gottlieb eine „spezielle Unterstützung“ seines Vaters, des Emailliermeisters Ferdinand Wilhelm Moll, gefordert wurde (wobei er „dessen Emaillierkenntnisse“ verwerten sollte) und er darüber hinaus bei Konkurrenzfirmen „Werksspionage“ betreiben sollte, lehnte Gottlieb diesen Vertrag ab und verließ Wupperman Ende 1880.

Alexander ging 1875 – 1879 durch Vermittlung seines Vaters in Alt-Büdelsdorf als Formerlehrling zu der Firma Rohwer & Ehlers nach Neumünster, Wasbeker Straße.

Mit Franz Rohwer (1851 – 1938) gründete er später (1902) auf einem Grundstück Rohwers in Neumünster, an der westholsteinischen Eisenbahn nach Heide (Carlstraße/Rendsburger Straße), ein großes Emaillierwerk zum Emaillieren von Sanitätsguss (Firma Moll & Rohwer).

Mein Urgroßvater Ferdinand Wilhelm Moll war als Emailliermeister in Rendsburg außerordentlich erfolgreich. Dies lässt sich dem Hollerschen Tagebuch und dem Jahrhundertbuch der Carlshütte von 1927 entnehmen. Nach Durchsicht dieses Tagebuches schrieb der kaufmännische Direktor Johannes Ahlmann (1851 – 1939) über den Emailliermeister Ferdinand Wilhelm Moll im Jahre 1925: „Am 4.12.1852 hat er einen Kontrakt abgeschlossen, und diesen 1872 um zehn Jahre verlängert. Er lieferte ein ganz vorzügliches Fabrikat, in den Kochgeschirren dick aufliegend, mit porzellanartigem Hochglanz ins bläuliche hinüberspielend, und im Gebrauch unverwüstlich.“

Der technische Direktor der Carlshütte, Johann Christian Carsten Meyn (Direktor 1861 – 1878), versuchte mehrfach, sich die Moll’schen Rezepte anzueignen, und obwohl Ferdinand Wilhelm in seinen späteren Lebensjahren stark trank und dadurch unbeweglich wurde, gelang es Meyn nicht, dieser Rezepte habhaft zu werden. Hierzu heißt es bei Johannes Ahlmann: „Die Direktion meinte, die Emailrezepte von Moll bekommen zu haben, aber dieses stimmt nicht! Jedenfalls war es eine Tatsache, dass die Qualität des Emails nach Ferdinand Wilhelms Tod sich rapide verschlechterte. Auch Meister Gläser (1885 - 1888) konnte hier keinen Wandel schaffen, ebenso wenig wie die Meister Schirmer (1888 - 1907) und Meister Torgler (1907 - 1912)".

Im Jahrhundertbuch der Carlshütte von 1927 finden sich auch folgende Passagen: „Das Emaillierwerk der Carlshütte trat damals wegen der Vorzüglichkeit seiner Leistungen mehr und mehr in den Vordergrund. Auf der internationalen landwirtschaftlichen Ausstellung in Hamburg erregten die Fabrikate große Aufmerksamkeit, und die Carlshütte wurde mit der großen goldenen Medaille prämiert; auch auf der Londoner Weltausstellung des Jahres 1862 waren die Fabrikate der Carlshütte mit einer hohen Auszeichnung gewürdigt worden. Ihre Emailprodukte genossen den Ruf, zu den besten Deutschlands zu gehören." Mit 800 Arbeitern und Angestellten war die Carlshütte 1871 das größte Eisenwerk Norddeutschlands.

Die jahrelangen Arbeiten in staubiger Luft blieben für Ferdinand Wilhelm Moll aber nicht ohne Folgen. Er starb, ein Opfer seines Berufs, am 2. Mai 1882 an Lungenemphysem und wurde auf dem Büdelsdorfer Friedhof beigesetzt. Ein drei Meter hoher, schwarzer Obelisk und ein Granitstein mit eingelassener Emailtafel standen 1998 noch auf seiner Grabstätte.

1886, vier Jahre nach seinem Tod, wurde auf der Carlshütte in Rendsburg die Emaillierung von Badewannen aufgenommen. Man arbeitete nach den Rezepten von Ferdinand Wilhelm Moll.

Die Brüder Gottlieb und Alexander Moll verlassen Deutschland

Noch vor dem Tode ihres Vaters Ferdinand Wilhelm war etwas völlig Unerwartetes geschehen: Gottlieb und Alexander gin-

Gedenkstein Ferdinand Wilhelm Moll, Friedhof Büdelsdorf bei Rendsburg

gen, wie es zwar damals üblich war, nach ihrer Lehrzeit auf Wanderschaft, aber zur Überraschung der Familie gingen sie 1880 (21 und 18 Jahre alt) aufs Geratewohl nach Riga. Dort errichteten sie eine kleine Emaillierwerkstatt und zahlten hierbei, ohne genügende Erfahrung, in einem fremden Land und mit unzureichenden Mitteln ausgestattet, ein sehr hartes Lehrgeld. Mit eiserner Energie drehten sie auch nachts die Handmühle, um ihr Email zu mahlen. Zum Erstaunen der ganzen Nachbarschaft zogen sie sogar an einem Pfingsttage eigenhändig einen neuen Schornstein hoch, da der alte nicht genügend zog. Dabei kletterten sie den ganzen Tag bei schwerster Arbeit auf dem Dach herum. Wie Gottlieb später erzählte, war gerade dieses ihr größter Fehler, denn ihnen verblieb wenig Zeit, sich um den Vertrieb der Ware zu kümmern. Der baldige Konkurs kam eines Tages unweigerlich, und es gelang ihnen nicht, aus dem Verkauf alle Schulden abzudecken. Das große

Kaufhaus H. S. Poppow in Riga stundete ihnen auf ihr ehrliches Angesicht hin die Restschuld. Nach Jahren, gelegentlich einer Reise, sprach Gottlieb bei der Firma vor, um seine Schulden zu bezahlen. Man suchte und suchte, konnte aber in den Büchern nichts finden. Lachend versicherte man ihm, es sei in ihrer Praxis noch nicht vorgekommen, dass jemand nach so langer Zeit seine Schulden bezahlen wollte.

Alexander Moll 1882

Nach diesem Konkurs trennten sich die Brüder. Auf Vermittlung seines Vaters Ferdinand Wilhelm Moll ging Alexander im Februar 1882 als Emailleur zu der Firma Kohler, Heygsen & Stees in Sheboygan, Wisconsin, USA. Dort emaillierte er nach Familienrezepten gusseiserne Kochgeschirre und lernte hierbei auch das Verfahren der amerikanischen Puderemaillierung kennen.

Sheboygan hatte schon damals eine beachtliche deutsche Kolonie. In großer Zahl hatten sich Familien aus Deutschland angesiedelt, darunter auch einige Schulkameraden Alexanders aus Alt-Büdelsdorf. In Sheboygan lernte er seine spätere Frau, die Deutschamerikanerin Anna Maria Geussenhainer (1860 – 1946) kennen. Er verlobte sich mit ihr im September 1883 und heiratete sie am 25.11.1884. Annas Bruder, Edwin Geussenhainer (1872 – 1931), sollte bei der Familie Moll in Russland und Neumünster noch eine große Rolle spielen.

Gottlieb war im Februar 1882 auf gut Glück von Riga nach St. Petersburg gegangen, um die Verzinnung von Eisenblech (russisch Lushenije) kennenzulernen. Er machte dort im Winter eine sehr schwere Zeit durch. Bei 30 Grad Kälte, schlechter Unterkunft, kärglichem Lohn und ohne wärmenden Pelzmantel musste er dort morgens zur Arbeit gehen. Passanten riefen ihm zu, sich seine weiße Nase zu reiben. Abends und nachts suchte er sich einen Nebenverdienst durch Abschreiben von Noten. Glücklicherweise dauerte dieser Zustand nicht lange.

In Russland wurde Gottlieb fälschlicherweise Bogdan genannt. Bogdan bzw. Fjodor ist im Russischen der Name für Theodor, Gottlieb dagegen heißt im Russischen Bogoljub. Man hätte ihn in Russland also Bogoljub nennen müssen.

General Sergej Iwanowitsch Malzow (1810 – 1893) war in Russland der Herrscher über ein riesiges Industrieimperium. Auf einer Fläche von 250.000 ha erstreckte es sich über die Gouvernements Smolensk, Kaluga, Brjansk und Orel. Hier wurde fast alles produziert: Stahl, Gusseisen, Lokomotiven, Waggons, Schienen, Glas, Kristallglas, Fayencen, Porzellan, Zement, Ziegel, Holz, Steinkohle, Holzkohle und vieles andere mehr. Malzow besaß 29 Fabriken, 43 Mühlen, 13 Sägewerke, 12 Ziegeleien und viele andere Kleinbetriebe. Die meisten Fabriken hatte Sergej Iwanowitsch von seinem Vater Iwan Akimowitsch geerbt.

Im Frühjahr 1882 ging Gottlieb in St. Petersburg zu einem Vertreter dieser Werke und bot seine Dienste als Emailleur an. Man dirigierte ihn sofort zum Hauptkontor der Malzow-Werke nach Djatkowo (südlich von Ljudinowo). Der alte Sergej Iwanowitsch Malzow war sehr entzückt, endlich zu finden, was er schon lange gesucht hatte: einen deutschen Emaillierfachmann, und diesen sogar mit eigenen Rezepten. Er schickte Gottlieb, mit allen Vollmachten ausgestattet, in die Fabriksiedlung Pessotschnja (heute Stadt Kirow) im Gouvernement Kaluga. Hier gab es zwei Malzow-Fabriken, eine „obere“ Fabrik und eine „untere“ Fabrik, beide mit Hochöfen und Schmiedehämmern. An der „oberen“ Fabrik gab es einen Staudamm und Wasserturbinen. 1749 und 1752 hatte diese Fabriken der Kollegium-Assessor Afanasij Abramowitsch Gontscharow erworben; sie hatten früher u. a. auch einem Baron A. G. Stroganow gehört. 1752 – 1755 baute Gontscharow am Ufer des Pessotschnja-Sees ein riesiges, schlossähnliches Wohnhaus, das sog. Gontscharow-Haus, in das er mit seiner Familie einzog.

Im Ortszentrum von Pessotschnja bauten die Gontscharows eine Kirche (1929 von den Bolschewisten in ein Kino umgewandelt). Diesen Besitz erwarb 1839 Iwan Akimowitsch Malzow und vererbte ihn später an seinen legendären Sohn Sergej Iwanowitsch.

Das Gontscharow-Haus

Pessotschnja: Gottlieb Moll errichtet sein erstes Emaillierwerk in Russland

Mit einigen wohlgelungenen Proben fuhr Gottlieb eines Tages zu Sergej Iwanowitsch und bekam von ihm sofort einen Vertrag über zehn Jahre, mit einem vorläufigen Monatsgehalt von 200 Rubeln (damals eine hohe Summe).

Emaillierwerk Malzow in Pessotschnja

Gottlieb baute in Pessotschnja ein kleines, selbständig arbeitendes Emaillierwerk in unmittelbarer Nähe der „unteren" Malzow-Fabrik, der Bahnstation und des Gontscharow-Hauses. Das rechteckige Fabrikgebäude hatte ein halbrundes, tonnenförmiges Dach. Er beschäftigte hier 100 – 120 Arbeiter, wobei er täglich selbst Hand anlegte. Dieses verschaffte ihm bei den Arbeitern einen hohen Respekt. Er war von kräftiger Gestalt, trug einen kurzen Bart, Schnurrbart und hatte glänzende, freundlich dreinblickende Augen.

Gottlieb Moll mit seinen Arbeitern in Pessotschnja

Gottliebs Email war weiß, von porzellanartigem Glanz, dünnwandig und beständig gegen Temperaturschock. Er produzierte in den achtziger Jahren 10 – 12 Tausend Pud[2] und 1899 140 Tausend Pud. 90 % seiner Erzeugnisse (meist Küchengeschirr) waren von erster Qualität, der Ausschuss war sehr gering. Malzow zahlte ihm 40 – 60 Kopeken pro Pud emaillierter Ware.

Malzower Emailleprodukte

Alles verlief dann außerordentlich glücklich. Schon nach kur-

[2] *1 Pud = 16,38 kg; 1 russ. Pfund = 409,50 Gramm*

zer Zeit brauchte er keinen Dolmetscher mehr und alle Not war vergessen.

Anfang 1883 fuhr er nach Büdelsdorf/Rendsburg, um seine verwitwete Mutter Helene und seine Schwestern Karoline und Magda nach Pessotschnja zu holen. Nach Russland musste er von Büdelsdorf aus geschäftlichen Gründen vorausfahren; die drei Frauen kamen im Mai 1883 nach. Ihre erste Wohnung in Pessotschnja war noch sehr primitiv und unbequem. Eine gute Wohnungseinrichtung war nicht zu beschaffen. Man musste sich mit dem begnügen, was der Fabriktischler herstellen konnte. Mutter und Schwestern waren sehr unglücklich, ließen es aber Gottlieb nicht anmerken. Im Ganzen gesehen verlief das erste Russlandjahr sehr bescheiden. Daran änderte auch nichts die Bekanntschaft mit russischen Familien und dem deutschen Landadel.

Als sich Sergej Iwanowitsch Malzow mit den Schmalspurbahnen, die seine Fabriken mit Brjansk verbanden, stark verschuldete, musste er Konkurs anmelden. Seine Frau, Hofdame der Zarin, hatte beim Zaren intrigiert, weil ihr Gatte die fällige Apanage nicht mehr zahlte. Malzow und sein Fabrikimperium wurden unter staatliche Kontrolle gestellt; im Mai 1885 wurde aus seinem Besitz eine Aktiengesellschaft gebildet. Der alte Malzow war tief empört, warf alles hin und reiste auf die Krim nach Simejis bei Jalta, wo sein Vater Iwan Akimowitsch Malzow bereits vor Jahren 618 ha Ackerland erworben und dort ein Weingut, Weinkellereien und ein großes Baustofflager (Eisen, Gusseisen und Glas) eingerichtet hatte. In Simejis baute Sergej Iwanowitsch auf einem Hügel einen zweistöckigen „Kristallpalast", der von der Bevölkerung, der äußeren Form wegen, „Märchenlaterne" genannt wurde. Die Fertigteile für dieses Bauwerk (Eisenprofile und Glas) mussten auf die Krim von Djatkowo mit Pferdefuhrwerken herangefahren werden.

Nach seinem Tode (1893) erbten seine Söhne Iwan Sergejewitsch und Nikolai Sergejewitsch diesen Krimbesitz. Iwan Sergejewitsch baute Simejis zu einem Kurort aus; dazu legte er Straßen und Wanderwege an. Ein 6 ha großer Park wurde von ihm mit subtropischen Gewächsen und exotischen Blumen bepflanzt. Er baute eine Wasserleitung, einen Konzertsaal und eine Post-Telegrafenstation. Er war Offizier, während sich sein Bruder Nikolai Sergejewitsch (1848 – 1949) für Astronomie interessierte. An der Chaussee von Jalta nach Sewastopol baute er um 1900 eine kleine Sternwarte; ein Zeiss-Teleskop hatte er in Deutschland gekauft. Er arbeitete mit Wissenschaftlern der berühmten Pulkowo-Sternwarte (St. Petersburg) zusammen. Ein neu entdeckter Asteroid wurde nach ihm benannt. In späteren Jahren schenkte er dieses Observatorium einem befreundeten Astronomen aus Pulkowo und förderte die Sternwarte durch Geldzuwendungen.

Da sich die Brüder um die Malzow-Fabriken nur wenig kümmerten und vom Fabrikmanagement wenig verstanden, verleideten sie Gottlieb die Lust an der Arbeit. Er suchte sich von da an eine andere Arbeitsstätte. Von der Malzow AG konnte er sich „loskaufen", indem er der Firma zusagte, ein Jahr lang bei auftretenden technischen Schwierigkeiten zu helfen.

Auf einer seiner Reisen traf Gottlieb im Jahre 1885 einen Herrn Labunsky. Dieser Josef Radionowitsch Labunsky war Kaufmann der 2. Gilde in Shisdra. Am 23. Oktober 1881 hatte er zusammen mit dem adligen Bolchower Ehrenbürger und Kaufmann der 1. Gilde, Iwan Olimpijewitsch Ziplakow, bei der Gouvernementsregierung des Zaren Alexander Alexandrowitsch (Alexander III., 1881 – 1894) in Kaluga die Erlaubnis zum Bau einer Eisenhütte und einer Eisengießerei beantragt. Das Werk sollte auf dem Grundstück ihrer gemeinsam bewirtschafteten, 1.360 Desjatinen[3] großen Walddatscha Nikitinka,

[3] *1 Desjatina = 1,09 ha; 1 Werst = 1,067 km*

sowie auf 1.000 Desjatinen der Brjansker Datscha am Ufer des Flüsschens Lomenka errichtet werden. Nikitinka lag 2 Werst (rd. 2 km) nördlich des Dorfes Duminitschi und 4 Werst vom Fluss Bryn, einem Nebenfluss der Shisdra, entfernt. Dort gab es reichlich Wälder und genügend Wasservorräte.

Die Erlaubnis zum Bau der Fabrik erhielten Ziplakow und Labunsky am 17. Januar 1882, und bereits am 17. Februar 1883 wurde dort das erste Roheisen erschmolzen. Die technische Leitung übernahm der Sohn des Iwan Olimpijewitsch Ziplakow, der 24-jährige Mitrofan Iwanowitsch, der in St. Petersburg am Technischen Institut ein Ingenieurstudium absolviert hatte. Dieser Mitrofan Iwanowitsch leitete im August 1889 auch den Bau der Holzkirche „Kosmas und Damian“ in Duminitschi, in der viele Molls durch den Priester Alexander Alexandrowitsch Lushezkij und den Diakon Ivan Pawlowitsch Wolkow getauft wurden. Die Baupläne dieser Kirche hatte ich im Archiv der Oblast Kaluga entdeckt und dem Popen in Duminitschi Starosta, Iogann Dmitrewitsch, übersandt. Diese Kirche wurde von den Bolschewisten nach und nach zerstört, alle Kreuze und Glocken entfernt und dort ein „Haus der Pioniere“ eingerichtet. 1937 wurde die Kirche niedergebrannt, aber seit 1991 wurde sie wieder aufgebaut. Da die Spenden aber sehr spärlich fließen, konnte bis 1997 erst der Rohbau erstellt werden. Um den Wiederaufbau kümmert sich dort der Pope Starosta.

Duminitschi: Gottlieb Moll betreibt ein zweites Emaillierwerk

Die Firma Zíplakow & Labunsky AG hatte einen Hochofen, zwei Kupolöfen, zwei Dampfmaschinen mit 40 und 10 und eine Lokomobile mit 14 PS, außerdem fünf Drehbänke, zwei Hobelbänke, zwei Bohrmaschinen sowie eine Stanzpresse. Es wurde ganzjährig gearbeitet mit Ausnahme von 15 russischen Feiertagen. 1883 waren dort 250 Arbeiter beschäftigt, 1887 bereits 450 Arbeiter und 100 Hilfskräfte. Der Tageslohn lag zwischen 40 Kopeken und 1 Rubel 20 Kopeken; die Tagesarbeitszeit betrug

10 Stunden. Diese Duminitschi-Fabrik zählte zu den kleineren, aber wichtigen Betrieben Russlands. Der Bergbau und die metallurgische Industrie wurden von der zaristischen Regierung gefördert; das Werk blieb 10 Jahre abgabenfrei.

Als 1885 der Absatz der schwarzen Gusseisenprodukte stockte, planten die Eigentümer zur Verbesserung der Konkurrenzfähigkeit ihrer Erzeugnisse den Bau einer eigenen Emaillierfabrik. Alle Versuche, selbst zu emaillieren, blieben aber erfolglos. Da kam ihnen der deutsche Emaillierfachmann Gottlieb Moll wie gerufen. Am 20. November 1885 wurde zwischen Gottlieb (in Russland Bogdan Wassiljewitsch genannt) und Josif Radionowitsch Labunsky ein Vertrag abgeschlossen. Dieser hatte sechs Paragraphen folgenden Wortlauts:

Zwischen den Fabrikbesitzern,
den Herren Labunsky und Ziplakow einerseits und
dem Emailleur B. W. Moll andererseits,
wurde heute folgender Kontrakt geschlossen:

§ I

Der Emailleur Moll übernimmt die vollständig eingerichtete *(sic!)* Emaillierfabrik der Herren Labunsky und Ziplakow und verpflichtet sich, hierin die Gusswaren obiger Herren zu emaillieren, und zwar nicht weniger als 2.000 Pud pro Monat.

§ II

Die rohe Gußware, die nach Möglichkeit nicht verrostet sein darf, wird dem Herrn Moll zu 1 R. 40 Kop. per Pud berechnet. Für die abgelieferte erste Sorte erhält er per Pud 2 R. 50 Kop., für die zweite Sorte 2 R., für die dritte Sorte 1 R. 40 Kop. Den Schaden, welcher durch Bruch entsteht, hat der Herr Moll selbst zu tragen, doch wird ihm für abgelieferten Guss 60 Kop. per Pud vergütet.

§ III

Zustellung und Abnahme der rohen resp. fertigen Waren findet auf Kosten der Herren Labunsky und Ziplakow statt, ebenso die Betriebskraft und die Zustellung der Gussmuffeln. Dieselben Herren verpflichten sich außerdem, einen Gussemaillierofen nach Angabe des Herrn Moll bauen zu lassen.

§ IV

Die Materialien bezieht der Herr Moll durch die Herren Labunsky und Ziplakow und ihm werden dieselben bei der jedesmaligen monatlichen Abrechnung zum Selbstkostenpreis in Rechnung gestellt. Die Arbeitslöhne und alle nicht obengenannten Ausgaben sind von Herrn Moll zu tragen. Der Herr Moll verpflichtet sich noch außerdem, nicht mehr als 10 % zweite Sorte und nicht mehr als 2 % dritte Sorte zu fabrizieren.

§ V

Das zur Fabrikation nötige Holz bezieht der Herr Moll von den Herren Labunsky und Ziplakow für den Preis von 6 R. für das Kubiksegment loco Fabrik. Der Herr Moll erhält ohne Vergütung ein Familienhaus von den Herren Labunsky und Ziplakow.

§ VI

Dieser Kontrakt ist gültig vom 1. Dezember 1885 bis zum 1. Dezember 1886 und ist von beiden Kontrahenten eigenhändig unterschrieben.

Shisdra, den 22.10.85
gez. J. Labunsky und B. W. Moll

Nach Abschluss dieses Vertrages zog Gottlieb noch im gleichen Jahr mit seiner Mutter Helene und den Schwestern Karoline und Magda von Pessotschnja nach Duminitschi in das für sie bereitgestellte Wohnhaus. Dieses einstöckige Holzhaus (Wohnfläche 260 m²) hatte zehn Zimmer, acht Nebenräume, ein Wirtschaftsgebäude, einen Hof, einen großen Obst- und Gemüsegarten und sechs Stallungen für Haustiere. Der Schuppen, für zwei Kremser, wurde 1910 um eine Garage erweitert, denn Gottlieb besaß ab 1910 das erste und einzige Auto Duminitschis, ein Polymobil Gazelle, Baujahr 1905, aus Leipzig/Wahren. Dieses Auto sorgte damals im Dorf für großes Aufsehen; auf den Brücken entnahmen die Dorfkinder den Fahrbahnen Holzbalken, um das Auto zu stoppen und besichtigen zu können.

Polymobil „Gazelle" (Baujahr 1905) mit Hermann und Tatjana Moll und Charly Geussenhainer 1906

Bereits kurz nach der Übernahme des Werkshauses erweiterte Gottlieb es um ein 40 m² großes Chemielabor. Dieses Werkshaus auf dem Fabrikgelände in Duminitschi wurde 1922 auch mein Geburtshaus.

Duminitschi war ein fürchterliches Nest, und die Eingewöhnung fiel besonders den Frauen schwer. Im Emaillierwerk (Grundfläche 1.640 m^2) war auch nichts in Ordnung. Gottlieb musste alles von Grund auf erneuern oder ergänzen. Er stellte eine neue Lokomobile auf und baute fünf neue Muffelöfen. In kürzester Zeit musste er eine Reihe von Facharbeitern heranbilden.

Da der Fluss Bobrowka (westlich von Duminitschi) während der Frühjahrsschmelze stark anschwoll, ließ Gottlieb im Wald von Lominka eine lange, hölzerne Brücke bauen. Nun konnten die Arbeiter aus den westlich gelegenen Dörfern Rukaw, Chottissino und Lominka die Eisenschmelze und das Emaillierwerk trockenen Fußes erreichen. Reste dieser langen, hölzernen Brücke, von den Bewohnern Bogdanowskij most (Gottlieb-Brücke) genannt, fanden sich noch 1998 im Wald von Lominka.

Zum Zermahlen der Grundstoffe dienten im Emaillierwerk neun Quarzkugel-Trommelmühlen, ausgekleidet mit Porzellanziegeln. Das Grundemail wurde in zwei Mahlsteinmühlen zubereitet. Die Zahl der Öfen betrug jetzt sechs, mit je neun Muffeln. Im Fabriklager wurden die Emailsubstanzen automatisch abgewogen. Wichtige Komponenten, die dem Email nur in kleinen Dosen zugesetzt werden, wurden der Geheimhaltung wegen in kleinen Bleischrotsäckchen per Hand abgewogen. Die Emailschmelze erfolgte in zwei Öfen. Das Granulat wurde in Eisenbehältern durch Zugabe von Frischwasser erzeugt. Die zu emaillierenden, gusseisernen Stücke wurden zunächst mit Schwefelsäure gereinigt, getrocknet und anschließend mit Grundemail bedeckt. Nach abermaligem Trocknen erfolgte das Einbrennen des Grundemails in den Muffelöfen. Zum Schluss wurde das Deckemail (die Glasur) aufgebracht, getrocknet und eingebrannt.

1907 emaillierte Gottlieb monatlich bereits 10.000 Pud schwarze Gusswaren sowie 1.000 Stück Badewannen, letztere ein lukratives Geschäft. Er vergaß nicht die Reklame. So erschien auf Briefcouverts der Aufdruck: „Duminitschi – Fabrik der Herren Ziplakow und Labunsky – Email 1. Güte, ohne Blei und giftige Beimischungen – Bahnstation Bryn – Gouvernement Kaluga".

Die Fabrik Ziplakow & Labunsky hatte keinen eigenen Bahnanschluss. Alle Waren und Rohstoffe mussten über Bryn herangebracht werden. Die nächste Eisenbahnlinie (Brjansk – Kaluga – Moskau) verlief zwei Kilometer östlich der Fabrik. Dorthin wurde ein Schmalspurgleis verlegt. Dieses 90-cm-Gleis begann auf dem Fabrikgelände von Ziplakow & Labunsky. Am anderen Gleisende, an der Hauptlinie nach Moskau, entstand der Bahnhof Duminitschi. Die Lokomotiven dieser Kleinbahn besaßen Schornsteine in Form eines Trichterkessels (Kobel). Diese dienten zur Aufnahme von Drahtnetzen gegen den Funkenflug. Wegen ihres typischen, weit hörbaren Warnsignals wurde diese Kleinbahn von der Bevölkerung Kukuschka (Kuckuck) genannt. Im Jahre 1998 fuhren auf dieser Schmalspurstrecke Dieselloks; die Hauptstrecke nach Moskau ist mehrgleisig und elektrifiziert.

Die Emailerzeugnisse der Fabrik – es handelte sich um Badewannen, gusseiserne Töpfe, Bratpfannen, Schüsseln, Öfen der Marke Meteor und Bilderrahmen – wurden in den südlichen und westlichen Gouvernements Russlands sowie in Moskau abgesetzt. Das Emaillierwerk produzierte Email auch in verschiedenen Farben. Blumenvasen, die ebenfalls hergestellt wurden, waren so dünn, dass die Finger der Hand hindurchschimmerten.

In der Fabrik gab es eine eigene Klinik mit zehn Krankenbetten. Die Behandlung erfolgte auf Werkskosten, und 1909 wurde für die Arbeiter eine Werksbibliothek angeschafft. Die zaristische Regierung erkundigte sich nach der politischen Einstellung und Parteizugehörigkeit des von der Fabrikleitung eingesetzten Büchereiverwalters, denn in den Revolutionswirren von 1905 war es auch in Duminitschi zu begrenzten Streiks gekommen.

Es ist nicht uninteressant, wie Ziplakow & Labunsky zu ihren Rohstoffen gelangten. Eisenerz wurde bereits seit altersher in der unmittelbaren Umgebung von Duminitschi abgebaut. Als der Wald abgeholzt und die Holzreserven knapp wurden (erstmalig im November 1859), ging man von Holzkohle zur Steinkohle über; diese war hier reichlich vorhanden, wenn auch von mäßiger Qualität. Sie lag in einer Tiefe von 7 bis 13 Arschin[4]. Die Kohleschicht betrug durchschnittlich 2 Arschin. Man grub in vertikaler Richtung einen kreisrunden Schacht („Dudka“ genannt) mit einem Durchmesser von 90 cm. Dann rammte man zwei Pfähle ein und legte einen Querbalken darüber. Mit Hilfe einer Winde und Fördereimern wurde zunächst das Erdreich abgetragen; dann wurde die Kohle abgebaut. Auf gleiche Weise gewann man das Eisenerz mit einem Eisengehalt von 40 bis 60 %. Für die Schachtarbeiten wurden Bauern der Umgebung in Lohnarbeit beschäftigt.

Die Fabrik Ziplakow & Labunsky hatte 1897 einen zweiten Hochofen errichtet, und 1898 wurden dort 500.000 Pud Eisenerz erschmolzen und 250.000 Pud Gießereiprodukte erzeugt. Damit gehörte die Fabrik zu den größten Eisenhütten und Gießereien im Gouvernement Kaluga.

In den Kontoren der Fabrik hörte man stets das Klappern der Abakus-Rechenmaschinen. Der Abakus, der noch 1994 in Russland in Gebrauch war, besteht aus einem viereckigen, mit Metalldrähten durchspannten Rahmen. Auf den Drähten sind kleine, durchbohrte Kugeln aus Palmholz aufgefädelt. Die Kugeln der ersten Reihe bedeuten Einer, die der zweiten Reihe

---

[4] *1 Arschin = 0,71 m*

Zehner, die der dritten Reihe Hunderter usw. Die Abakusrechner schieben diese Kugeln von rechts nach links und umgekehrt und sind in der Lage, alle vier Rechenarten mit rasender Geschwindigkeit durchzuführen.

Der Aufschwung von Ziplakow & Labunsky in Duminitschi kam erstens durch Gottliebs Emaillierwerk und zweitens durch das Vorhandensein eigener Rohstoffe, die quasi vor der Haustür lagen: Eisenerz, Kohle, Holz, Kalkstein und Formersand. Mit seinem Kutscher Kusma Titow war Gottlieb oft unterwegs, um Proben verschiedener Mineralien einzusammeln. Dieses Gestein wurde dann von ihm abends im eigenen Labor auf die Verwendbarkeit für die Herstellung von Email untersucht. Auf solchen Fahrten entdeckte er auch größere Lagerstätten „weißen" Flintsteins und ließ diesen abbauen. Durch Funde geeigneter Mineralien machte er die Fabrik unabhängig von Importen aus dem Ausland.

Gottlieb Moll erwirbt ein Landgut und gründet eine Familie

Gottliebs Küchengeschirr und seine vorzüglichen, säurefesten Badewannen waren schon bald nicht nur in Russland, sondern auch im angrenzenden Ausland bekannt. Seine Arbeit war so erfolgreich, dass er bereits nach kurzer Zeit ein großes Kapital ansammeln konnte. Von einer deutschen Gutsbesitzerin, der Witwe Laura Wilgelminowna De Tillier kaufte er für 6.000 Silberrubel 3 km südlich von Kosmatschewo, 15 km von Duminitschi entfernt, am 17. März 1887 das 316 ha (290 Desjatinen) große Familiengut Newedomskoje, das von der Bevölkerung schon bald „Moll-Gut" genannt wurde. Zum Gut gehörten alle Wälder, Gewässer, das Ackerland, die Wohnhäuser und die Wirtschaftsgebäude. Diesen Besitz hat er später auf eine Fläche von 1.060 ha (das Dreifache)[5] erweitert. Hier modernisierte

[5] *Die Enteignung erfolgte am 4.10.1918.*

er sieben einstöckige und ein zweistöckiges Haus sowie Ställe und Lagerhäuser; 14 Arbeiter wurden von ihm fest angestellt. Über dieses Gut, das noch 1995 jedem Jäger von Ljudinowo gut bekannt ist, wird noch Vieles zu berichten sein.

Der Vorbesitzer dieses Gutes, ein Herr Newedomskij, der es von einem Fürsten A. A. Naryschkin erworben hatte, war ein leidenschaftlicher Spieler gewesen. Er hatte nicht nur sein eigenes Vermögen, sondern auch zwei Güter seiner Frau, einer Fürstin Lwow, am grünen Tisch verspielt. Das Ehepaar lebte später völlig verarmt in St. Petersburg vom Einkommen der Frau, die dort als Telegrafistin arbeiten musste.

Um den landbesitzenden Adel vor einem sicheren Untergang zu bewahren, gründete der Innenminister des Zaren Alexander III., Graf Dimitrij Andrejewitsch Tolstoy (1823 – 1889), eine Adels-Agrarbank. Nur solche Gutsbesitzer sollten dort Anleihen erhalten, die ihre Ländereien auch selbst bewirtschafteten. Die Zinsen bei privaten Hypothekenbanken grenzten an reinen Wucher. Dagegen verlieh die Adelsbank hunderte von Millionen Rubel zu 5 % Zinsen, was äußerst günstig war. Sie stundete auch großzügig die Zinszahlungen; manchmal wurden die Zinsen sogar ganz erlassen. Diese Adels-Agrarbank fand bei dem grundbesitzenden Adel (und auch bei Spekulanten) einen großen Widerhall, denn ein sorgloses Leben in den Großstädten Russlands und in Westeuropa sagte ihnen mehr zu als das einfache Landleben. Dadurch „verarmten“ immer mehr adlige Grundbesitzer, und ein Gut nach dem anderen wechselte mit Hilfe der Agrarbank den Besitzer. Es ist leider unbekannt, ob Gottlieb bei dieser Bank einen Kredit aufnahm oder beim Kauf des Gutes bereits über genügend große eigene Kapitalreserven verfügte.

Mein Großvater Gottlieb (Bogdan) Moll (1859 – 1926) und meine Großmutter Agafia (Agathe) Alexejewna Rubzowa (1866

– 1946), Tochter des Gießereimeisters Alexej Petrowitsch Rubzow, und seiner Ehefrau Agripina (Agrafena) Fjodorowna, hatten sich 1883 in Pessotschnja (heute Kirow) kennengelernt. Agafias Vater war etwa 1871 nach einem Betriebsunfall auf der dortigen Eisengießerei gestorben. Einmal hieß es, dass es eine Kesselexplosion gewesen sei, das andere Mal nach einer Beinamputation, die durch eine Verbrennung mit flüssigem Eisen notwendig wurde. Er hatte entgegen den geltenden Regeln seine Hose nicht über, sondern in den Stiefeln getragen. Ein nachfolgender Arbeiter stolperte und das flüssige Eisen ergoss sich in Alexejs Stiefel.

Agafia (Agathe, Agapeja), seine 17-jährige Tochter, war ein hübsches blondes Mädchen, das sehr gerne sang und mit ihren Freundinnen im „Chorowod" tanzte. Beim Chorowod bilden die Mädchen einen Tanzkreis, wobei abwechselnd eine von ihnen im Innenkreis tanzt. Die Mädchen singen dabei einzelne, sich reimende Couplets recht anzüglichen Inhalts. Wenn die Mädchen baden gingen, natürlich nackt, beobachtete Gottlieb sie, hinter einer Hecke sitzend, mit einem Fernglas. Dies wurde Agafia bekannt, doch sie ließ es sich nicht anmerken.

Gottlieb Moll mit Frau Agafia Alexejewna, geb. Rubzowa mit den Kindern Johann „Wanja", Dimitrij und Anna „Njuscha" 1892

Am 28. Oktober 1886 wurde mein Vater Johann in Bryn geboren, wohin Bogdan die schwangere Agafia gebracht hatte. Am 16. Juli 1888 folgte ihm in Bobrowo (nördlich von Duminitschi) meine

Tante Anna (Njuscha). Nun musste bald an eine Heirat gedacht werden. Diese erfolgte am 2. März 1891 im Dorfe Bobrowo, wo Bogdan einen willigen Popen ausfindig gemacht hatte.

Gottliebs Mutter, Magdalena (Helene) Bülck (1838 – 1900) aus Rendsburg und seine ältere Schwester Karoline (1857 – 1945) waren streng gegen diese Verbindung eingestellt. Ihnen schien, dass Agafia Gottlieb nicht ebenbürtig war, außerdem war sie eine Russin. Wie falsch beide mit dieser Einschätzung lagen, zeigte die spätere Zeit. Agafia wurde eine hervorragende, stets fürsorgliche Mutter ihrer Kinder und dies, obwohl Gottlieb sie ständig mit anderen Frauen betrog.

Am 29. April 1893 wurde Alexandra (Schura) in Duminitschi geboren. Am 17. Januar 1897 folgte Hermann und am 16. Februar 1899 Maria (Manja), beide in Duminitschi. Sechs weitere Kinder (Olga, Anastasia, Nikolai, Dmitrij und ein Zwillingspaar) waren sehr frühzeitig an Cholera und anderen ansteckenden Krankheiten gestorben, die damals in den ländlichen Gegenden grassierten.

Ljudinowo: Alexander Moll errichtet das dritte Moll'sche Emaillierwerk

Ostern 1890 kam ganz unerwartet Alexander aus Sheboygan, Wisconsin, USA, nach Russland zu Besuch. Mit sehr beschränkten Geldmitteln reiste er im Zwischendeck bis Bremen. Die Weiterreise war abenteuerlich. Der russischen Sprache nicht mächtig, fragte er stets nach „Fabrika Duminitschi", aber in den Weiten Russlands wusste man schon in Smolensk nichts von einer solchen Fabrik. Man schickte ihn erst einmal nach Brjansk, „da dort viele Fabriken seien". Schließlich landete er mit der Malzowschen Kleinspurbahn in Djatkowo und nahm dort Postpferde bis nach Shisdra. Von Shisdra beförderte ihn Herr Labunsky mit einer Troika (russ. Dreigespann) nach Duminitschi. Bei 35 Grad

Emaillierwerk Ljudinowo

unter Null musste er ein Kleidungsstück nach dem anderen aus seinem Reisegepäck holen und sich in Bauernkaten aufwärmen. Sobald ein Dorf am Horizont auftauchte, fragte er den Kutscher: „Duminitschi?“ Dieser schüttelte aber stets missbilligend den Kopf. Endlich, nach glücklicher Ankunft in Duminitschi, wurde er von der Familie jubelnd begrüßt.

Aus Alexanders Besuch wurde schon bald ein dauernder Aufenthalt. Seine Mutter Helene aus Rendsburg-Büdelsdorf war eine sehr energische Frau. Sie ging von sich aus zu den Malzow-Werken in Ljudinowo und empfahl dort die Einstellung ihres Sohnes. Die Malzow AG bot „dem Amerikaner“ an, in Ljudinowo ein Emaillierwerk zu bauen und später auch das von Gottlieb eingerichtete Werk in Pessotschnja (Kirow) zu übernehmen. Alexander willigte ein und ließ im Mai 1890 seine Frau Anna (1860 – 1946) und seine einjährige Tochter Magdalena (Maka, 1889 – 1913) aus Sheboygan nachkommen.

Diese fuhren bei stürmischer See mit der „Ems“ bis Bremerhaven, wo sie Alexander erwartete. Von hier aus folgte die damals noch sehr beschwerliche Reise nach Russland. Von Ussowka holte sie unser Gutsbauer Kosma Titow mit einem Pferdegespann ab und brachte sie nach Ljudinowo.

Die Familie Alexander Moll erwarb hier ein schönes Wohnhaus. 1891 wurde in Ljudinowo ihr Sohn Alexander (Sascha, 1891 – 1920) geboren und 1894 auf dem Moll-Gut der Sohn Wilhelm (Willi, 1894 – 1916). 1896 kamen in Ljudinowo die Töchter Olga (Olja, 1896) und 1902 Anna Marie (Mika, 1902 – 1987) zur Welt. Zwei Knaben waren 1885 und 1888 im frühen Kindesalter in Sheboygan, Wisconsin, gestorben.

Im September 1895 kam aus Sheboygan Annas Bruder Edwin Geussenhainer (1872 – 1931) nach Russland. Er übernahm für

Edwin Rudolph Geussenhainer, Kaukana USA 1895

Mary Geussenhainer, geb. Jansen Moskau 1900

Alexander die Leitung des Emaillierwerkes in Pessotschnja, wo mein Großvater in den Jahren 1883 – 1885 seine Russlandkarriere begonnen hatte. Er baute dieses Werk weiter aus und setzte es wieder in Gang. Am 8. August 1899 heiratete er in Kaukauna, Wisconsin, die Deutschamerikanerin Maria (Mary) Theresia Jansen (1874 – 1938) und nahm sie im gleichen Jahr mit nach Russland.

Nun waren endlich alle beisammen und drei Emaillierwerke des Gouvernements Kaluga in Händen der Familie Moll: Gottlieb in Duminitschi, Alexander in Ljudinowo und Edwin in Pessotschnja. Letzterer bewohnte mit seiner Frau Mary in Pessotschnja eine Haushälfte des berühmten, schlossähnlichen „Gontscharow"-Hauses. Hier wurde am 28.08.1900 ihr erster Sohn Edwin Joseph geboren.

Die andere Hälfte bewohnte der Direktor der Gießereifabrik P. I. Tominiskij.

Newedomskoje: Familiensitz, Landwirtschaft, Chemie- und Nahrungsmittelbetriebe

Am Wochenende traf man sich regelmäßig auf Gottliebs Gut Newedomskoje. Dort hatte er das De Tillier-Gutshaus renoviert, modernisiert und für jede Familie eine Datscha (Sommerhaus) gebaut.

Auch mein Vater Johann hatte im Gutspark ein eigenes Häuschen erhalten. Er war ein völliger Einzelgänger und Individualist, künstlerisch und technisch hochbegabt. Als besonders angenehm empfand er es, wenn er sich völlig ungestört zurückziehen konnte. Er trank keinen Alkohol, rauchte aber ab und zu.

Nach Ausbruch des Krieges gegen Japan im Jahre 1905 wurde das Gutshaus um einen Lazarettanbau erweitert. Als diese

Gut Newedomskoje, Versammlung der ganzen Familie auf der Veranda des Gutshauses 1901

Newedomskoje im Winter

Gutshaus, Krasnij Domik

Räume nicht mehr benötigt wurden, richtete sich Johann in einem der Zimmer ein Elektrolaboratorium ein. Eigenhändig verlegte er eine Telefonleitung von seinem Häuschen im Park zum Gutshaus und zum Gutsverwalter. Er präparierte Vögel und Kleinsäuger, auch hielt er sich eine Eule. Er fotografierte gern und machte alle Laborarbeiten selbst. Er interessierte sich für Chemie und machte physikalische Experimente. Besonders gern ging er aber allein in die Moll-Wälder zur Jagd, sein wertvolles Jagdgewehr über der rechten Schulter. Am Abend eines solchen gelungenen Tages setzte er sich im Gutshaus ans Klavier, umgeben von einer großen Kinderschar. Obwohl er nie Klavierunterricht gehabt hatte, spielte er aus dem Gedächtnis auch schwierige Werke, wie z. B. die Rhapsodie Nr. 2 von Franz Liszt.

Jede Familie besaß eine eigene Troika und einen eigenen Jamschtschik (Kutscher). Die feurige Rappentroika (Hetman, Ataman und Sultan), gelenkt von Alexanders Jamschtschik Iwan, fand auf den Dörfern große Bewunderung. Obwohl alle drei Pferde auf gleicher Höhe angeschirrt waren, liefen sie doch in verschiedenen Gangarten. Das Mittelpferd lief alleine unter einer hölzernen, silberverzierten Duga (Deichselbogen) und musste, von zwei Zügeln geführt, nur nach vorne streben, also geradeaus traben; dabei hielt es den Kopf hoch erhoben. Die beiden Seitenpferde durften frei und wild galoppieren. Sie drehten die Köpfe nach außen, wobei ihr heißer Atem den Boden streifte. Iwan lenkte die Seitenpferde durch Außenzügel. Mit dem Joch des Gabelpferdes waren sie durch einen Riemen verbunden. Auf diese Weise jagten russische Troikapferde, einem geöffneten Fächer gleich, vor ihrer leichten Last, mit silbernem Zaumzeug, dampfendem Fell und klingenden Glöckchen durch die russische Winterlandschaft. Ein herrlicher Anblick!

Für die Kinder gab es auf dem Gut einen zweirädrigen englischen Buggy, gezogen von einem Esel. Dieses Gefährt wurde von einem jungen Gutskutscher betreut.

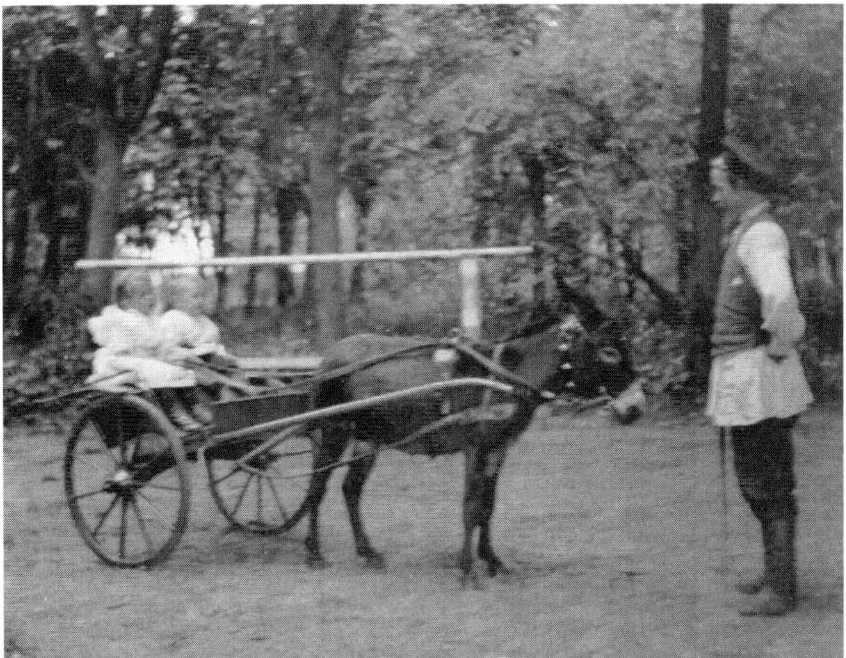

Buggy mit Esel und Gutskutscher

In den Stallungen des Gutes standen 120 Milchkühe, importiert aus Ostpreußen, und 70 Arbeitspferde; in Dänemark hatte Gottlieb 60 Schweine gekauft. Es gab ausreichend Reitpferde und Jagdhunde. So hießen Karolines Lieblingspferde Lotte, Krassawtschik (der Hübsche) und Uragan (der Orkan). 14 Arbeitskräfte waren auf dem Gut im ständigen Einsatz, und in den Sommermonaten arbeiteten auf den Feldern 120 Tagelöhner. Angebaut wurden Weizen, Roggen und Hafer. Das Getreide hatte Gottlieb aus den Zentralgebieten der USA importiert. Die Pflanzkartoffeln kamen aus Idaho (USA). Das duftende Heu wurde in riesigen Mengen auf den Böden der Stallungen gelagert. Moderne landwirtschaftliche Maschinen hatte Gottlieb ebenfalls aus den USA importiert. Die Lieferung dieser Maschinen erfolgte über den Hafen von Riga, was oft mit großen Transportschwierigkeiten verbunden war.

Die Mahlzeiten wurden im Sommer auf einer großen Glasveranda, der Sommerküche, eingenommen; meistens waren dort 25 Personen zu Tisch. Awdotija, eine frühere Leibeigene, die beim Gutskauf mit übernommen worden war, sorgte für die Führung der Hauswirtschaft. Kälber, Gänse, Hühner und Enten waren im Überfluss vorhanden. Ein großer Inkubator (Eierbrutmaschine) wurde mit Petroleum betrieben. Im Gutsgarten standen Beerensträucher, die aus Lettland importiert waren. Im Winter wurden 15 Schweine geschlachtet und zu Würsten und Schinken verarbeitet. Die Fleischreserven wurden in einem Eiskeller deponiert. Die Eisblöcke wurden über eine Rampe, ähnlich einer Skischanze, aus dem angrenzenden See gezogen. Diese Schanze wurde von den Kindern auch gern zum Rodeln benutzt. Ihre Schlitten sausten über den ganzen See, der 50 cm dick zufror, bis zum Staudamm.

Bedienstete gab es in großer Zahl. Die jüngeren Kinder wurden durch französische Gouvernanten erzogen und durch Privatlehrer (meist Studenten aus Moskau) unterrichtet. Die älteren

Kinder kamen nach Moskau in ein Internat. Die Festtage wie Ostern, Weihnachten und die sehr langen Sommerferien verbrachten mein Vater Johann, Njuscha, Schura, Hermann, Maka und Sascha auf dem Gut. Die Kinder fuhren gemeinsam mit der Bahn von Moskau bis Shisdra, wo sie bereits ein Gutskutscher erwartete; dieser brachte sie dann auf das Gut.

Mein Vater Johann verbrachte seine Kindheit in herrlicher Freiheit auf dem Lande. Er wurde durch einen Moskauer Studenten unterrichtet. Später kam er auf ein Moskauer städtisches Gymnasium, und ab 1902 besuchte er das Privatgymnasium L. I. Poliwanow. Die Aufnahmeprüfungen waren hier sehr streng. Er trug die graue Moskauer Gymnasiastenuniform, eine Mütze mit blankem, schwarzem Schirm, und als Kokarde zwei gekreuzte Ahornblätter.

Im August 1906 trat er in die Moskauer Universität ein, um dort bis zum Herbst 1910 Physik zu studieren. Als Student lebte er in einem kleinen möblierten Zimmer in den Ziplakowskije Nomera, ul. Sretinskaja. Was das Taschengeld anbetraf, so hielt mein Großvater alle Kinder sehr knapp. So bekam mein Vater als Ältester lediglich 50 Rubel monatlich.

Njuscha (Anna) hatte 1907 in Zürich das Medizinstudium aufgenommen, und Vaters jüngere Geschwister Schura (Alexandra) und Hermann kamen in ein Moskauer Internat. Sie waren elf bzw. sieben Jahre jünger als er und wurden von ihm als kleine Kinder behandelt. An den Wochenenden durften sie ihn besuchen und in seinem Zimmer übernachten. Hier hat er sie verpflegt und ihr Taschengeld etwas aufgebessert. Wollten Schura und Hermann meinen Vater am Wochenende in Moskau besuchen, so benötigten sie hierzu eine Art „Passierschein“ ihres Internats. Auf diesem Schein hatte Johann die Uhrzeit ihrer Ankunft und ihrer Abreise einzutragen und zu unterschreiben.

Besonders gern besuchten Schura und Hermann den Moskauer Tier- und Vogelmarkt auf der Trubnaja Ploschtschadj (Verbindungsplatz). Nördlich des Kremls gelegen, verbindet dieser Platz zwei breite Boulevards. (Die Boulevards sind in Moskau, wie auch sonst, Ringstraßen, und die auf den Kreml zulaufenden Straßen heißen Prospekte.) Als Hermann und Schura an einem Wochenende auf dieser „Trubnaja Ploschtschadj“ einen gelben „Kanarienvogel“ für 50 Kopeken „günstig“ erworben hatten, brachten sie diesen voller Stolz zu Johann. Dieser erkannte aber sofort, dass sie einen gefärbten Sperling gekauft hatten; er schickte beide umgehend zum Händler zurück. „Wartet ein wenig, dann wird der Vogel noch gelber“, entgegnete ihnen der Betrüger. Bei der Rückgabe des Vogels erzielten die Kinder einen großen Kopekenverlust. Dieses war ihre erste Bekanntschaft mit der freien „Markt“-Wirtschaft.

Einige Jahre später besuchte Schura in Moskau das Mariinskij Institut (eine höhere Mädchenschule). Diese lag an der Nabereshnaja Sofiskaja, unweit des Kremls. Eine ihrer besten Freundinnen dort war Tatjana Iwanowna Nasarowa (1894 – 1937). Sie war die Tochter des armenischen Arztes Dr. Iwan Nasarow (ursprünglich Nasar) und seiner Ehefrau Olga Nikolajewna Baranowskaja (1877 – 1941?). Dr. Iwan Nasarow war wegen Alkoholabusus bereits früh verstorben, und Tatjana wurde von ihrer Mutter erzogen. Das Mädchen fühlte sich in den großen Sommerferien sehr einsam und wusste nicht, wo sie diese Zeit verbringen sollte. Als sie im Sommer 1908 weinend zu Schura kam und ihr ihr Leid klagte, versprach diese, sie während der Sommerferien mit auf das Gut zu nehmen. Ihre Tante Karoline, die nach Moskau gekommen war, um Schura abzuholen, erlaubte es, Tatjana mit auf das Gut zu bringen. Da Tatjana aber nicht reisefertig war, musste Karoline mit Schura vorausfahren. Tatjana fuhr eine Woche später, wobei sie von meinem Vater Johann und meinem Onkel Hermann begleitet wurde.

Mein Vater war von dem hübschen, dunkelhaarigen 14-jährigen Mädchen sofort begeistert. Auf dem Gut umschwärmte er Tatjana täglich. Als Karoline solche Zweisamkeiten nicht mehr duldete und die Mutter Tatjanas sogar eine schriftliche Klage bei der Moskauer Universität „wegen der Verführung" ihrer Tochter einreichte (diese Anzeige wurde aber dort nicht angenommen, da Tatjana bereits 14 Jahre alt war und glaubhaft versicherte, dass sie mit allem voll einverstanden gewesen sei), floh das Paar in einen benachbarten Wald und wohnte dort einige Wochen in einem Zelt. Hier versorgte sie Johanns Mutter, meine Großmutter Agafia, heimlich mit Lebensmitteln. Hiernach wohnten beide irgendwo vor Moskau in einem Zelt und zogen dann in eine Moskauer Wohnung. Am 9. April 1909 wurde in Moskau ihr erstes Kind, mein Halbbruder Leo

Johann Moll mit seiner ersten Ehefrau Tatjana Iwanowna Nasarowa 1910

(Ljowa, 1909 – 1964) geboren. Er wurde am 15. April in Moskau getauft, und Tatjana zog mit ihm am 10. Mai 1909 auf das Gut.

Nachdem im September die Heiratserlaubnis der Moskauer Universität vorlag, heirateten Johann und Tatjana (Tanja) Nasarowa am 25. Oktober 1909.

Die Trauung vollzog der Geistliche der Spasso-Preobrashenski-Kirche in Moskau. Dieser Ehe entstammen meine weiteren Halbgeschwister Tatjana II (Tanja, 1912 – 2012), geboren in Aprelewka, Olga (Olja, 1913 – 1993), geboren in Moskau, und Eugen (Shenja, 1914 – 1977), geboren in Duminitschi. Vaters zweiter Sohn, mein Halbbruder Nikolai (Kolja, 1911 – 1912) war in Aprelewka im Kindesalter von 15 Monaten an Lungenentzündung gestorben. Er wurde in Burzewo bei Aprelewka beigesetzt. Mein Vater hat diesen Tod nur sehr schwer verschmerzt.

Auf dem Gut wurde eine große Käsefabrik gebaut, die von den Bauern der Nachbarschaft mit Milch beliefert wurde. Diese Fabrik versorgte alle Nachbardörfer des Gutes mit Butter, Rahm, sowie Edamer- und Emmentaler-Käse („Schwejzarskij syr"). Geleitet wurde diese Fabrik von dem Schweizer Karl Davidowitsch Lörtscher (1876 – 1939), einem Herrn Portinier und zeitweise auch von Gottliebs Tochter, meiner Tante Anna Moll.

K. D. Lörtscher (geboren 1876 in Smolensk) war 1900 auf unser Gut gekommen. Er entstammte einer Familie von Käsereifachleuten. Sein Vater David und seine Mutter Rosina Boss waren um 1860 aus der Schweiz nach Russland eingewandert. Karl Davidowitsch wurde später unser Gutsverwalter und in der Kriegszeit (1914 – 1918) kommissarischer Leiter unserer Schallplattenfabrik „Metropol Rekord" in Aprelewka. (Die neutralen Schweizer wurden ja nicht interniert.)

Auf einer 12 ha großen Apfelplantage des Gutes standen 4.000 Bäume der besten Sorten in Reih und Glied und lieferten

Äpfel in Hülle und Fülle: „Anissowka", „Karabowka", „Arkat", „Koriznewyje" (mit Zimtgeschmack) und „Washingtons" (aus Nordamerika). Die gesamte Apfelernte wurde bereits im Frühjahr von jüdischen Händlern vom Baum aufgekauft und unter Bewachung gestellt. Abkömmlinge dieser hochwertigen Sorten fanden sich noch 1994 hier und da bei den Bauern der Nachbardörfer. Die Pflege des Gutsparks und die Bestellung des Gemüsegartens besorgten zwei Gärtner: der Lette Michael Semnik und der Russe Wassilij Nickels; ein alter russischer Schlosser kümmerte sich um den Fuhrpark und das technische Gerät des Gutes.

Sonnabends kam Gottlieb von Duminitschi auf das Gut, um hier ein ruhiges Wochenende im Kreise seiner Familie zu verbringen. Auf der 38 km langen Fahrt hatte er mehrere Dörfer, durch Tore getrennt, zu passieren. Die Kinder hatten diese Fahrten bald schlau bekommen, schlossen die Dorftore und riefen: „Djadja (Onkel) Bogdan, gib uns Konfekt, dann darfst Du passieren." Da half auch kein strenger Blick. Dieser „Zoll" musste jede Woche entrichtet werden. Wenn Gottlieb Zeit hatte, mussten die Kinder zum Empfang der Süßigkeiten in einer Reihe antreten.

Im Gutspark gab es einen Tennisplatz für die Erwachsenen und einen Seilrundlauf für die Kinder. Zum Plaudern und Teetrinken stand im Gutspark eine „Bessedka" (ein Pavillon, verziert mit prachtvollen Holzschnitzereien). Ein tiefer Brunnen, ausgemauert mit roten Ziegelsteinen, versorgte die Wohnhäuser mit frischem Trinkwasser. Ein großer Stausee in unmittelbarer Nähe des Gutshauses mit einem hübschen Badehäuschen (ebenfalls reich verziert mit vielen Holzschnitzereien) erlaubte im Sommer das Baden und Rudern und im Winter das Schlittschuhlaufen. Diesen See hatte Gottlieb durch einen Damm aufstauen lassen. Ein öffentlicher Weg, der früher durch das Gut führte, musste nach außerhalb verlegt werden.

Stauweiher mit Badehäuschen

Beliebt war bei den größeren Kindern das Windsegeln auf Skiern. Wer dazu Lust verspürte, sauste mit großen Leinensegeln, die an Bambusstangen aufgespannt waren, über die angrenzenden Felder. Im Sommer starteten sie selbstgebaute Heißluftballons (Montgolfieren) und im Herbst Drachen.

Auf dem Gut gab es eine „Banja" (finnische Sauna), wie sie jetzt weltweit beliebt ist. Auf einer gemauerten Feuerstelle lagen Granitsteine, die ab und zu mit Wasser besprüht wurden. Bei einer Temperatur von 70 – 85° C und sehr geringer relativer Luftfeuchtigkeit (10 %) unterzogen sich die Banjabesucher ausgiebig einer Klopfmassage mit bereitgestellten „Weniki" (Birkenreisern). Im Winter stürzten sich die Mutigen für einige Sekunden in den Schnee.

Sehr beliebt waren im Sommer Familienpicknicks in den angrenzenden Wäldern, durchgeführt mit Kaleschen und „Futterkörben", und im Winter Schlittenrennen mit russischen

„Troikas". Solche Schlittenrennen wurden unter den Gutsbesitzern ausgetragen, wozu diese ihre besten „Jamschtschiki" (Kutscher) und edelsten Pferde einsetzten. Die Teilnehmer, eingehüllt in „Tulups" (Schafpelzmäntel) und Bärenfellmützen auf dem Kopf, wurden vom aufgewirbelten Pulverschnee fast eingedeckt. Kam hierzu noch das helle Klingeln der zahlreichen Glöckchen an dem mit Silber verzierten Zaumzeug sowie das Schnauben und Wiehern der galoppierenden Seitenpferde, so war dieses ein unvergessliches Erlebnis auch für die Zuschauer.

Zu Weihnachten versammelte sich im Herrenhaus eine große Kinderschar mit den Erwachsenen und Bediensteten um eine riesige Tanne; diese durfte nur mein Vater Johann aufstellen. Die Gabentische, bepackt mit den Geschenken, hatten die Kinder bereits durch die Schlüssellöcher „inspiziert". Sie mussten sich im „Kasnij Domik" (Rotes Häuschen) festlich umkleiden und dort bis zu der Bescherung warten. Bei Erklingen eines Glöckchens gingen sie paarweise ins Herrenhaus, wo jetzt die Türen für sie geöffnet wurden. Am Klavier saß Karoline und spielte deutsche Weihnachtslieder. Nach der Verteilung der Geschenke folgte ein Festessen; dann wurde musiziert und getanzt. Ein Edison-Phonograph (damals eine große Seltenheit) hat diese glücklichen Stunden festgehalten. Leider sind alle Walzen während der Revolutionswirren verlorengegangen.

Zur Erinnerung an die Taufe Christi im Jordan durch Johannes den Täufer wurde am 6. Januar das „Fest der Wassertaufe" begangen. Die Gläubigen ziehen an diesem Tag mit ihrem Ortspopen, ihre Kreuze und Prozessionsikonen vorantragend (solche Ikonen sind beidseitig bemalt und zum Tragen an Stangen befestigt), an das nächstgelegene Gewässer und schlagen dort ein Loch ins Eis. An dieser Stelle taucht der Priester sein goldenes Kreuz (die Taufe Jesu Christi symbolisierend) dreimal ins Wasser. Dann wird eine Taube (den heiligen Geist symbolisierend) freigelassen. Am Ende dieser Zeremonie nehmen die Gläubigen das geweihte Wasser in kleinen Fläschchen mit nach Hause.

Am 9. März (Tag der vierzig Märtyrer) feierte man die „Rückkehr der Shaworonki“ (Lerchen). In allen Haushalten wurden dazu kleine Vögel aus Kuchenteig gebacken und mit Augen aus schwarzem Pfeffer versehen.

Die erste Woche der achtwöchigen Osterfastenzeit wird in der russisch-orthodoxen Kirche „Masliniza“ (Butterwoche) bezeichnet (eine Art Karneval der Russen). In dieser Woche ist zwar der Genuss von Fleisch verboten, aber der von Butter, Milch und Eiern erlaubt. In dieser Woche essen die Russen bevorzugt „Bliny“ (Pfannkuchen) mit Kaviar und saurer Sahne. Das größte Fest der russisch-orthodoxen Kirche ist nicht Weihnachten, sondern Ostern. In der Osternacht versammelt sich kurz vor Mitternacht in allen Kirchen eine große Gemeinde. Die Kirchenbesucher tragen, eng beieinanderstehend, eine flackernde Kerze in der Hand. In den russischen Kirchen gibt es keine Sitzgelegenheiten, so dass auch ältere Gemeindemitglieder die ganze Andacht stehend verbringen müssen, was ihnen sichtlich schwerfällt. Unsere Kirche stand 5 km vom Gut entfernt im Dorf Kosmatschewo. Sie war 1994 eine traurige Ruine.

Um Mitternacht, nach einem Glockenschlag, wird die „Königspforte“ der Ikonostase (Bilderwand) geöffnet und der Pope und Diakon schreiten durch ein Meer brennender Kerzen zum Kirchenausgang; ihnen folgen die Gläubigen, und die Prozession zieht unter Läuten der Kirchenglocken auf den Hof. Anstatt aber die Auferstehung des Heilands zu verkünden, zögert der Pope, wie es die Jünger Jesu taten, und zieht mit der Gemeinde dreimal um das Kirchenschiff, wie um den entschwundenen Jesus zu suchen. Dann öffnet er das symbolische

Grab (die Kirchentür), überzeugt sich von der Auferstehung des Heilands und verkündet laut rufend der Gemeinde: „Christos woskresse!“ („Christus ist auferstanden!“). Die Gläubigen antworten laut und unisono: „Wo istinu woskresse!“ („Er ist wahrhaftig auferstanden!“). Diese beiden Ausrufe erklingen immer wieder, und dann setzt eine wahre Kussorgie ein. Jeder küsst seinen Nachbarn, ob verwandt oder fremd, dreimal auf die Wangen. Hierbei werden auch bemalte Ostereier ausgetauscht. Dieser Osterkuss findet bei der jungen Generation naturgemäß regen Zuspruch.

Die Mitternachtsmesse geht mit lautem Kirchengeläut zu Ende. Die russischen Glocken sind festmontiert, und die Klöppel werden von einem Kirchendiener durch Seilzug betätigt. Zuerst wird die Bassglocke angeschlagen, dann folgen Glocken höherer Töne, bis zum Schluss die kleinsten Glocken laut jubilieren. Nach der Ostermesse gehen die Gemeindemitglieder zu ihren Fuhrwerken, um eine meist lang andauernde, nächtliche Heimfahrt anzutreten. Sie versuchen, dabei eine Kirchenkerze brennend mit heimzunehmen.

Ein russisches Osterfest ist undenkbar ohne „Passcha“ und „Kulitsch“. Bei der „Passcha“ handelt es sich um eine süße Quarkspeise, durch vier Holzbrettchen zu einer Pyramide geformt und verziert mit den Buchstaben X und B (X = CH für Christus und B = W für woskresse). Der „Kulitsch“ ist eine Art Napfkuchen aus bestem Hefeteig, garniert mit Rosinen und Mandeln. Er erinnert an unseren Weihnachtsstollen.

Bereits am Palmsonntag werden die „Passcha“ und der „Kulitsch“, gefärbte Ostereier und Weidenruten mit silbernen Kätzchen zum Ortspopen getragen und von diesem gesegnet. Es sind durchweg Frauen, die diesen Brauch aufrechterhalten. Als Dank führen sie drei Finger ihrer rechten Hand (die Dreieinigkeit Gottes symbolisierend) zur Stirn (Verstand), zur Brust

(Herz), zur rechten und dann zur linken Schulter (körperliche Kraft) und verneigen sich nach dieser Bekreuzigung tief vor dem Popen.

Um die Mittagszeit des Ostersonntags setzt ein reger Besuchsverkehr ein. Jeder besucht seinen Nachbarn, um ihm ein glückliches Osterfest zu wünschen. Auf unserem Gut erschien regelmäßig der Ortspope mit Ikonen und einem kleinen Kirchenchor. Nach einem Kirchenlied und der Bewirtung erhielt der Geistliche einen Geldschein in die Hand gedrückt, und die Leute entfernten sich singend vom Gutsgelände.

Besonders üppig waren die Empfänge bei befreundeten Gutsbesitzern. Zwei der unsrigen hießen Ludwig Hoffbauer und Popp. Jeder von ihnen hatte zu Hause eine riesige Tafel mit „Sakusky", Weinen und Wodka aufgetürmt. Unter „Sakusky" (Imbiss) versteht der Russe Vorspeisen, die vor jedem Glas Wodka einzunehmen sind. Auf den Tischen standen daher neben dem eisgekühlten Wodka frischer Kaviar, Kaviar in Dosen, Heringsfilets, Salz- und Gewürzgurken, geräucherter und getrockneter Stör, kalter Lachs sowie kleine „Piroschki" (Pasteten), gefüllt mit Fleisch, Kohl oder Fisch und vieles andere mehr. Nie fehlte in der Mitte des Tisches ein knusprig gebratenes Spanferkel mit Meerrettichsoße und mit einem farbigen Osterei im halbgeöffneten Maul. Der reichlich genossene Wodka macht Appetit auf Pikantes, und das Pikante verlangt seinerseits nach Wodka. An solchen Tischen konnte dieser Wunsch ausgiebig befriedigt werden.

Zur Zeit des letzten Zaren (Nikolai II.) wurden in Russland hauptsächlich drei Sorten von Wodka serviert. Am bekanntesten war der sog. klare Wodka (ein Kornschnaps) der Marken Moskovskaya und Stolichnaya. Es wurde aber auch der „Perzowka" (angesetzt mit Paprikaschote) sowie als dritte Sorte der „Subrowka" gereicht. Der letzte hatte seinen Namen von einer bestimmten Grassorte, die von den Wisenten (dem Subr) besonders bevorzugt wurde.

Zum Färben der Ostereier benutzte man fertige Farbpulver. Diese wurden im kochenden Wasser aufgelöst und mit etwas Essig versetzt. Legte man die Eier mit Hilfe eines Esslöffels in die dunkel gefärbten Lösungen, so kamen sie, je nach verwendetem Pulver, rot, blau, grün oder gelb wieder heraus. Anschließend wurden die Eier mit einer Speckschwarte abgerieben, um ihnen Glanz zu verleihen. Aber es war auch üblich, die Eier per Hand zu bemalen, und es entstanden dabei nicht selten kleine Kunstwerke. (Zar Nikolai II. schenkte Zarin Alexandra und seiner Mutter Maria Fjodorowna zu jedem Osterfest große diamant- und edelsteinbesetzte Ostereier des Petersburger Juweliers Carl Peter Fabergé (1846 – 1920), die heute auf den großen Auktionen der Welt zu den kostbarsten Stücken zählen. Fabergé hatte seine Firma 1842 in St. Petersburg gegründet.)

Die Dorfjugend vertrieb sich die Zeit mit „Eierschlagen". Dabei wurde die Eispitze in der Hand zusammengepresst und auf das gegnerische Ei geschlagen. Wessen Ei dabei entzwei ging, der verlor es an den Gegner. Zum Pfingstfest wurde vor jeder „Chata" (Kate) eine frisch geschlagene Birke aufgestellt.

Die tägliche Nahrung der russischen Bauern ist auch 1994 noch einfach und anspruchslos. Sie besteht meistens aus „Schtschi" (Kohlsuppe), „Kascha" (Buchweizengrütze) und manchmal auch aus „Borschtsch" (eine typisch russische Suppe aus roten Rüben mit Fleisch und einem Schuss saurer Sahne). Ist Fisch vorhanden, dann wird auch die „Ucha" (Fischsuppe) gegessen. Zu allen Mahlzeiten wird unbedingt Schwarzbrot gereicht. An heißen Sommertagen wird sehr gerne die „Okroschka" gegessen. Diese wird mit „Kwas" angesetzt (ein Getränk aus vergorenem Schwarzbrot mit Hefezusatz, sprudelnd wie Sekt). Sie enthält Fleischstückchen, Dill, hart gekochte Eier, frische Gurken,

Meerrettich, Senf, Salz und Zucker und schmeckt eisgekühlt sehr erfrischend.

Was die Getränke anbetrifft, so nehmen in Russland drei von ihnen die ersten Plätze ein. Es sind der „Tschai“ (Tee), der „Kwas“ und der Wodka. Der Tee wurde nach Russland aus China importiert, entweder auf dem Land- oder dem Seewege. Man lieferte ihn in Felle eingenäht, mit der Lederhaut nach außen („Ledertee“). Die billigste Teesorte war der sog. „Ziegelstein“-Tee. Hierzu wurden pulverisierte Teereste zu Ziegeln gepresst; diese mussten mit der Axt zerschlagen werden, bevor man den Tee aufbrühen konnte. In jedem Bauernhaus gab es einen „Samowar“. Der Name ist abgeleitet von zwei russischen Wörtern: Samo = selbst und warit = kochen. Ein solcher „Samowar“ diente zum Bereithalten von siedendem Wasser. Dazu besitzen alle „Samoware“ ein senkrecht verlaufendes Innenrohr und einen Rost für Holzkohle. Das nachgefüllte Wasser erhitzt sich an den Wandungen des Innenrohres und kann dann mit Hilfe eines Wasserhahns entnommen werden. Oben auf dem Samowar steht ein Kännchen mit Teekonzentrat (Teesud). Dieses Konzentrat wird nach Belieben mit dem siedenden Wasser verdünnt. Da ein „Samowar“ während des Betriebes ständig vor sich her summt, ist dieses Geräusch im Winter für den Wärme suchenden Gast der Inbegriff höchster Behaglichkeit.

Die russischen Männer trinken den Tee aus Gläsern, die sie in Henkelgestelle platzieren. Die Frauen trinken den Tee aus Tassen oder Untertassen. Letztere werden zur Abkühlung mit dem Mund angeblasen. In den wohlhabenden Familien der Städte bestehen die „Samoware“ und Henkelgestelle aus reich ziseliertem Silber. Zucker wird stückweise in den Mund geschoben und unter der Wange zum Lutschen platziert. Sehr gerne nimmt man zum Tee auch „Warenje“, eine stark gezuckerte Fruchtkonfitüre, die im Herbst aus den Früchten des Gartens hergestellt wird. Bei Dorffeiern nehmen Balalaika, Akkordeon und natürlich der Wodka die ersten Plätze ein. Wo Balalaika und Akkordeon erklingen, finden sich schon bald Zuhörer ein, die kräftig mitsingen.

Alle Bauernhäuser („Chatas" oder „Isbas", durchweg Blockhäuser mit Strohdächern) in der Nähe unseres Gutes waren gleichartig gebaut. Man fügte entrindete Rundhölzer kreuzförmig zusammen und füllte die Zwischenräume mit Werg aus. Die Fenster waren wegen der kalten Winter winzig klein. Im Innern gab es einen einzigen Raum mit einem großen, gemauerten und stark verrußten Ofen; dieser reichte fast bis zur Zimmerdecke. An den Ofen schloss sich meist ein eiserner Herd an. Entlang der Hauswände gab es Sitzbänke, und in der Mitte des Raumes stand der Tisch.

Nachdem das Tischgebet gesprochen war, wurde die Suppe oder die Kascha aus einem gemeinsamen Topf mit bunt bemalten Holzlöffeln „geangelt". Zur Tischrunde gesellten sich manchmal auch Nachbarn, Pilger und Bettler, die „der liebe Gott eingeladen hatte". In der sog. „Schönen Ecke" des Zimmers (im Russischen übersetzbar auch als „Rote Ecke"), die sich stets gegenüber dem Hauseingang befand, hing die Haus-Ikone mit einer brennenden „Lampade" (Öllämpchen) davor. Beim Eintritt ins Haus verneigte sich jeder Besucher zunächst vor dieser Ikone, ehe er den Hausherrn begrüßte. Dieser war im Hause absoluter Chef und schlief daher auf dem Ofen; hier war es im Winter warm und im Sommer kühl. Den Frauen blieben die Wandbänke oder die Scheune.

In der „Schönen Ecke" (Roten Ecke) des Zimmers ließen die Bolschewisten alsbald die Ikonen durch Lenin-Portraits ersetzen. Die gläubigen Frauen versteckten ihre Ikonen, um sie vor der Vernichtung durch die Kommunisten zu retten; aber es gab auch Ikonen, die ihren Lebenslauf als Deckel eines Gurkenfasses beendeten. Nach dem Zweiten Weltkrieg hat der sowjetische Geheimdienst, der KGB, so manche wertvolle Ikone in den Westen gegen harte Valuta verkauft. Beleuchtet wurden die russischen „Chatas“ und „Isbas“ durch „Lutschinas“ (harzreiche Kienspäne aus Kiefernholz), die in die Wergspalten geschoben wurden und ständig erneuert werden mussten. Es ist leicht einzusehen, dass diese Kienspäne die meisten Hausbrände verursachten.

Die Bauernkaten waren draußen von einem Erdwall umgeben, um die Zugluft abzuschirmen. Dieser Erdwall war gleichzeitig Sitzgelegenheit; hier saßen bevorzugt die alten Leute und betrachteten die Jugend bei ihren Spielen und „Chorowody“ (Kreistänzen). Alle Männer trugen im Sommer die gleiche Kleidung: ein Baumwollhemd, das auf einer Seite geknöpft war und blusig über die Hose fiel. Die Hose, aus Leinen oder Wolle, wurde immer in den Stiefeln getragen. Diese wurden mit „Djogotj“ (einer Art Teer) eingefettet. Wenn die Lederstiefel knarrten, so galt dies, besonders bei der Jugend, als ein Zeichen guter Stiefelqualität. Im Herbst wurden lange, schwarze (an einen Kaftan erinnernde) Mäntel getragen. Die Männer trugen ihr Haar kreisrund geschnitten, als hätte man ihnen vor dem Haarschnitt einen Topf übergestülpt. Die Jungen waren bartlos, wogegen die Alten Vollbärte trugen. Hier entstand der unübersetzbare Begriff „Russischer Mushik“ (etwa: ungepflegt, aber sehr pfiffig).

Die Lederstiefel waren für einen Mann ein Zeichen hoher Eleganz, denn die ärmeren unter ihnen trugen lediglich „Lapti“ (Bastschuhe). War das Wetter im Juni feucht und warm, dann wurde die Rinde von jungen Lindenbäumen abgeschält. Die äußere Rinde kam auf das Dach und die zweite Rindenschicht, den ganzen Sommer über, in ein Wasserbad. Im Winter wurde diese Rinde getrocknet, in Streifen gerissen und zu den für Altrussland so typischen „Lapti“ verarbeitet. Man umwickelte mit dem Lindenbast auch die Waden. Solche „Lapti“ blieben mehrere Wochen an den Beinen; sie waren äußerst bequem und kosteten nichts. Im Sommer sah man aber oft auch die „Bosjaki“ (Barfüßige) herumlaufen.

An Festtagen trugen die Frauen den „Sarafan“ (einen Trägerrock in grellen Farben), ein kunstvoll gesticktes Hemd, einen langen Rock und auf dem Kopf einen „Kokoschnik“ (einen glänzenden, diademartig mit Glasperlen verzierten Kopfschmuck). Die jungen Mädchen schmückten sich gerne mit bunten Bändern und Ketten aus bunten Perlen.

Die Popen tragen in Russland Bärte und lange Haare. Unbedingt erforderlich war eine tiefe Bassstimme. Sie mussten verheiratet sein, und beim Tod der Ehefrau war ihnen eine Wiederverheiratung untersagt. Daher versuchte jeder Pope, seine Frau gut zu pflegen. Ganz im Gegenteil dazu leben die russischen Mönche im Zölibat. Sie waren im Volk hochverehrt und führten in den Klöstern ein streng asketisches Leben.

In Russland gab es zur Zeit des letzten Zaren 550 solcher Klöster. Die größten von ihnen hießen „Lawra“ und die kleinsten „Skit“ oder „Pustyn“, was Einsiedelei oder Klause bedeutet.

Ganz in der Nähe unseres Gutes Newedomskoje, im Gouvernement Kaluga gelegen, gab es eine sehr bekannte und hochgeschätzte Klause, die „Optina Pustyn“, am Ufer des Flusses Shisdra. In dieser Klause hatte der „Starez“ (Der Alte), Vater Léonid, einen besonders guten Ruf. Solche Starzen werden von den Gläubigen täglich mit allen Fragen buchstäblich belagert. Zu ihm kamen reiche Kaufleute, aber auch Kranke und halbverhungerte Pilger. Der Nachfolger Vater Léonids an der Shisdra war Vater Makarij und später Vater Ambrosij, der 1891 starb.

Zwei weitere Landgüter: Rohstoffe und Holz für die Emaillierwerke

Außer dem 1.060 ha (10,6 km²) großen Gut Newedomskoje (von der Bevölkerung schon bald „Moll-Gut“ genannt) hatte Großvater Gottlieb zwei weitere Güter erworben. Eines davon (Fjodorischewo) war rd. 300 ha groß und befand sich unweit von Semitschasnoje (10 km nordwestlich von Duminitschi, südöstlich von Maklaki). Es diente in der Hauptsache als Steinbruch zur Gewinnung und Verarbeitung von Mineralien für die Emaillierwerke. Hier gab es abbauwürdige Lagerstätten („Nester“) von Eisenerzen und sehr guten Formersand. Gottlieb modernisierte in Fjodorischewo das Gutshaus und baute hier eine Emailschmelze sowie weitere Wirtschaftsgebäude.

Auf dem Gut Fjodorischewo lebte die Schwester des dortigen Verwalters Pjotr Ssesekin, die damals 17-jährige Natalia Petrowna Ssesekina. Sie hatte einen Bruder und zwei Schwestern. Mit ihr schloss Gottlieb eine enge, lebenslange Freundschaft. Dies führte dazu, dass Gottliebs Ehefrau Agathe sich eine Zeitlang dem Alkohol zuwandte. Natalia Petrowna arbeitete nach der Rückkehr von Gottlieb nach Deutschland in der Fabrik in Duminitschi. Hier wurde sie eines Tages verhaftet und wegen Zusammenarbeit mit den Deutschen lange verhört. Im April 1926 hat sie bei einem Deutschlandaufenthalt Gottliebs Grab in Neumünster und die Familie Moll in Suchsdorf bei Kiel besucht. Natalia starb im Oktober 1942 in Armut nach einem Schlaganfall. Sie wohnte bei ihren Verwandten in der ul. Kolzowa 5. Ihr Grab wurde 1996 noch gepflegt.

Das dritte Gut war ein Waldgut in der Nähe von Newedomskoje, das dem Holzeinschlag diente. Der frühere Eigentümer hatte es vollständig abgewirtschaftet, da er dem Wodka verfallen war. Im Nachbardorf Palomo baute Gottlieb für die Dorfkinder eine Schule und bezahlte zwei Lehrerinnen aus eigener Tasche.

Der Gutsbesitz in Newedomskoje bestand aus einem Drittel Ackerland, einem Drittel Wiesen und einem Drittel Wald. Ein schöner Gutspark mit altem Baumbestand dehnte sich hinter dem Gutshaus aus. Nicht unweit des Haupttores standen Bienenstöcke. Hier gab es auch eine Seidenraupenzucht. Die benachbarten Wälder lieferten Pilze und Beeren in jeder gewünschten Menge und waren ein ideales Jagdrevier. Man jagte damals noch Birk- und Auerwild, Waldschnepfen und Haselhühner. Besonders Alexander war ein leidenschaftlicher Jäger; er gehörte einer Moskauer Jagdgesellschaft an.

Zur Wolfsjagd kam viel Prominenz aus Moskau und St. Petersburg, so z. B. der Eisenbahnminister Schilkow, die Leibärzte Wiliaminow und Hirsch, Iwan Sergejewitsch Malzow (der Sohn des Großindustriellen Sergej Iwanowitsch Malzow), Alexander F. Baron Meyendorf und Prof. Pawel Nikolajewitsch Miljukow, Vorsitzender der „Partei der konstitutionellen Demokraten" (genannt „Kadetten-Partei", abgekürzt K. D.). Prof. Miljukow wurde später Außenminister der Provisorischen Regierung Kerenskij. Die Jagdhelfer kamen schon einige Tage vorher, um alles für die Wolfsjagd einzurichten. Die Wölfe mussten aufgespürt, die Treiber bestellt werden. Alte Pferde wurden angekauft und auf bestimmten Plätzen geschlachtet. Auf diese Weise wurden die Wölfe angelockt. Diese schliefen tagsüber in nicht allzu großer Entfernung im Dickicht des Waldes. Wenn die Treiber, bis zum Gürtel im Schnee stapfend, die Wölfe vor sich hertrieben, waren diese oft schlauer und durchbrachen die Treiberketten.

Bärenjagden waren seltener. Man jagte Bären in den unendlichen Malzowschen Wäldern von Brjansk und Pessotschnja. Von solchen Jagden stammte auch ein reizender Jungbär, den Alexander in seiner Brusttasche des Fahrpelzes mitgebracht hatte. Das Muttertier war erlegt und drei Jungtiere waren unter den Jägern aufgeteilt worden. Dieser Schlingel hat den Kindern sehr viel Spaß gebracht. Nachts brüllte er wie ein Kind, wenn er auf seine Flasche warten musste. Wenn sie leer war, wurde sie von ihm im großen Bogen weggekegelt. Dieser „Mischa“ (Michael), so wurde er von den Kindern genannt, gehörte bald zur Familie und war ein gutmütiger Kerl. Er konnte aber auch urplötzlich in Wut geraten, wenn ihm etwas gegen den Strich ging, und hierin liegt die große Gefahr, sobald Bären groß und stark werden. Seinen Pflegern gegenüber zeigte „Mischa“ aber eine große Anhänglichkeit, auch wenn er zur Strafe mal durchgeprügelt wurde. Er legte seine Kette absichtlich über einen Baumast, hielt sich hängend fest und schrie zum Balkon hinauf, wo er Karoline vermutete. Er lief wie ein Hund mit in den Wald, war nicht ohne Humor, ging aufrecht und machte sonstige Faxen. Er badete mit den Kindern im See, rieb sich den Bauch mit Seife ein und trocknete sich mit den herumliegenden Kleidungsstücken ab.

Es ist erstaunlich, wie viel intelligenter Wildtiere sind, verglichen mit Haustieren, Hunde eingeschlossen. Dies ließ sich an Wölfen, Füchsen, Hasen und Eichhörnchen immer wieder beobachten. Für die Kinder dauerte dieser Spaß zehn Monate. Dann mussten sie sich von Mischa trennen. Auf einem benachbarten Gut hatte ein zweijähriger Bär ein Stubenmädchen arg zugerichtet. Die „Bärenwut“ lässt sich diesen Tieren eben nicht abgewöhnen.

Familiäre und wirtschaftliche Unternehmungen und Ereignisse

Im Herbst 1891 besuchten Alexander, Anna und Karoline für zwei Wochen die „Französische Ausstellung“ in Moskau, und 1893 fuhren Gottlieb und Alexander zur Weltausstellung nach Chicago. Ihr Hauptinteresse galt den neuen Techniken in Industrie und Landwirtschaft. Aus den Vereinigten Staaten brachten sie Annas Mutter (Dorothea Geussenhainer, geb. Loos, 1837 – 1932) mit auf das Gut. Sie blieb in Russland (genannt die „Amerikanskaja Babuschka“) bis Juli 1894. Im Jahre 1897 waren Alexander und Edwin auf der Internationalen Ausstellung in Stockholm, und 1900 fuhr Alexander mit Anna zur Weltausstellung nach Paris. Auf dieser Reise begleitete sie der Rendsburger Fotograf Ludwig Mertens. Im Jahre 1904 besuchten sie die Weltausstellung in St. Louis, USA.

Das Regime auf dem Gut Newedomskoje führte meine sehr energische Großtante Karoline. Meine russische Großmutter Agathe (Agafia, Agapeja) blieb dort im Hintergrund. Sie lebte vorwiegend im Familienhaus auf dem Fabrikgelände in Duminitschi, war außerordentlich bescheiden und bei ihren Kindern und Enkelkindern äußerst beliebt. Sie betreute im Laufe vieler Jahre neben ihren Kindern Johann (1886), Anna (1888), Schura (1893), Hermann (1897) und Manja (1899) auch ihre Enkelkinder Leo (1909), Tanja (1912), Olga (1913) und Eugen (1914).

Meine Urgroßmutter (Agathes Mutter) Agrippina (Agrafena) Fjodorowna Rubzowa (1817 ? – 1918) lebte eine Zeitlang ebenfalls auf dem Moll‘schen Gute. Sie starb im Sommer 1918 und wurde auf dem Friedhof an der Kirche von Kosmatschewo beigesetzt, dort, wo auch meine im Alter von zwei Wochen verstorbene Schwester Vera im Februar 1921 bestattet wurde.

Im Jahre 1889 heiratete Karoline, die auf dem Gut stets einen dominierenden Rang einnahm, den Gutsbesitzer Wassilij Iwanowitsch Gokin (1856 – 1894) aus dem Gouvernement Saratow. Sie wurde dadurch russische Staatsangehörige. W. I. Gokin führte eine Zeitlang die Verwaltung des Moll-Gutes und baute hier 1890 eine Seifenfabrik. Er starb aber bereits 1894 in Kiel an einer tuberkulösen Hirnhautentzündung und wurde auf dem Kieler Südfriedhof beigesetzt. Diese Ehe blieb kinderlos.

Karolines Schwester Magda nahm auf dem Gut die Arbeit einer Krankenschwester wahr. Das Vertrauen zu ihr war so groß, dass es vorkam, dass Patienten aus dem benachbarten russischen

Krankenhaus heimlich ausrückten und zu ihr kamen. Im Jahre 1901 heiratete sie den Breslauer Seifensieder Bernhard Hermann Wilhelm Kionka (1871 – 1942). Er war 1898 nach Russland gekommen, um nach dem Tode Gokins die Leitung der Seifenfabrik zu übernehmen.

Chemische Fabrik Moll & Kionka

Das Ehepaar zog bis 1905 in das Wohnhaus „Krasnij Domik" (Rotes Häuschen). Dieser Ehe entstammten Walter Kionka, der bereits 1902 im Alter von elf Monaten starb, sowie Elly Alexandra Kionka (1908 – 1993), die viele Jahre als verw. Elly Blankenstein in Raubach (Eifel) lebte.

Bernhard Hermann Wilhelm Kionka (2. v. r.) als Seifensieder

Nach Gokin war ab 1900 der Schweizer Karl Davidowitsch Lörtscher (1876 – 1939) aus Smolensk als Gutsverwalter tätig, später der Schweizer Wassilij Wilgelmowitsch Schopin und nach ihm der buckelige Pole Ignat Stanislawowitsch Kowalewskij. Letzterer blieb der Familie in schlechter Erinnerung, weil er sich bei Ausbruch der Oktoberrevolution sehr frühzeitig den Kommunisten anbot. Als ich 1989 unser Gut besuchte, war sein Name der älteren Bevölkerung noch gut bekannt. Verheiratet war Kowalewskij mit Jelena Michailowna Semnikowa, der Tochter unseres lettischen Gärtners Michael Semnik. Eines Tages verließ Jelena Michailowna ihren Mann und verschwand vom Gut mit einem russischen Offizier.

Als sich herausstellte, dass unsere Seife wegen eines fehlenden Bahnanschlusses nicht konkurrenzfähig war, wurde die Produktion eingestellt und das Werk 1901 in eine Chemiefabrik umgewandelt; diese Fabrik bewährte sich hervorragend. Im Winter leisteten die Bauern der Nachbardörfer Fuhrdienste. Gottlieb produzierte hier für die Emaillierwerke in Duminitschi, Ljudinowo und Pessotschnja jährlich 420 Tonnen Borax und 100 Tonnen Borsäure. Er belieferte auch die Moskauer Firma Keller. Nachdem er auf seinem Gelände an mehreren Stellen Phosphoritlagerstätten entdeckt hatte, produzierte er den Phosphatdünger „Superphosphat“, wobei auch Gips anfiel. Er braute auf dem Gut Bier und stellte Holzessig, Sirup und Melasse her. Die Chemiefabrik leitete Sachar Atanassewitsch Karobotschkin, der mit seiner Frau und seinen Kindern Grischa, Feschak und Olga ebenfalls auf dem Gut wohnte und ab 1904 in dem schlesischen Bäcker und Maschinenmeister Wilhelm August Raabe (1861 – 1937) eine tatkräftige Unterstützung fand.

Der noch ledige Raabe war mit dem Hausmädchen Kionkas, Berta Robertowna Rosental (1872 – 1964) aus Zabeln im Gouvernement Kurland, sehr befreundet. Eines Tages kam er zu meinem Onkel Hermann Moll mit folgender Frage: „Hör‘ mal

Hermann, Du weißt doch, wie sehr ich mir ein Motorrad wünsche. Soll ich mir, da ich jetzt Geld angespart habe, ein Motorrad kaufen oder lieber Berta Robertowna heiraten?“ Es ist nicht bekannt, was ihm Hermann geraten hat. Jedenfalls waren Wilhelm August Raabe und Berta Robertowna bald verheiratet. Sie hatten in Ljudinowo eine Tochter Margarethe (1913 – 1991) und einen Sohn Hermann (1915), der 1994 in Uetersen/Holstein lebte.

Ende Juli 1909 wurde die Chemiefabrik durch ein Großfeuer fast vollständig vernichtet; sie wurde aber von Gottlieb wieder aufgebaut, vergrößert und modernisiert. Am 14. März 1911 wurde der Betrieb mit 14 Arbeitern wieder aufgenommen. Diese Arbeiter hatte Gottlieb 5 km vom Gut entfernt angesiedelt. Auch nach der Revolution versuchten die neuen Herren, in der enteigneten Chemiefabrik den Betrieb wieder aufzunehmen, was ihnen aber nicht gelang. Gottlieb konnte ihnen nicht helfen, denn es fehlten sämtliche Rohstoffe und Chemikalien; die Fabrikausrüstung war geplündert worden, die Fabrikdächer waren undicht und die Maschinen verrottet.

In den Jahren 1987 und 1989 konnte ich Newedomskoje besuchen. Das Gut hatte den Boschewisten zunächst als Versuchs- und Mustergut („Ljudinowskoje opytnoje pole“) gedient, später, als alle Maschinen verschlissen oder gestohlen waren, als Pionierlager der kommunistischen Jugend. 1994 waren dort alle Gebäude verfallen und abgerissen. Die Ziegelsteine wurden in die umliegenden Dörfer verschleppt, und die Fundamente der Häuser und Stallungen sind nur schwer auffindbar. Das riesige Grundstück, mit altem Baumbestand, liegt völlig ungenutzt da. Der Stauteich war 1987 abgelassen, aber 1989 wieder angestaut worden. Der Apfelgarten war bis zur Unkenntlichkeit verwildert. Von der dortigen Bevölkerung und den Jägern wird dieses Areal aber immer noch „Moll-Gut“ genannt. Auf diesen Reisen sprachen mich erstaunlich viele alte Bewohner an, die sich noch sehr gut an die Molls und insbesondere an Bogdan erinnern konnten. Sobald es zu Gesprächen unter vier Augen kam, wurde das kommunistische Regime von diesen 80- und 90-jährigen ausnahmslos verdammt und es wurde von „guten alten Zeiten“ gesprochen: „Bogdan brachte uns ‚Brot und Salz‘ und entfernte die Faulenzer und Trinker, und wie sieht es heute aus?“

Das sorglose Gutsleben in Russland wurde erstmals getrübt durch den Tod von Mutter Helene Moll. Sie war an Brustkrebs erkrankt und hatte auf eine spontane Heilung gehofft; schließlich musste sie aber doch nach Kiel gebracht werden. Sie starb hier am 8. Dezember 1900 im Anscharkrankenhaus. Ihrem Wunsch gemäß wurde sie in ihrem heimatlichen Büdelsdorf neben ihrem Gatten Ferdinand Wilhelm beigesetzt. Diese Grabstätte stand 1995 noch unter Dauerpflege.

Zur Beisetzung waren ihre Kinder Karoline, Gottlieb, Alexander und Magda aus Russland herbeigeeilt. Ihr Tod wurde in den russischen Nachbardörfern (wo sie „Unsere Mamscha“ genannt wurde) mit großer Anteilnahme zur Kenntnis genommen.

In den Sommermonaten war das Moll-Gut Reise- und Urlaubsziel vieler Verwandten und Bekannten aus Deutschland und Übersee. Der Besuch kam aus Neumünster, Hamburg, Bremen, Rendsburg und USA und blieb monatelang, denn Gästehäuser waren genügend vorhanden. So kamen z. B. im Juli 1912 aus Breslau die beiden Schwestern Elisabeth und Luise Kionka (Li und Lu), Pastor Ziemer, die Cousinen Olga und Liete Niemann aus Bremen, Lilly Geussenhainer aus den USA, das Ehepaar Rudolphi aus Altona, Helenes Schwester Frederike Haßfeld aus Rendsburg und aus Neumünster Rohwers Söhne Franz und Claus sowie Otto Delfs. Unser Rendsburger Familienfotograf Ludwig Mertens hat damals alles im Bilde festgehalten.

Gruppenaufnahme mit Besuch aus den USA bei Geussenhainers, Ljudinowo 1905

Aus den Moskauer Pensionaten kamen die Kinder, um den Sommer auf dem Gut zu verbringen. Die russischen Sommerferien dauerten vier Monate; da hatte die kleine Gesellschaft Gelegenheit, sich nach Herzenslust auszutoben. Man konnte reiten, fahren, jagen, Höhlen bauen und nächtliche Biwaks veranstalten. Dass niemals Unglücksfälle zu verzeichnen waren, darüber muss man sich noch heute wundern; der Nachwuchs verlebte dort eine glückliche Kindheit.

In den Jahren 1901 – 1912 war Westerland auf Sylt für die Familie ein beliebtes Reiseziel. Damals gab es noch keine feste Landverbindung; zu der Insel musste man mit einem Dampfer übersetzen. Dieser verkehrte regelmäßig zwischen der Hoyer-Schleuse (heute Dänemark) und Munkmarsch auf Sylt. Seit dem 8. Juli 1888 brachte eine „Dampfstraßenbahn" die Sommergäste auf einer 4,2 km langen Schienenstrecke von Munkmarsch nach Westerland. In der Westerländer Kurzeitung Nr. 1 vom 17. Juni 1905 findet sich der Eintrag: „Herr Moll, Fabrikant aus Kaluga und Familie (17 Personen), Villa Lüdicke“.

Die lange Winterzeit verkürzten sich einige Familienmitglieder, indem sie ins westliche Ausland fuhren. Alexander hatte in Nizza eine große Villa gemietet, die von der Familie gerne aufgesucht wurde; auch Gottlieb war hier mehrmals zu Besuch. Man fuhr nach Baden-Baden, nach Bad Wildungen, an den Gardasee, nach Davos, nach Clavadel, Venedig, Madeira, Kuba und in die USA. Im Januar/März 1912 machten Anna und Karoline eine Orientreise, von der sie begeistert heimkehrten. In Kairo trafen sie sich mit Alexander und Claus Rohwer und fuhren dann anschließend für vier Wochen nach Nervi (Genua).

Moll & Rohwer – Eisengießerei und Emaillierwerk Neumünster

Im Jahre 1901 war Alexander zu seinem Lehrherrn Franz Rohwer nach Neumünster gefahren und hatte diesem den Vorschlag gemacht, das von Gottlieb Moll in Russland erprobte Verfahren der Porzellan-Emaillierung mit Puderemail auch in Neumünster einzuführen. Franz Rohwer war einverstanden, und beide gründeten am 3. November 1902 die Firma „Moll & Rohwer“ Eisengießerei und Emaillierwerk. Als Fabrikgelände wählten sie ein Grundstück Rohwers zwischen der Carlstraße und Rendsburger Straße (an der westholsteinischen Eisenbahn nach Heide).

Der Bau wurde schnell erstellt, und die Kosten von 250.000 Mark teilten sich beide Unternehmer. In den Jahren 1902 – 1905 lieferte Rohwer aus seiner Gießerei Rohwer & Ehlers die Rohwannen, und im Jahre 1905 wurde eine eigene Gießerei gebaut. Der erste Guss erfolgte am 20. Juli 1905. Für 25.000

Moll & Rohwer Neumünster, Industriekatalog 1925

Mark lieferte Dupont & Cie., Le Cateau, Frankreich, eine Pudermaschine. 1903 erfolgte ein Rezeptaustausch mit dieser Firma, wobei sich beide Firmen gegenseitig zur Geheimhaltung verpflichteten. Von Siemens wurde ein Zweikammergas-

Moll & Rohwer Werksansicht

ofen erworben, später einer der Fa. Forsbach. Aus Russland kam Gottlieb mit zwei seiner Emailleure, um die Neumünsteraner Arbeiter in das Verfahren der Emailpuderung einzuweisen. Als die Pudermaschine feine Eisenspäne freisetzte, ging man zur Handpuderung über, wozu kleine elektrische Rüttler verwandt wurden.

Im Jahre 1906 trat Franz Rohwer als Mitinhaber von Moll & Rohwer aus. Als Abfindung erhielt er bis 1916 eine zweimonatliche Zahlung von 4 bis 5.000 Mark (eine Mark pro verkaufter Badewanne). Als aber in Wien Matthias Schütz, ein Vertreter der Firma Rohwer & Ehlers, in Konkurs geriet, hatte dies für Franz Rohwer schwerwiegende Folgen. Er musste sich das fällige Geld entweder borgen oder aber seinen Anteil bei Moll & Rohwer verkaufen. Er tat Letzteres und wurde am 12. Februar 1911 mit 145.000 Mark ausbezahlt. An seine Stelle traten jetzt Gottlieb Moll und Edwin Rudolph Geussenhainer in die Firma Moll & Rohwer ein.

Moll & Rohwer Badewannenproduktion

Edwin Geussenhainer, der Bruder von Anna Moll, brachte aus den Vereinigten Staaten beste geschäftliche Erfahrungen und englische Sprachkenntnisse mit, die der Firma sehr zustatten kamen, und Gottlieb war voller technischer Ideen, die er auch zu verwirklichen wusste. Das Unternehmen erlangte einen schnellen Aufschwung und eroberte sich mit seinen Fabrikaten in kurzer Zeit den Weltmarkt. Das Werk lieferte an ca. 40 Grossisten in Deutschland und an Firmen in über fünfzehn Staaten Europas. Exportiert wurde auch nach Nord-, Süd- und Mittelamerika, nach Süd- und Westafrika sowie nach Asien (Iran und Türkei). Im November 1913 plante Moll & Rohwer für London und Südengland die Gründung der Cimbria Bath Company Ltd. Für die Leitung dieser Firma waren die Herren Pscherwood und Green vorgesehen. Als Gehalt war für sie 50 % vom Reingewinn geplant, außerdem sollten sie monatlich

Gottlieb Moll

Alexander Moll

Edwin Rudolph Geussenhainer

für Comptoir sowie Ausstellungs- und Lagerräume 50 engl. Pfund erhalten. Durch den Ausbruch des Weltkrieges ließen sich diese Pläne aber nicht mehr realisieren.

Gute Voraussetzungen für den Aufschwung der Firma in Neumünster boten die unmittelbar am Firmengelände vorbeiführende Eisenbahn (die aber regelmäßig zu wenige Waggons bereitstellte) sowie die Nähe des Hamburger Hafens. Die unter der eingetragenen Marke „Cimbria" bekannt

Briefkopf Moll & Rohwer ca. 1910

gewordene Badewanne wurde im Handel allgemein als Neumünster-Wanne bezeichnet. Sie wurde später Vorläufer für viele Nachahmungen auf diesem Gebiet. Bezüglich Qualität und Haltbarkeit (z. B. Säurefestigkeit) stand sie an führender Stelle. So hat die Firma Moll & Rohwer nicht nur erreicht, dass ihre Fabrikate den Markt beherrschten, sondern auch unbestritten dazu beigetragen, das Ansehen der Stadt Neumünster als Industriestadt zu heben und zu erhalten.

Im Jahre 1905 begann für Alexander eine unheilvolle Entwicklung. Er war starker Raucher und erkrankte an Kehlkopfkrebs; dies sollte ihm aber erst viel später zur Gewissheit werden. Als seine Anwesenheit bei Moll & Rohwer in Neumünster immer dringlicher wurde (Franz Rohwer war ja 1906 aus der Firma ausgeschieden), verließ er im selben Jahr mit seiner Familie Ljudinowo und fuhr nach Deutschland. Hier widmete er sich, soweit es seine Gesundheit zuließ, dem Emaillierwerk. In Ljudinowo übernahm seine Arbeit 1906 – 1908, zusätzlich zu Pessotschnja, Edwin Geussenhainer. Alexander wohnte zwei Jahre mit seiner Familie in Rendsburg, Villa Klüver, Lornsenstraße, später für kurze Zeit auch in Schulenhof bei Schulensee südlich von Kiel.

Villa Alexander Moll, Neumünster Carlstraße 66

Im Jahre 1908 begann Alexander mit Planungen für den Bau einer großzügigen Villa in Neumünster. Mit der Ausführung beauftragte er den besonders befähigten Architekten Hans Roß (1873 – 1922). Dieser war seinerzeit ein in Deutschland bekannter Architekt. Alexander entschied sich für eine wohnliche, dreigeschossige Villa mit ausgebautem Kellergeschoss: Umbauter Raum 2.300 m^3. Als Grundstück wählte er einen Park mit altem Baumbestand am Rande des Fabrikgeländes von Moll & Rohwer. Das Haus hatte 14 Zimmer (300 m^2) und 600 m^2 Nebenräume (Bäder, Küchen, Vorratsräume, Dachboden- und Kellerräume, Wintergärten und Terrassen). Architektonisch stand es der englischen „Art and Crafts“-Bewegung nahe.

Mit diesem Haus begann in Neumünster der Rückzug von der reinen Repräsentation zu einer gediegenen Bequemlichkeit des Wohnens. Das Mobiliar wurde bereits mitgeplant. Kamine und Treppenanlagen waren Teile des Gesamtwerks. Alle Gegenstände, die den Menschen umgeben, wurden aus demselben Geist gestaltet. Besonders eindrucksvoll war im Haus der große

Alexander und Anna Moll mit ihren Kindern anlässlich ihrer Silberhochzeit am 25.11.1909

„Maurische Salon". Im Park wurde ein Gartenhaus errichtet, das als Gästehaus diente. Der Bau in der Carlstraße 66 ging gut voran. Als das Haus am 1. April 1909 zu drei Viertel fertig war, zog man ein. In Neumünster förderte Alexander u. a. den Verein für Motorluftschiffahrt in der Nordmark e.V.

Als sich Alexanders Gesundheitszustand weiter verschlechterte und ihm die Leitung von Moll & Rohwer immer schwerer fiel, entschied sich auch Edwin zu einer Übersiedlung nach Deutschland. Er verließ das Emaillierwerk Alexanders in Ljudinowo und fuhr mit seiner Familie nach Neumünster. Dort übernahm er die Arbeit eines kaufmännischen Direktors. Beim Abschied am 23. August 1908 schenkten ihm die Arbeiter und Angestellten ein großes Fotoalbum mit Ansichten von Ljudinowo und zur Erinnerung an die Fabrik ein paar reich verzierte russische Prachtpokale.

Edwin Geussenhainer mit der Belegschaft des Emaillierwerks Ljudinowo 1908

Er erhielt auch eine große, farbige Abschiedsurkunde mit Danksagungen und besten Wünschen für seine weitere Tätigkeit in Deutschland. In dieser Urkunde heißt es u. a.: „… es war nicht nur einmal, dass wir Ihre Güte und Ihr Mitgefühl uns gegenüber erleben durften. Sie haben viele von uns mit Ihren klugen Ratschlägen auf den wahren Weg gebracht. Sie halfen uns in verschiedenen Notlagen, und wenn es notwendig war, auch mit Geld. Sie verziehen uns unsere Fehler, so dass man, Hand aufs Herz, sagen kann: ‘Sie waren uns nicht nur ein Chef, sondern auch ein Vater seiner Kinder‘. Wir werden Sie nie vergessen, und sogar unsere Nachkommen werden Sie stets in guter Erinnerung behalten … (Kosma Jemeljanow, Andrej Lipinksij, Kosma Kaserew, Nikolai Petruschkin, Ilja Axenow, Timofej Potanow und viele andere)“. Wer nicht schreiben konnte, unterzeichnete mit drei Kreuzen.

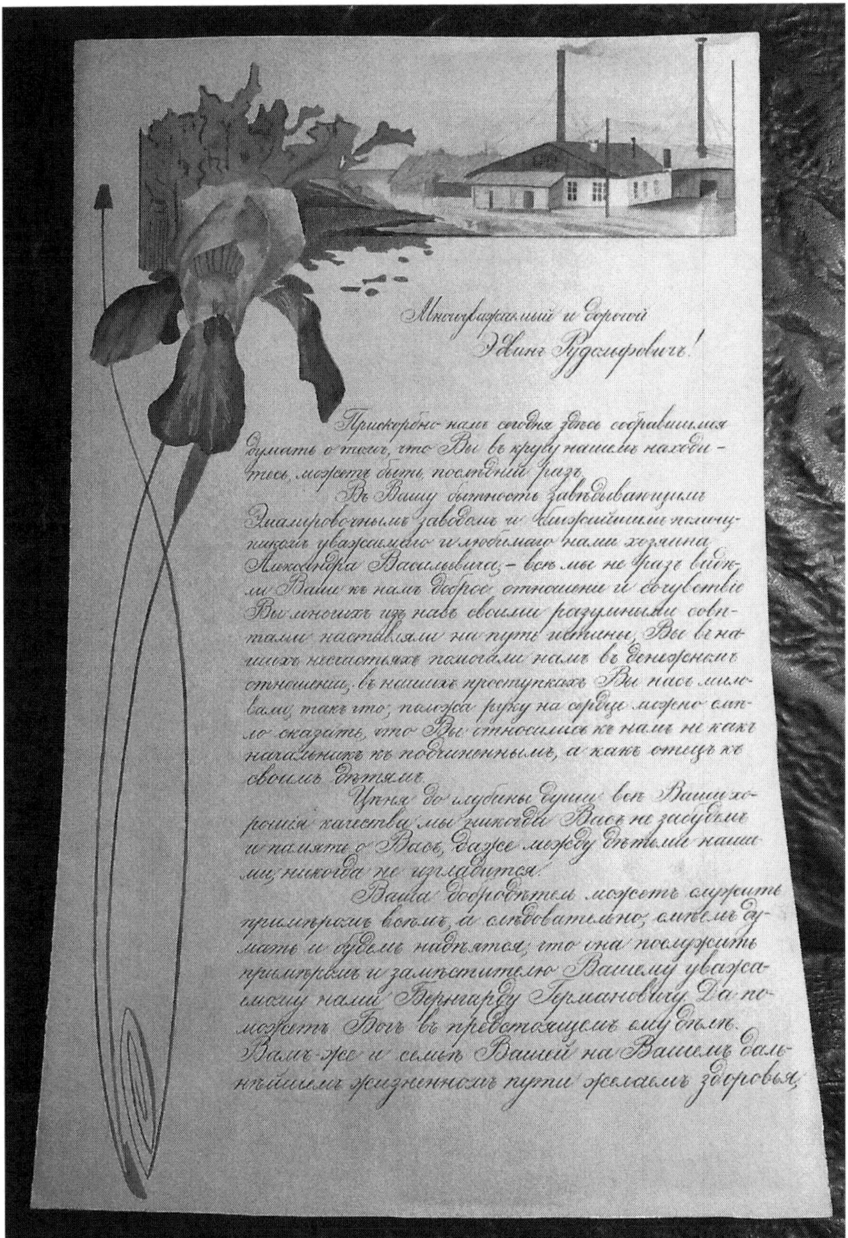

Многоуважаемый и дорогой
Эдвинъ Рудольфовичъ!

Прискорбно намъ сегодня здѣсь собравшимся думать о томъ, что Вы въ кругу нашемъ находитесь, можетъ быть, послѣднiй разъ.

Въ Вашу бытность завѣдывающимъ Эмалировочнымъ заводомъ и ближайшимъ помощникомъ уважаемаго и любимаго нами хозяина Александра Васильевича, — всѣ мы не разъ видѣли Ваше къ намъ доброе отношенiе и сочувствiе. Вы многихъ изъ насъ своими разумными совѣтами наставляли на путь истины, Вы въ нашихъ несчастiяхъ помогали намъ въ денежномъ отношенiи, въ нашихъ проступкахъ Вы насъ миловали, такъ что, положа руку на сердце, можно смѣло сказать, что Вы относились къ намъ не какъ начальникъ къ подчиненнымъ, а какъ отецъ къ своимъ дѣтямъ.

Цѣня до глубины души всѣ Ваши хорошiя качества, мы никогда Васъ не забудемъ и память о Васъ, даже между дѣтьми нашими, никогда не изгладится.

Ваша добродѣтель можетъ служить примѣромъ всѣмъ, а слѣдовательно, смѣемъ думать и будемъ надѣяться, что она послужитъ примѣромъ и замѣстителю Вашему уважаемому нами Бернгарду Германовичу. Да поможетъ Богъ въ предстоящемъ ему дѣлѣ.

Вамъ-же и семьѣ Вашей на Вашемъ дальнѣйшемъ жизненномъ пути желаемъ здоровья,

Urkunde der Belegschaft Ljudinowo für Edwin R. Geussenhainer, 20.08.1908

Edwin hatte bereits 1903 als Geschenk ein Silbergeschirr erhalten, bestehend aus Teekanne, Tasse, Milchkännchen, Zuckertopf u. a., innen feuervergoldet und außen fein ziseliert mit Jugendstillilien und der Inschrift „Dem lieben Chef E. R. Geussenhainer von den Meistern und Arbeitern des Ljudinower Emaillierwerks 24. VIII. 1903".

Silberpokale für E.R. Geussenhainer, Ljudinowo 20.08.1908

Nach der Übersiedlung nach Neumünster mit Ehefrau Mary und den Söhnen Edwin jun. (1900 – 1984) und Charly

Silbergeschirr von der Belegschaft Ljudinowo für E.R. Geussenhainer 1903

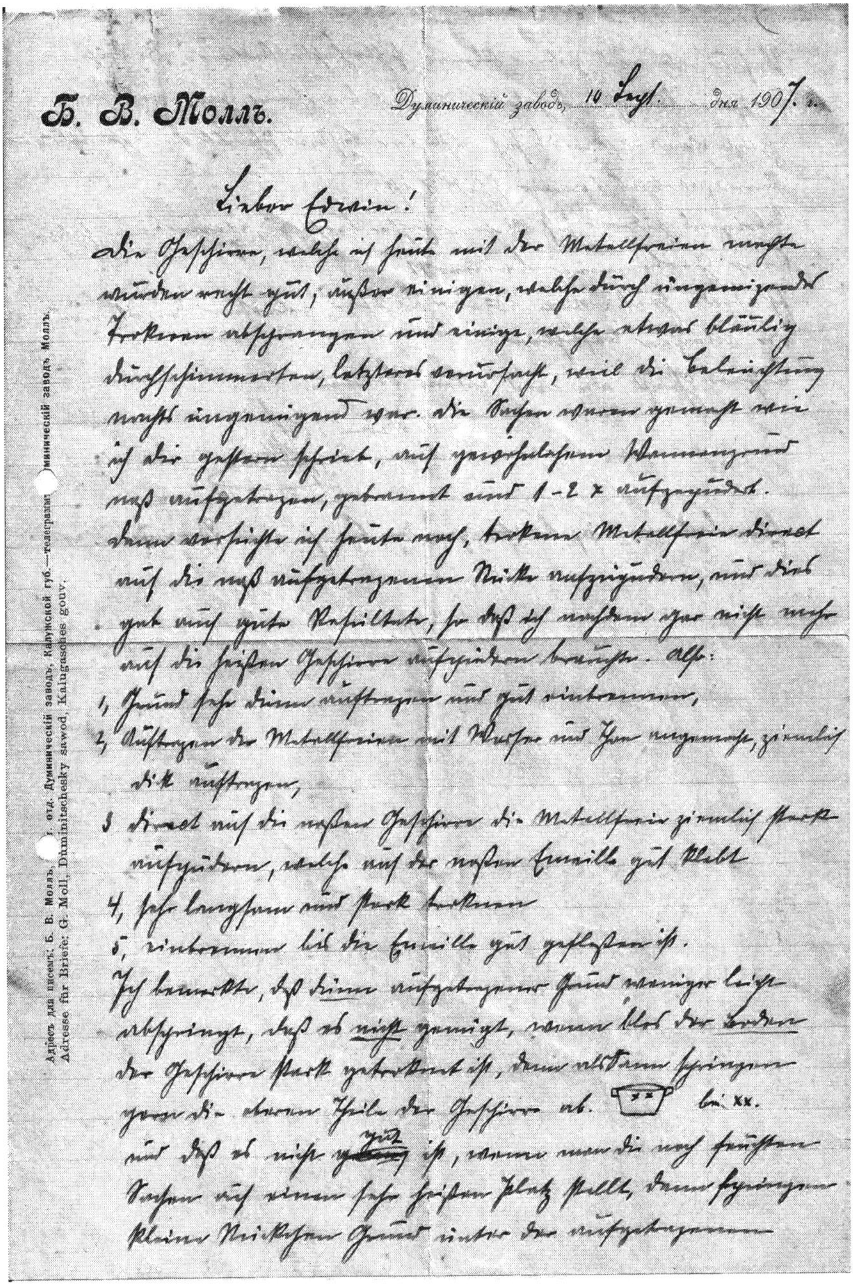

Б. В. Моллъ.

Думиническiй заводъ, 10 Sept. дня 1907 г.

Адресъ для писемъ: Б. В. Моллъ, 1. отд. Думиническiй заводъ, Калужской губ. — телеграммъ: Думиническiй заводъ Моллъ.
Adresse für Briefe: G. Moll, Duminitschesky sawod, Kalugasches gouv.

Lieber Edwin!

Die Geschirre, welche ich heute mit der Metallfarbe machte, wurden recht gut, außer einigen, welche durch ungenügendes Trocknen absprangen und einige, welche etwas bläulich durchschimmerten, letzteres verursacht, weil die Belegschicht nicht genügend war. Die Sachen waren gemacht wie ich dir gestern schrieb, auf geschliffenem Steingut naß aufgetragen, gebrannt und 1–2 x aufgestäubt.

Dann versuchte ich heute noch, trockene Metallfarbe direct auf die naß aufgetragenen Stücke aufzustäuben, und dies gab auch gute Resultate, so daß ich vielleicht gar nicht mehr auf die heißen Geschirre aufstäuben brauche. Also:

1, Grund sehr dünn auftragen und gut einbrennen,
2, Auftragen der Metallfarbe mit Wasser und Ton angemacht, ziemlich dick auftragen,
3 Direct auf die nassen Geschirre die Metallfarbe ziemlich stark aufstäuben, welche auf der nassen Emaille gut klebt
4, sehr langsam und stark trocknen
5, einbrennen bis die Emaille gut geflossen ist.

Ich bemerkte, daß dünner aufgetragener Grund weniger leicht abspringt, daß es nicht genügt, wenn blos der Boden der Geschirre stark getrocknet ist, denn alsdann springen gern die oberen Theile der Geschirre ab. [Skizze] bei xx.
Und daß es nicht gut ist, wenn man die noch feuchten Sachen auf einen sehr heißen Platz stellt, denn springen kleine Stückchen Grund unter der aufgetragenen

Brief Gottlieb an Edwin 1907

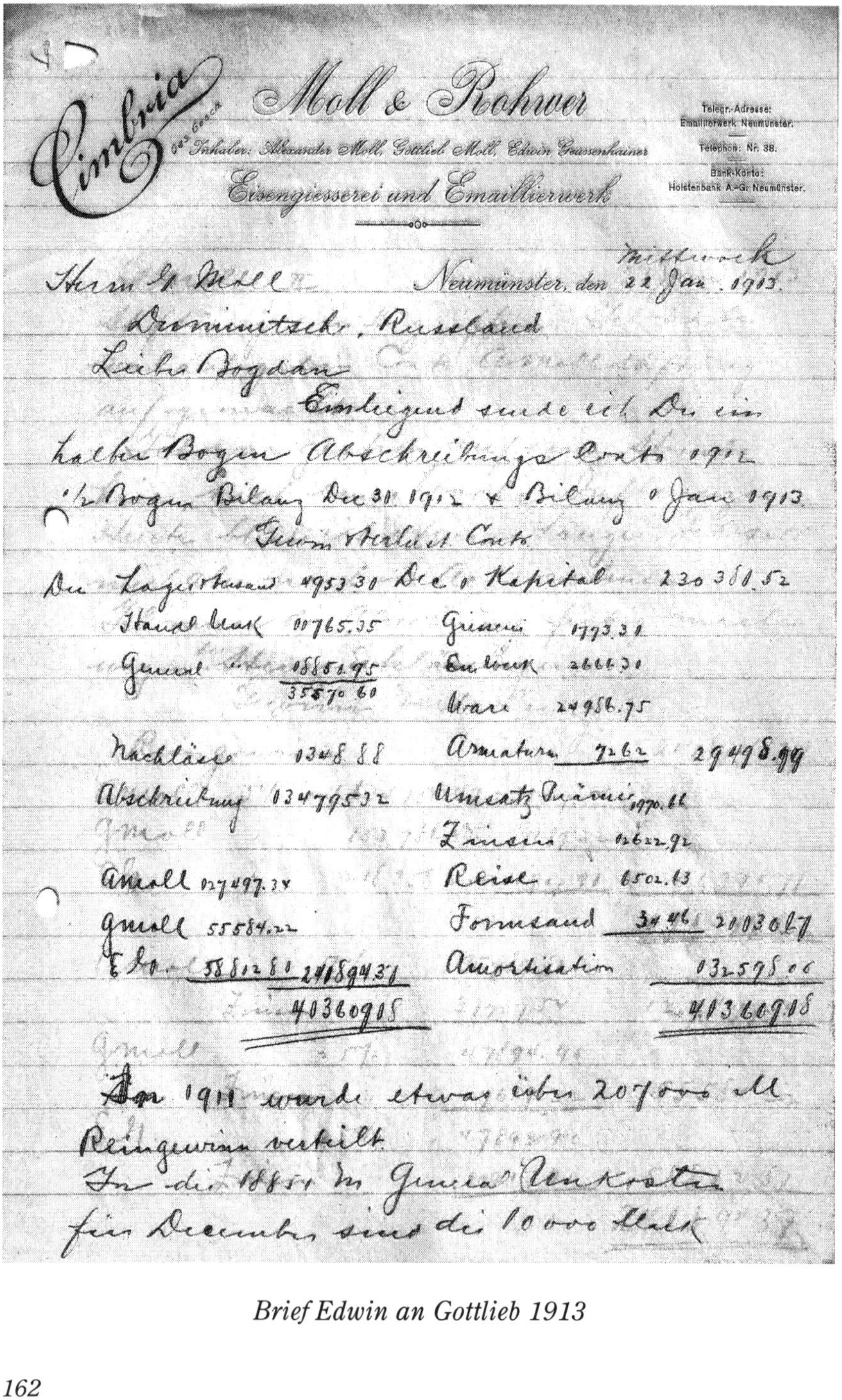

Cimbria

Moll & Rohwer

Inhaber: Alexander Moll, Gottlieb Moll, Edwin Geussenhainer

Eisengiesserei und Emaillierwerk

Telegr.-Adresse: Emaillierwerk Neumünster.
Telephon: Nr. 38.
Bank-Konto: Holstenbank A.-G. Neumünster.

Herrn G. Moll Neumünster, den 22 Jan. 1913. Mittwoch

Drowinitsch, Russland

Liebe Bogdan

Einliegend sende ich Dir ein halben Bogen Abschreibungs Conto 1912 ½ Bogen Bilanz Dec 31 1912 & Bilanz 1 Jan 1913.

Gewinn & Verlust Conto

Dr Lagerverlust	495330		Cr Kapital		230381.52
Handel Werk	00765.35		Guss	1773.30	
General	1885195		Em. Werk	2666.30	
	3557060		Ware	24956.75	
Nachlässe	1348.88		Armaturen	7262	29498.99
Abschreibung	134795.32		Umsatz Prämie	1970.66	
			Zinsen	12622.92	
A Moll	127497.38		Reise	6502.13	
G Moll	55584.22		Formsand	3446	2003067
E Go.	5881280	2418943	Amortisation		132575.06
		41360905			41360905

In 1911 wurde etwas über 207000 M Reingewinn verteilt.

In die 18851 M General Unkosten für December sind die 10000 Mark

Brief Edwin an Gottlieb 1913

(1905 – 1944), widmete sich Edwin intensiv dem geschäftlichen Teil der Firma Moll & Rohwer. Die Familie Geussenhainer wohnte zunächst Am Kuhberg 33, dann in der Friedrichstraße und ab 1915 am Großflecken. 1909 wurde Willy geboren, 1912 Fritz und 1917 Maria (Riela).

Mit Gottlieb, der in Russland verblieben war, unterhielt Edwin über viele Jahre hinweg (vorwiegend bis April 1914) einen lebhaften Briefverkehr, schickte regelmäßig Abrechnungen und holte sich von ihm technische Ratschläge.

Die Jahre von der Gründung des Werkes bis zum Beginn des Ersten Weltkrieges waren die Blütezeit von Moll & Rohwer. Das Werk wurde durch Neu- und Anbauten ständig ausgebaut und vergrößert. 1912 arbeiteten bis zu 350 Menschen in der Firma. Die Auftragslage wurde immer besser, und es wurden bis zu 4.000 Wannen monatlich in alle Welt versandt.

Ein besonders begehrter Artikel war die von Edwin international patentierte rechteckige Wanne, die sich bequem rundherum mit Kacheln verkleiden ließ. Der Erfolg dieses universell einbaubaren Wannentyps veranlasste Konkurrenten, ihre Modelle anzupassen. Dadurch kam es unter anderem mit der Carlshütte in Büdelsdorf zu Patentstreitigkeiten. Im Wesentlichen ging es um die Bördelung des rechteckigen Wannenrandes, wodurch die Wanne mit einer ansatzlosen Kachelverkleidung versehen werden konnte. Diese moderne Badezimmereinrichtung wurde geradezu zum Schlager.

Aber auch mit seinen anderen Produkten wie Sitz- und Brausewannen, Waschtischen, Spülbecken, Bidets und anderen Erzeugnissen hatte Moll & Rohwer großen wirtschaftlichen Erfolg.

In diesen Jahren erwarben die Familien Moll und Geussenhainer ein ansehnliches Vermögen, das sie u. a. zum Kauf von Grundstücken und Immobilien in Neumünster und später auch in Kiel und Suchsdorf einsetzten.

Modell-Badewanne „Cimbria“

Modell-Badewanne in Kacheleinfassung

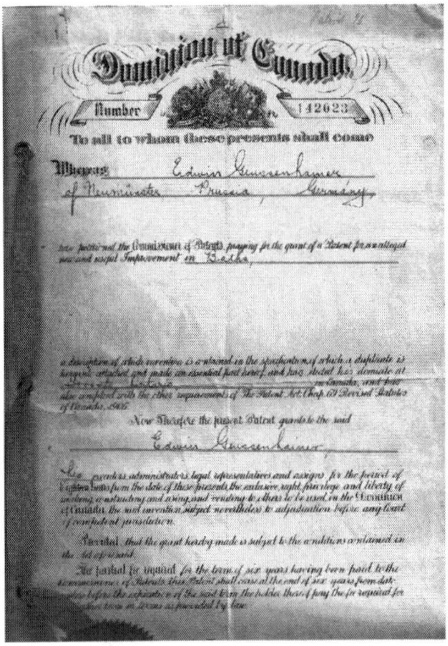

Badewannenpatent Canada 1911

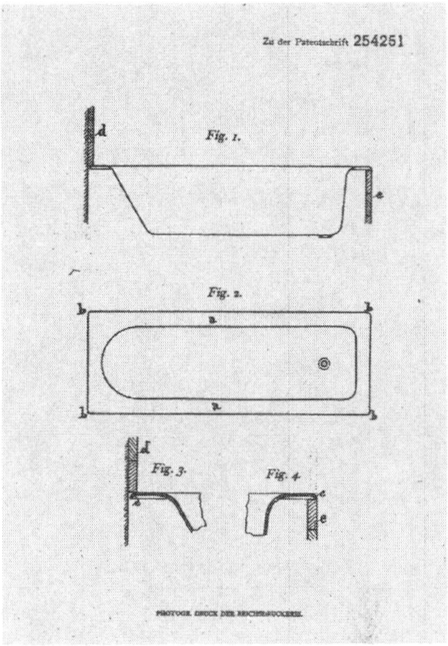

Badewannenpatent (Ausschnitt)

Alexanders Gesundheitszustand verschlechterte sich 1912 von Monat zu Monat. Hin und wieder gab es Perioden der Hoffnung, die er gerne in Russland zu Schlittenfahrten und zur Wolfsjagd nutzte. In Lausanne wurde er mehrfach am Kehlkopfkrebs operiert. Die Schmerzen waren entsetzlich; ein Kieler Professor übernahm die Nachsorge. Als es außerordentlich ernst um ihn stand, eilten die Geschwister nach Neumünster. Sie trafen ihn noch lebend an. Um sich Erleichterung zu verschaffen, hatte er im Garten vor dem Wohnhaus in der Carlstraße 70 ein Zelt aufstellen lassen, wo er mehrere Tage verbrachte. Als am 29. August 1912 die Werkssirenen von Moll & Rohwer die Mittagsstunde verkündeten, war sein Lebensweg beendet. Am 31. August 1912 meldeten die Kieler Neuesten Nachrichten den Tod des „größten Industriellen Neumünsters“. Am 1. September 1912 bewegte sich ein großer Trauerzug vom Trauerhaus in der Carlstraße 70, entlang der Hauptstraße von Neumünster, dem

Trauerzug für Alexander Moll, Neumünster 01.09.1912

Mausoleum Familie Alexander Moll, Nordfriedhof Neumünster (Aufnahme 2014)

Großflecken, zur provisorischen Erdbegräbnisstätte. Voran fuhr ein großer Trauerwagen mit dem Prunksarg Alexanders, gezogen von schwarzverhängten Pferden.

Der Architekt Hans Roß wurde von der Familie Anna Moll beauftragt, auf dem Neumünsteraner Friedhof ein großes Mausoleum zu errichten. Roß entschloss sich für folgende Lösung: Er entwarf die Freiplastik einer trauernden Frau, überspannt von einem kupfernen Kuppeldach, das von vier terrakottageschmückten Bögen getragen wird. Diese Bögen setzte er auf Muschelkalksäulen mit ionischen Kapitellen. Die gesamte Anlage umgab er mit einer Einfriedung aus gemauerten Granitsteinen. Den Eingang bildete ein reich verziertes, geschmiedetes Gittertor. Dieser Entwurf fand die Zustimmung Anna Molls, und das Kirchenbüro in Neumünster erteilte dem Architekten am 10. April 1913 die Baugenehmigung.

Das im Jahre 1913 fertiggestellte Mausoleum ist in vielen Architekturdetails dem Wohnhaus Alexanders in der Carlstraße 70 nachempfunden. Die Kunstschmiedearbeiten machten die gleichen Künstler, die bereits an der Neumünsteraner Anschar-Kirche gearbeitet hatten, nämlich Bergner & Franke, Weimar. (Für einen großen Bronze-Kronleuchter dieser Kirche hatte Anna Moll 2.000 Goldmark gespendet.) Die Bildhauer- und Terrakotta-Arbeiten stammten von Hermann Feuerhahn, Berlin-Charlottenburg.

Die Arbeiter von Ljudinowo und Pessotschnja sandten aus Russland zwei große gusseiserne Tafeln mit russischen Inschriften. Die zweite gusseiserne Gedenktafel wurde ebenfalls am Mausoleum verankert und trägt einen ähnlichen Text (siehe S. 168).

Aus Ljudinowo trafen große Kisten mit gebrannten Schmuckkacheln ein. Diese Terrakottaplatten verwendete der Architekt Roß sehr geschickt zur Ausschmückung der freistehenden Säulen und am Dachfries.

O Herr – gib Ruhe Deinem entschlafenen Knecht

Dem unvergesslichen

Alexander Wassiljewitsch

MOLL

Dem alten Hausherrn, Wohltäter, Ratgeber, Tröster, Mensch.

Alle diese Namen sind verschieden

zur Bezeichnung menschlicher Taten,

aber wie unvollkommen sind sie

zur Bezeichnung Deiner Taten.

O gütiger, gütiger Herr.

Die trauernden Angestellten, Meister und Arbeiter

der Ljudinowschen und Pessotschnjaschen Emaillierfabriken.

Ljudinowo und Pessotschnja – Gouvernement Kaluga – Russland

Friede Deiner Asche

O gütiger Mensch

1890 Ljudinowo, Russland 1912

Seit dem 23. November 1909 gab es einen Gesellschaftsvertrag, abgeschlossen zwischen Alexander Moll, Bernhard Kionka und Edwin Geussenhainer (Firma Alexander Wilgelmowitsch Moll, Ljudinowo) zum Betrieb der beiden russischen Emaillierwerke in Ljudinowo und Pessotschnja. Nach dem Tode Alexanders wurde dieser Gesellschaftsvertrag am 21. Dezember 1912 mit Wirkung vom 1. Januar 1913 abgeändert. Die neuen Gesellschafter waren jetzt die Witwe Anna Moll, Edwin Geussenhainer und Bernhard Kionka. Der neue Firmenname lautete von nun an Anna Moll & Co.

Während des Ersten Weltkrieges wurden bei Moll & Rohwer Granaten produziert, in den Hungerjahren auch Dörrgemüse. In den wirtschaftlich schweren Zeiten nach dem Kriege hat sich die Badewannenherstellung von Moll & Rohwer zwar wieder erholt, erreichte aber nicht mehr das Niveau der Vorkriegszeit. Dennoch wurden fällige Jubiläen standesgemäß begangen.

25jähriges Arbeitsjubiläum von Meister Kähler bei Moll & Rohwer 20.07.1930

Eine Kooperation mit der Carlshütte führte 1935 zur Stilllegung des Werks in Neumünster und Verlagerung der Produktion nach Büdelsdorf. 1936 schieden alle Erben der Familien Moll und Geussenhainer aus der Gesellschaft aus, die am 31.05.1941 schließlich aufgelöst wurde.

Bis zu seinem Tode am 17.02.1931 leitete Edwin die Firma Moll & Rohwer. Er wurde auf der Familiengrabstätte Geussenhainer beigesetzt, die sich fast „Rücken an Rücken“ unmittelbar am Mausoleum Alexander Moll befindet. Am 30.09.1938 folgte ihm seine Frau Mary. Hier sind auch die Söhne Edwin Joseph (1900-1984) und Charles (1905-1944) mit ihren Ehefrauen sowie ihre Tochter Maria (Riela) (1917-2005) beigesetzt worden. Die Söhne Willi (1909-1944) und Fritz (1912-1945) kehrten aus dem Krieg nicht zurück. Willi liegt auf dem Soldatenfriedhof in Livorno, Italien, und Fritz ist in der heutigen Gedenkstätte des KZ Mauthausen beigesetzt, wo er als Regimegegner umgebracht wurde. Ihm hat die Stadt Neumünster mit einem „Stolperstein“ ein ehrendes Gedenken bewahrt.

In einem Abschiedsbrief vom 9. Juni 1941 des Gusseisenverbandes, Berlin NW 7, an die Firma Moll & Rohwer heißt es anlässlich der Auflösung des Unternehmens: „Den gegebenen Anlass möchten wir nicht vorübergehen lassen, um des außerordentlichen Einsatzes zu gedenken, den gerade Ihr Unternehmen – beginnend in einer Zeit, die mehr als 30 Jahre zurückliegt – für die Entwicklung unseres Industriezweiges geleistet hat. Sie haben mit Ihrem Erzeugnis einen Ruf zu verschaffen gewusst, der weit über die Grenzen Deutschlands hinausgegangen ist und haben damit einen wesentlichen Beitrag geleistet zu der Bedeutung, welche die deutsche Badewannen-Industrie im Export gegenüber anderen Industrieländern sich immer zu wahren gewusst hat. Ohne der Würdigung Ihres Einsatzes vorgreifen zu wollen, ist es uns doch ein Bedürfnis, Ihnen zum Ausdruck zu bringen, wie sehr wir Ihre Mitarbeit geschätzt haben. Sie haben immer für die Belange der Gemeinschaft Verständnis gezeigt und Ihre tatkräftige Unterstützung nie versagt, wenn es galt, aufgekommene Schwierigkeiten zu meistern."

Im Kriegsjahr 1941 zog das Flugzeugreparaturwerk Land- und See-Leichtbau GmbH ein. Das ehemalige Industriegelände von Moll & Rohwer wird von der Telekom genutzt.

Familiäre und politische Entwicklungen in Russland und in Neumünster

Die Fabriken Alexander Moll & Co in Ljudinowo und Pessotschnja übernahm in den Jahren 1908 – 1914 Bernhard Germanowitsch Kionka (1857 – 1945). Meister Ackermann und der Generalvertreter von Moll & Rohwer im Baltikum, Joseph Denissowitsch Eismondt, unterstützten ihn bei dieser Arbeit. Ackermann bewohnte eine Hälfte des prächtigen Gontscharow-Hauses, die andere Hälfte der Gießereidirektor P. I. Tominskij. In den letzten Vorkriegsjahren wurden in Pessotschnja 245.000 Pud (über 4.000 Tonnen) Gusswaren emailliert.

Alexander, Anna und Mary kamen auch jetzt noch hin und wieder mit ihren Kindern nach Russland, aber ihr ständiger Wohnort war von nun an Neumünster. Ihren letzten Besuch in Russland machte Anna mit ihren Töchtern Olga und Mika im Sommer 1914, also kurz vor Kriegsausbruch.

Am 22.10.1910 erhielt Gottlieb in Duminitschi zum 25. Arbeitsjubiläum von der Firma Ziplakow & Labunsky einen sehr wertvollen goldenen Uhranhänger mit 70 Brillanten und einem eingravierten Text.

Im Jahre 1911 vergrößerte er das Emaillierwerk in Duminitschi durch einen Anbau um 640 m² auf 2.280 m². Hier stellte er Kugelmühlen und eine 50-PS-Viertakt-Gaslokomobile mit einem Ver-

Auszeichnung für Gottlieb Moll für sein 25jähriges Jubiläum im Emaillierwerk Ziplakow & Labunsky in Duminitschi, 1910

brennungsmotor der Firma Crosley auf. Dieser Motor arbeitete mit Holzkohle und verbrauchte 400 Gramm pro PS und Stunde. Die Beleuchtung des Werkes besorgte ein 3 kW-Dynamo. Im Jahre 1913 wurden in Duminitschi 1.736 Tonnen gusseiserne Waren emailliert: Badewannen, Waschbecken, Ausgüsse „Washington", Töpfe, Wasserkannen, Blumentöpfe u. a.

Meine Tante Anna (Njuscha, 1888 – 1970) ging 1907 in die Schweiz, um dort Medizin zu studieren. Sie brach dieses Studium aber ab und ließ sich am 23.10.1909 an der Züricher Hochschule für das Fach Chemie immatrikulieren (sie wollte später im Gutslabor der Chemiefabrik arbeiten). Es erwies sich aber, dass sie sich mit dem Chemiestudium weit übernommen hatte. Besonders die Mathematik bereitete ihr große Schwierigkeiten; dazu kam noch ihre schwache Gesundheit. Häufige Nierenerkrankungen zwangen sie, in Kairo und Heluan Heilung zu suchen. Im Juli 1912 holte Bernhard Germanowitsch Kionka sie aus Zürich auf das Gut zurück; zur großen Überraschung der Familie brachte sie ein uneheliches Kind mit. Diese Tochter, Nice Moll (1911 – 1992), später griechisch-orthodox auf den Namen Tatjana umgetauft, wurde eine außerordentlich begabte Lehrerin. Sie sprach mehrere Sprachen fließend und war in Kronshagen und Kiel als Lehrerin für Sprachen, Musik und Kunstunterricht tätig. Von Zürich hatte Njuscha sie zunächst nach Aprelewka (südwestlich von Moskau) gebracht, wo Bogdan seit 1910 eine Schallplattenfabrik besaß, die 1994 noch gearbeitet hat[6]. Diese Tatjana wurde in der Familie Tatjana I genannt, zur Unterscheidung von meiner Halbschwester Tatjana II und zu Tatjana Nasarowa, der ersten Frau meines Vaters Johann.

Anna (Njuscha) war von 1911 – 1918 mit einem (Baron?) Alexander Alexandrowitsch Gejking aus Shisdra verheiratet; von 1918 (?) bis 1964 lebte sie mit dem Buchhalter aus Duminitschi, Max Fjodorowitsch Aschakow (1894 – 1964) zusammen – von 1926 – 1964 in der Villa Marienhöh in Suchsdorf bei Kiel. M. F. Aschakow war 1894 in Tula geboren. Er starb 1964 im Kieler Pflegeheim, Uhlenkrog 8. Njuscha starb nach 10-jähriger Bettlägerigkeit am 1. Mai 1970 in der Moll-Villa Marienhöh in Kiel-Suchsdorf im Alter von 81 Jahren. Sie fand ihre letzte Ruhestätte neben ihrem Vater Bogdan Moll in Neumünster. Tatjana I starb in Kronshagen bei Kiel im Alter von 80 Jahren an der Alzheimer-Krankheit. Ihre Urne wurde auf dem Grab ihrer Mutter Anna in Neumünster beigesetzt.

Auf unserem Gut Newedomskoje musste anlässlich des Russisch-Japanischen Krieges (1904-05) am Herrenhaus ein kleines Lazarett aus weißen Ziegelsteinen angebaut werden. Als dieser Anbau fertig war, wurde er zwar nicht mehr benötigt, vergrößerte aber das Gutshaus um fünf große Zimmer. Noch 1942 war dieser solide Anbau auf Luftaufnahmen der deutschen Luftwaffe gut erkennbar.

---

[6] *Siehe hierzu im Anschluss an diesen Beitrag einen separaten Bericht.*

Nach den Ereignissen der Revolution von 1905 und ihren Folgeerscheinungen (viele Gutsherren hatten, verängstigt durch die Revolution, ihren gefährdeten Besitz verkauft und den Erlös in ausländischen Wertpapieren angelegt) entstand bei den Brüdern Gottlieb und Alexander der Plan, nach und nach Russland den Rücken zu kehren und dort „alle Zelte abzubrechen". Man wollte vollends nach Neumünster übersiedeln. Dies war aber leichter gedacht als getan. Ein zu großer Besitz hätte dann aufgegeben werden müssen, und schließlich hingen beide noch sehr an ihrer zweiten Heimat. Es war besonders Gottlieb, der sich nicht mit dem Gedanken vertraut machen konnte, sein geliebtes Russland, seine Fabriken und Güter, aufzugeben. Ihm waren die geschäftlichen und politischen Verhältnisse in Deutschland nie übermäßig sympathisch gewesen. Er hat sich auch später, besonders nach seiner Rückkehr 1921 nach Neumünster, dort nie recht wohlgefühlt; der aufkommende Sozialismus war ihm zuwider.

Ganz anders dachte der weit vorsichtigere Alexander. Nach den Revolutionswirren sah er in Russland für Deutsche keine Zukunft mehr. Wie recht Alexander mit seinen Warnungen hatte, haben der Erste Weltkrieg und ganz besonders die Schreckenszeit der Bolschewisten voll bestätigt. Bis 1914 bestand noch die Gelegenheit, das Eigentum zu retten, danach war es zu spät. Der Gedanke, dass alle Fabriken und Güter in die Hände der Arbeiter und Bauern gehörten, wurde besonders von den Bolschewisten vertreten. Ihre Forderung, den Bauern das Gutsland zu überlassen, war von P. A. Stolypin nur zum Teil befriedigt worden. Die Bolschewisten fanden hier ein breites Betätigungsfeld. Die russische Eisen- und Stahlindustrie musste nach der Revolution von 1905 einige schwere Jahre durchmachen. Der Grund hierfür war die schlechte Ernte. Erst 1909, als die Ernte gut ausfiel, begann ein neuer Aufschwung, und bereits 1910 war Russland der erste Getreidelieferant Europas.

Im September 1912, kurz nach dem Tode von Alexander, fuhr Anna mit Karoline, Magda, Maka, Mika, Njuscha und Schura an die Südspitze der Krimhalbinsel, um sich und den Kindern eine Ablenkung zu verschaffen. Sie verbrachten dort einige Wochen an der Felsenküste von Simeis. Ende 1912 brachte Gottlieb die kränkelnden Mädchen Maka und Njuscha mit einem Triester Schnellschiff nach Alexandria; sie sollten in Kairo im Hotel „Semiramis“ wohnen und in Heluan eine Kur machen.

Aber bereits am 18. Februar 1913 verließ Njuscha Kairo und fuhr von dort nach Neapel. Im Dezember 1913 wurde die Familie Alexander Moll von einem schweren Schicksalsschlag getroffen. Nach kurzer Krankheit starb Alexanders Tochter, die bildhübsche Maka Moll, im blühenden Alter von 24 Jahren. Eine heimtückische Gehirn-Tbc, die sich schnell ausbreitete, raffte sie dahin. Sie starb, noch immer auf Besserung hoffend, am 9. Dezember 1913 in einem Sanatorium in Davos. Anna, die ihre Tochter abgöttisch liebte, war wie von Sinnen. Die große Trauergemeinde versammelte sich am 15. Dezember vor dem neuerrichteten Moll‘schen Mausoleum in Neumünster. Für Anna war der Verlust ihrer ältesten Tochter unerträglich. Im Mausoleum sitzend, weinte sie tagelang, bis das verglaste Sargfenster endgültig verschlossen wurde.

Schon bald sollte Anna auch ihre Söhne hier beisetzen: Willi war Soldat an der Somme und starb am 05.08.1916 im Lazarett in Berlin. Er wurde mit Helm und Säbel im Mausoleum beigesetzt. Über den Sargschacht wurde für ihn eine prächtige Grabplatte gelegt. Sascha starb am 30.01.1920 in Berlin und wurde in einem Prachtsarg im Mausoleum beigesetzt. Seine Frau Margaretha, geb. Weller, starb am 04.02.1983 in Loccum. Anna selbst war ihren Söhnen am 12. 03.1946 gefolgt.

Am 8. Dezember 1987 wurde in das Mausoleum die letzte Urne der Familie Alexander Moll, die der am 22. November 1987 in Neumünster in einem Pflegeheim verstorbenen Anna Maria Nahida (Mika) Moll (1902 – 1987) überführt; dann wurde es endgültig verschlossen. Von der Familie Alexander Moll lebte zu diesem Zeitpunkt in einem Neumünsteraner Pflegeheim nur noch die Tochter Olga Magdalena Meßtorff (geb. 1896). Es war ihr Wunsch, eines Tages neben ihrem zweiten Gatten, Dr. Joseph Otto Detlef Meßtorff, in Neumünster bestattet zu werden. Diesem Wunsch wurde entsprochen als sie am 17.09.1994 verstarb. Ihr erster Mann (sie heirateten in Neumünster am 22. Juli 1918), der Arzt Dr. Max Bartholomäus (3.11.1886 – 5.11.1922), war in seinen letzten Lebensjahren Morphinist. Er setzte seinem Leben in Schwerin-Ziegelsee mit der Pistole ein Ende und wurde auch im Moll'schen Mausoleum beigesetzt. Es steht unter Denkmalschutz der Stadt Neumünster.

Im Sommer 1914 kam Anna mit ihren Töchtern Olga und Mika und Edwin Geussenhainer junior noch einmal zu Besuch auf das Gut. Ihnen glückte am 18. Juli, kurz bevor der Erste Weltkrieg ausbrach, die rechtzeitige Rückkehr nach Deutschland; dies sollte aber ihr letzter Besuch in Russland gewesen sein. Im Februar und März 1914 machten Gottlieb und Edwin eine Informationsreise in die Vereinigten Staaten. Sie fuhren von Bremerhaven mit der „Kronprinzession Cäcilie" vom Norddeutschen Lloyd zu befreundeten Fabrikanten. Von dieser Reise kam Gottlieb mit der „Kaiser Wilhelm II" (Bremer Lloyd) allein zurück; Edwin folgte ihm im April. Kabinen für solche Passagen kosteten damals in der 1. Klasse 500 Mark.

Während der zahlreichen Sommerfeste kamen auch 20 – 30 Studenten der Brjansker Ingenieurfachschule auf das Gut. Ihnen war das Gut bekannt, denn viele von ihnen hatten hier ihr Praktikum absolviert. Unter ihnen befand sich auch der österreichische Student Viktor Allé (1892 – 1971) aus Radiza bei Brjansk. Er war der Sohn des Waggonbaudirektors der Malzow-AG, Wilhelm Allé aus Iglau in Mähren und seiner Ehefrau Elise Beuthner aus Leipzig. Viktor Allé und meine Tante Alexandra (Schura, 1893 – 1984) verliebten sich und beschlossen, alsbald zu heiraten. Die Hochzeitsfeier fand am 28. Januar

1914 im Moskauer Hotel Alpenrose statt. Wegen des Todes von Maka wurde auf Tanz verzichtet.

Dieser Ehe mit Viktor Allé entstammten zwei Söhne: Viktor jun. (Vitja, 1914 – 1945?) und Alexander (Sascha, 1916 – 1992). Viktor wurde im Hause Kionkas in Ljudinowo und Sascha auf dem Gut geboren. Viktor jun. wird seit 1945 als Soldat in Noworossijsk vermisst. Man muss annehmen, dass er dort den Soldatentod fand.

Erster Weltkrieg: Internierung der Deutschen in Russland

Am 28. Juni 1914 wurde in Sarajewo das österreichische Thronfolgerpaar, Erzherzog Franz Ferdinand und Herzogin Sophie von Hohenberg, durch den serbischen Nationalisten Gavrilo Princip ermordet. Die Ereignisse überstürzten sich. Am 27. Juli 1914 machte Russland mobil und am 1. August erklärte Deutschland Russland den Krieg. Die Kriegserklärung an Frankreich folgte am 3. August.

Bernhard Kionka war nur wenige Tage vor Kriegsausbruch geschäftlich nach Deutschland gefahren. Bevor er über die Grenze kam, hatte ihm ein mitreisender russischer General versichert, dass alle auftauchenden Gerüchte über Krieg Unsinn seien; doch bereits auf dem Breslauer Bahnhof bewahrheiteten sich diese Gerüchte: Deutschland und Russland standen im Krieg! Den Oberbefehl über die russischen Streitkräfte (Kriegsstärke 4,8 Mill. Mann) führte Großfürst Nikolaij Nikolajewitsch Romanow (1856 – 1929), ein Großonkel des Zaren.

Eine sofortige Rückkehr war nicht mehr möglich. Alle Eisenbahnstrecken waren unterbrochen. Kionka saß in Deutschland fest, wurde zum Kriegsdienst eingezogen und als Dolmetscher in ein Russenlager geschickt. Unsere „Russen“ auf dem Gut saßen jetzt zwischen zwei Fronten. Der Erste Weltkrieg (in

Sascha Moll
und Bernhard Kionka in Uniform
1914

Sascha Moll u. Edwin Geussenhainer
in Uniform mit Krankenschwester
Olga Magdalena Moll 1914

Russland 1914 – 1917) und die bolschewistische Revolution (1917) wurden für die Familie Moll zu dem entscheidenden Ereignis.

Auch in dieser schrecklichen Zeit entstanden Aufzeichnungen und es wurden Tagebücher geführt, die später nach Deutschland gelangten. Besonders eindrucksvoll hat diese Ereignisse meine Großtante Karoline Gokina (1857 – 1945)[7] beschrieben. Ich werde im Folgenden bevorzugt aus ihren „Aufzeichnungen aus meinem Leben" zitieren und ihre Schilderungen durch Notizen und Briefe anderer Familienangehöriger ergänzen.

Die Bestürzung über den Kriegsbeginn war allen Gutsbewohnern anzumerken. Mit dieser Möglichkeit hatte keiner von ihnen gerechnet. Für sie als Auslandsdeutsche stand nun alles

[7] *Der Bericht von Karoline Gokina ist im ersten Teil dieses Buches wiedergegeben.*

auf dem Spiel, und es dauerte auch nicht lange, bis sie den Ernst der Lage zu spüren bekamen: Sie waren jetzt plötzlich Landesfeinde! Das Schlimmste aber war, dass die Kriegserklärung von deutscher Seite erfolgt war. Diese wurde nun in allen Dörfern verlesen. Dem urteilslosen Volk war sofort klar, „dass die Deutschen die Friedensstörer und Barbaren waren“. Von der vorangehenden österreichisch-ungarisch-serbischen Balkankrise und der Mobilmachung der Russen am 30. Juli 1914 hatten sie ja nichts gehört. Es wurden grauenvolle Geschichten erfunden, wie man in Deutschland auf den Bahnhöfen flüchtende Russen misshandelte, den Frauen die Ohrringe samt Ohr abriss und deutsche Offiziere russische Mädchen vergewaltigten. Hass wurde geschürt, wo es nur möglich war; aber solches ist ja nicht nur in Russland geschehen. Der Leiter der Lokomobilabteilung der Fabrik in Ljudinowo, der Gutsbesitzer Ludwig Hoffbauer, wurde in Moskau im Hotel Bülow als Deutscher erkannt und verhaftet. Er wurde in das Verbannungslager Wologda im Norden Russlands gebracht, wo eines Tages auch mein Vater Johann landen sollte.

Etwa vier Wochen nach Kriegsausbruch konnte die Kusine Olga Niemann aus Bremen mit ihrer Tochter noch ausreisen. Die Reise war aber nicht ohne Gefahr, und sie konnte diese nur unter Verzicht auf das gesamte Gepäck mit dem Schiff über Rauma (Finnland) und Stockholm antreten. Als es ihr gelang, sich nach Bremen durchzuschlagen, entschloss sich auch Magda, dies mit ihrer sechsjährigen Tochter Elly Alexandra (1908 – 1993) zu versuchen. Viel Zeit war nicht zu verlieren, denn die Verbindung über Schweden drohte abzubrechen. Karoline brachte beide schweren Herzens nach Moskau. Karl Davidowitsch Lörtscher, der seit dem 10. Juli 1913 unsere Schallplattenfabrik in Aprelewka leitete, begleitete Magda und Elly über St. Petersburg nach Rauma. Sie konnten nur das Allernotwendigste an Kleidungsstücken mitnehmen; die Mitnahme von

Geld war verboten. Trotzdem gelang es Magda, 14.000 Rubel durchzuschmuggeln, die sie dann bei Moll & Rohwer in Neumünster ablieferte. Die Überfahrt war sehr stürmisch und die Minengefahr groß. Einmal musste das Schiff umkehren; dann aber lief alles glatt. Von Stockholm aus konnte sie ihren Mann Bernhard Kionka verständigen, und in Berlin war die Freude über das Wiedersehen groß.

Die Zurückgebliebenen erhielten prompt Nachricht, aber dann kam eine Zeit, wo sämtliche Verbindungen abrissen. Hätten unsere Leute in Russland auch nur geahnt, dass dieser Zustand sieben Jahre andauern würde, dann wären sie sehr verzweifelt gewesen. So aber hofften sie, dass der Krieg in einem Jahr beendet sein würde. Es wäre klüger gewesen, wie man heute weiß, alles stehen und liegen zu lassen und ebenfalls zu flüchten. Das hätte ihnen viel Kummer und Sorgen erspart, denn schließlich haben sie von dem großen Vermögen ja gar nichts retten können, unnötig Zeit verloren und Schreckliches durchgemacht; sie setzten außerdem ihr Leben und ihre Gesundheit aufs Spiel. Aber wer konnte dies ahnen? Solange es russische Zeitungen gab, blieb die Bevölkerung völlig im Unklaren, und Briefe und sonstige Nachrichten kamen aus Deutschland nicht mehr durch.

Wahre und unwahre Gerüchte erschwerten einen klaren Durchblick noch mehr. So hatten unsere Gutsleute von der Schlacht bei Tannenberg, Ostpreußen (26. – 30. August 1914) und der vernichtenden Niederlage der 2. Narew-Armee unter A. W. Samsonow (1859 – 1914) gegen die 8. deutsche Armee unter Generaloberst Paul von Hindenburg (1847 – 1934) und Stabschef Generalmajor Erich Ludendorf (1865 – 1937) erst vier Wochen später erfahren. Unser Kutscher Kusma kam aus Shisdra zurück und hatte dort von den durchfahrenden Verwundeten erfahren, dass die Russen geschlagen und riesige Verluste erlitten hatten (50.000 Tote, 92.000 Gefangene). In dieser Schlacht standen 153.000 Deutschen 191.000 Russen gegenüber. Gerade Bauern aus der Gegend unseres Gutes hatten schwere Verluste hinnehmen müssen. Die Masse der Russen war in den ostpreußischen Sümpfen steckengeblieben und war dort umgekommen. Unter dem Siegel der Verschwiegenheit raunte man sich dies zu, aber offiziell sprach man von glänzenden Siegen der russischen Armee.

Im September 1914 wandte sich Paul von Hindenburg gegen die nur zögernd anrückende Njemen-Armee unter General von Rennenkampf und schlug sie an den Masurischen Seen (6. – 15. September 1914). In der Winterschlacht in Masuren (4. – 22. Februar 1915) wurde die 10. russische Armee vernichtend geschlagen; 100.000 Gefangene wurden gemacht. Nun war Ostpreußen vom Feinde endgültig befreit und Paul von Hindenburg und Erich Ludendorf waren die Helden der Nation. Die russische Regierung beantwortete diese Niederlagen mit der Enteignung des Besitzes russischer Untertanen deutscher Abstammung.

Bis Weihnachten 1914 wohnte Magda mit Elly in Neumünster bei Anna Moll in der Carlstraße. Hier widmete sich Anna Moll sofort der Truppenbetreuung. Auf dem Bahnhof wurden Kessel aufgestellt, Suppen gekocht und belegte Brote verteilt. Anna betrieb auch eine Lederwerkstatt, woraus später eine große Schuhmacherwerkstatt entstand. Für diese Arbeiten wurde sie von der Heeresleitung mit einer Goldmedaille ausgezeichnet. Im Frühjahr 1918 musste die Werkstatt aber wegen Ledermangel geschlossen werden. In der Fabrik Moll & Rohwer wurde während des Krieges neben Granaten auch Dörrgemüse produziert.

Mitten in der Erntezeit (August 1915) erschien auf unserem Gut Newedomskoje der Polizeigewaltige des Ujesdes (Kreises) Shisdra und beschlagnahmte alles, was nicht niet- und nagelfest war. Alle Pferde mit Geschirr, den gesamten Fuhrpark, alle landwirtschaftlichen Maschinen, alle Kühe und Schweine wurden verladen und nach Shisdra gebracht. Mit einem Schlag war die gesamte Landwirtschaft lahmgelegt. Karoline protestierte und verwies auf ihre russische Staatsangehörigkeit – die Beschlagnahme ihres Eigentums sei daher ungesetzlich. Sie verlangte die sofortige Herausgabe ihrer Reitpferde und Sättel. Man versprach zwar, ihre Pferde zurückzugeben, aber stattdessen bekam sie einen alten, blinden Gaul, der nur zum Wasserpumpen geeignet war; natürlich reiner Hohn! Als der Gouverneur von Kaluga, Fürst Gortschakow, sich für die Familie Moll einsetzte und telegrafisch den Befehl erließ, dem Gute alles wieder auszuhändigen, waren die Shisdra-Leute schlau genug und telegrafierten zurück, dass diese Anordnung leider zu spät komme. Alles sei bereits auf dem Wege zur Front. Dabei standen die Pferde noch einige Tage auf dem Gutshof, ohne gefüttert und getränkt zu werden; die örtliche Behörde hatte den Wachmannschaften kein Futtergeld bewilligt. Als die armen Tiere vollständig entkräftet waren, wollte man Karoline dafür verantwortlich machen, dass sie so schlechtes Pferdematerial bereitgestellt habe.

Es war ein Glücksfall, dass gleich zu Kriegsbeginn alle Branntweinbrennereien geschlossen wurden und sämtliche Wodkavorräte in festen Gewahrsam kamen. Wäre dies nicht der Fall gewesen, so hätten es viele Deutsche mit ihrem Leben bezahlt. Seinen Höhepunkt hatte der Deutschenhass am 27. und 28. Mai 1915 in Moskau erreicht. Diese Ereignisse gingen als „Moskauer Wirtschaftspogrom“ in die Geschichte ein. An diesen Tagen zogen wütende Massen durch die Straßen der Stadt und zertrümmerten deutsche Läden, Geschäfte und Fabriken. 760 Handelshäuser und Wohnungen wurden dabei demoliert und ausgeraubt. Man zählte über 40 Verwundete. Auf der Zündelschen Manufaktur wurden der Direktor und einige seiner Angestellten erschlagen. Zwei Frauen wurden in die Moskwa geworfen und so lange mit Stangen unter Wasser gedrückt, bis sie ertranken. Wer sich dem Mob entgegenstellte, wurde niedergemacht.

Unter diesen Banden befanden sich auch gutgestellte Leute. Man sah „feine“ Damen und Herren, wie diese mit vollen Händen Uhren, Schmucksachen und Kleidungsstücke aus den zerstörten Geschäften schleppten; sie stahlen alles, was sie zusammenraffen konnten. Die kostbaren Flügel und andere Musikinstrumente des deutschen Musikalienhändlers Julius Heinrich Zimmermann (1851 – 1923) wurden aus den Fenstern geworfen und auf der Straße zertrümmert. (Am 1. April 1915 war seine Firma in Merkel, Lekeine & Co umbenannt worden.) Die Banden fielen anschließend auch über russische Läden her und raubten auch diese aus. Verantwortlich für diese Ausschreitungen war der Generalgouverneur von Moskau, Fürst Feliks Jussupow Graf Sumarokow-Elston, der Vater des Rasputinmörders Feliks Feliksowitsch Jussupow (1887 – 1967); aber auch bolschewistische Banden hatten diesen Pogrom mitinszeniert. 15 bis 20 Banditen der allerschlimmsten Sorte waren in einen Keller geraten, wo sie riesige Fässer mit Spirituosen einschlugen, bis sie selbst in Wodka schwammen. Man sah Leute mit blutenden, aufgeschnittenen Mäulern herumirren. Sie hatten aus Flaschen getrunken, denen sie die Hälse abgeschlagen hatten.

Man kann sich leicht vorstellen, wie unseren Leuten auf dem Gut und in Duminitschi zumute war und was sie erdulden mussten. Zwar blieben die älteren Bauern und Arbeiter wohlwollend, aber die jüngeren waren äußerst gehässig, was bei der ständigen Hetzkampagne nicht verwunderlich war. Sehr zu denken gab der Fall, als ein benachbarter Landbesitzer unseren Schweizer Verwalter Wassilij Wilgelmowitsch Schopin bat, ihm einen Sack Kalk auszuleihen. Der Bote stellte sich breitbeinig in die Küchentür und fuhr unsere Köchin Axinia an: „Na, und

Du kochst noch immer für Deine deutschen Hunde? Es wird nicht lange dauern, dann werden wir auch mit Euch abrechnen!“ Kusma, ein alter Familienkutscher aus Ussowka, tröstete die Familie: „Ihr könnt Euch auf mich verlassen. Ich werde Euch sofort warnen, falls irgendetwas gegen Euch geplant ist. Ich kann Euch zwar nicht retten, aber warnen kann ich Euch allemal.“ Dieser Kusma war ein wirklicher Freund der Familie und sein plötzlicher Typhustod wurde von allen Gutsbewohnern aufrichtig bedauert.

Die Bewohner von Ussowka, Paloma und auch von Kosmatschewo waren im Grunde nicht feindlich oder gehässig eingestellt, ja, sie betonten bei jeder Gelegenheit, dass sie bei einem Überfall durch hergelaufene Banden sofort Hilfe leisten würden. Als eines Tages sieben Kerle in Soldatenuniform (sie hatten ihre Pferde im nahen Wald versteckt) den Gutsbewohnern Pistolen unter die Nase hielten und „Hausdurchsuchungen“ veranstalteten, fielen sie zunächst über den Gutschemiker Sachar Karobotschkin her. So hatten die anderen Gutsbewohner Zeit, Geld und ihre Wertsachen auf dem Hof unter einem Holzstoß zu verstecken. Dem Chemiker und seiner Frau nahmen sie alles weg; ihnen wurden von den Banditen sogar die goldenen Eheringe von den Fingern gerissen. Die Frauen wurden keiner Leibesvisitation unterzogen, und sie machten gute Miene zu dem bösen Spiel. Jeglicher Widerstand hätte ihre Lage nur verschlimmert. Die Männer nutzten die Gelegenheit, um durch Hintertüren im Wald zu verschwinden, denn es war bekannt, dass die Banditen gegen sie besonders scharf und rücksichtslos vorgingen.

Dieser Überfall dauerte etwa eine Stunde, dann war es den Banditen selbst nicht mehr geheuer; sie fürchteten die Bauern aus der Nachbarschaft. Diese kamen auch tatsächlich, glücklicherweise aber zu spät. Es wäre sonst bestimmt zu einem Handgemenge oder gar zu einer Schießerei gekommen, und Schlimmeres hätte den Gutsbewohnern gar nicht passieren können. Es war übrigens charakteristisch, von diesen Bauern zu hören: „Wenn hier geplündert werden soll, dann machen wir es lieber selber. Wir werden Euch doch nicht von fremden, dahergelaufenen Kerlen ausnehmen lassen; dies können wir dann besser selber besorgen."

Es dauerte nicht lange, bis alle Deutschen und Österreich-Ungarn im wehrfähigen Alter verhaftet wurden. Meinen Großvater Gottlieb ließ man zunächst in Ruhe, aber mein Vater Johann und August Kybarth wurden, wie ich bereits geschildert habe, nach Wologda, nördlich Jaroslawl, verbannt. In dieser Stadt hatte man auch eine Reihe anderer deutscher Grammophon-Fachleute interniert. Am 11. Januar 1915 wurden alle deutschen und österreichischen Konzerne aufgelöst. Am 2. Februar 1915 folgte die Enteignung der Landbesitzer der „Feindstaaten"; ein Neuerwerb von Grund und Boden wurde ihnen verboten. (Eine strengere Fassung dieses Enteignungsdekrets wurde am 13. und 20. Dezember 1915 erlassen.) Ab dem 8. Februar 1915 wurde der Verkauf von Aktien und Wertpapieren den feindlichen Ausländern verboten, und am 16. März 1915 wurden ihre Handelsunternehmen in russische Hände überführt.

Am 8. September 1915 wurde der Großfürst Nikolai Nikolajewitsch Romanow (1856 – 1929), der Großonkel des Zaren Nikolai II. und Höchstkommandierender des russischen Heeres, abberufen und in den Kaukasus versetzt. Zar Nikolai II. übernahm den Oberbefehl im Hauptquartier Mogilew jetzt selbst. Der letzte zaristische Oberbefehlshaber war der Stabschef des russischen Heeres, General Michail Wassiljewitsch Aleksejew (1857 – 1918). Aleksejew war nach der Februarrevolution von 1917 Oberbefehlshaber des Petrograder Sowjets. Er wurde im Juli 1917 zum Rücktritt gezwungen. Nach der Oktoberrevolution von 1917 wurde er Mitorganisator und Befehlshaber antibolschewistischer Streitkräfte.

Wie eine Bombe schlug bei unseren Leuten ein Dekret aus Kaluga vom 13. September 1915 ein. Danach sollten alle Deutschen und Österreicher unserer Güter und Fabriken interniert werden. Der Polizeichef des Ujesdes Shisdra telegrafierte diese unangenehme Nachricht im Oktober 1915 persönlich meinem Großvater Gottlieb. Er und seine Familie, also auch Frauen und Kinder, sollten innerhalb von drei Tagen reisefertig sein. Nur Agafia und Karoline konnten als russische Staatsangehörige im Gouvernement Kaluga verbleiben. Als „Russin" galt auch meine Tante Njuscha (Anna) und ihre vierjährige Tochter Tatjana I, denn Anna war seit dem 23. September 1910 (bis 2. Juni 1918) mit dem Baron Aleksandr Aleksandrowitsch Heiking aus Shisdra verheiratet.

Betroffen von der Ausweisung waren mein Vater Johann, seine Frau Tatjana Iwanowna (Nasarowa) sowie ihre vier Kinder: meine Halbgeschwister Leo (6 Jahre alt), Tatjana II (3 Jahre alt), Olga (2 Jahre alt) und Eugen (fast ein Jahr alt). Auch mein österreichischer Onkel Viktor Allé und seine Frau Alexandra (Schura) mit ihrem fast einjährigen Sohn Viktor sollten ausreisen. Schura war zu dieser Zeit schwanger mit Alexander.

Mein 18-jähriger Onkel Hermann, seit 1907 auf einem Moskauer Gymnasium, hatte 1915 gerade das Abitur gemacht. Ihm wurde erlaubt, in Moskau zu bleiben, da der Pensionsdirektor für ihn bürgte. Die jüngste Tochter Gottliebs (Bogdans), die 16-jährige Maria (Manja), wohnte in einem Moskauer Internat; auch sie blieb unangetastet. Von der Ausweisung betroffen waren auch der deutsche Maschinenmeister unserer Chemischen Fabrik, der Schlesier Wilhelm August Raabe (1861 – 1937) und seine Frau, die Kurländerin Berta Robertowna, geb. Rosental (1872 – 1964) sowie ihre Kinder Margarete (1913 – 1991) und Hermann (1915). Wohin die Reise gehen sollte, war allen unbekannt. Sie sollten ihr Reiseziel erst in Moskau erfahren.

In großen Kisten und Säcken wurde das Allernotwendigste zusammengerafft. Abends kam dann aus Shisdra plötzlich die Nachricht, dass Frauen und Kinder vorläufig zurückbleiben durften. Allen fiel ein Stein vom Herzen, denn die Männer konnten sich in der Fremde alleine besser durchschlagen. Sie fuhren am nächsten Morgen mit der Bahn nach Moskau.

Dort dirigierte man sie zunächst nach Kasan an der Wolga. Dieses Ziel wurde von ihnen gerne zur Kenntnis genommen, denn niemand wollte in das entfernte Sibirien. In Kasan teilte man ihnen aber mit, dass sie nach Mamadysch, 167 km östlich von Kasan, weiterreisen sollten. Mamadysch war ein fürchterliches Nest und weit entfernt von der nächsten Eisenbahnstation. Es gab dorthin auch keine regelmäßige Postverbindung. Die Zivilgefangenen wurden in Mamadysch durch einen berüchtigten Pristaw (amtlicher Aufseher) niederträchtig behandelt. Er erlaubte ihnen nicht, die Bürgersteige zu benutzen; sie mussten auf der Fahrbahn gehen und dies nur bis zum Dunkelwerden, dann war Sperrstunde.

Um bei den Malzow-Werken in Ljudinowo eine Wirtschaftskrise abzuwenden, war am 20. August 1909 der dortige Direktor Jacobsen durch den Direktor Iwan Romanowitsch Strasburger ersetzt worden. Strasburger war mit Tatjana Michailowna, einer Pianistin, verheiratet; das Ehepaar hatte mehrere Söhne und Töchter. Diese Familie war oft bei uns zu Besuch. Gottlieb bat Karoline telegrafisch, sich an Direktor Strasburger zu wenden, um ihm die missliche Lage der Männer zu schildern. Iwan Romanowitsch Strasburger half sofort. Er sandte ein Telegramm an den leitenden Beamten von Kasan, Juschkewitsch, und dieser veranlasste, dass unsere Männer nicht in der Stadt Mamadysch, sondern in Swijashsk, 30 km von Kasan entfernt, interniert wurden.

Das 2.800 Einwohner zählende Städtchen Swijashsk war 1551 von Iwan IV., dem „Schrecklichen“ (1533 – 1584), gegründet worden, als dieser eine Ausgangsbasis für die Eroberung

Kasans (am 2. Oktober 1552) suchte. Dieser Ort diente den Beamten aus Kasan 1915 als Sommerfrische; im Winter standen hier viele Häuser leer. Das Städtchen lag malerisch auf dem Hügel einer kleinen Halbinsel, am Zusammenfluss der Swijaga und Wolga, zwischen Selenodolsk und Kasan. Swijashsk war von Wiesen umgeben, die zur Schneeschmelze im Frühjahr hoch unter Wasser standen. Der Verkehr konnte dann nur noch mit Kähnen oder mit kleinen Dampfschiffen aufrechterhalten werden. Im Sommer gab es zweimal täglich eine Dampfschiffverbindung nach Kasan. Mitte November fror die Wolga zu, und Mitte April brach die Eisdecke mit lautem Donnern und Krachen auf, und die ersten Eisschollen trieben den Fluss hinab. Das Wasser der Wolga stieg dann bis zu 21 m an und Swijashsk lag als Inselchen in der Swijagamündung.

In der Stadt gab es einen Sabor (Dom), ein Monasterium (Männerkloster) „Heiliger Hermogenes“, ein Kloster für Frauen, zwei Kirchen „Gottesmutter von Tichwin“ und „Konstantin und Helena“, ein Gymnasium, eine Grundschule für Knaben und einen großen Stadtpark. Das Buschwerk der höher liegenden Wiesen, die nicht überschwemmt wurden, stand im Frühjahr voller Maiglöckchen. Heutzutage ist die Wolga durch Staustufen stark angestiegen und Swijashsk ist während des ganzen Jahres eine Insel. Die Sowjets erklärten die Insel zum Sperrgebiet und nutzten sie als KZ-Lager und Klinik für Geisteskranke. Später wurden die Kirchen und Klöster restauriert und Touristen zugänglich gemacht.

Unseren Internierten gelang es, ein Häuschen zu mieten und Bettzeug zu besorgen; Karoline sandte ihnen Haushaltsgeräte. Mit den internierten Männern war als einzige Frau Natalija Petrowna Ssessekina, die Schwester unseres Gutsverwalters Pjotr Ssessekin vom Gut Fjoderischewo, mitgefahren. Als weiblicher Beistand machte sie sich in Swijashsk nützlich und versorgte Gottlieb. Schura (Alexandra) Allé, die auf dem Gut geblieben war, erwartete im Januar 1916 die Geburt ihres zweiten Kindes. Ihr Mann, mein Onkel Viktor Allé, erhielt in Swijashsk überraschenderweise die Erlaubnis, sie besuchen zu dürfen. Am 26. Januar 1916 wurde in seinem Beisein im Gutshaus ihr zweiter Sohn Alexander (Sascha, 1916 – 1992) geboren.

Viktor und Schura verblieben zunächst auf dem Gut, dann kleideten sie einen Schlitten mit Fellen aus und fuhren mit Viktor jun. und dem Säugling Alexander (Sascha) nach Duminitschi. Von dort ging es per Eisenbahn über Moskau nach Kasan.

Im Frühjahr 1916 musste auch mein Onkel Hermann, der in Moskau geblieben war, den Internierten nachreisen. In einem überfüllten Zug fuhr er nach Nishnij Nowgorod und bestieg dort einen Dampfer nach Kasan. Von Kasan aus erreichte er Swijashsk mit einem kleinen Schiff. Er wohnte zunächst bei seinem Vater Bogdan. Nach einigen Monaten reisten auch die übrigen Frauen mit den Kindern zu ihren Männern an die Wolga. Karoline durfte in Duminitschi bleiben; sie hatte sich um den Fortbestand von drei Emaillierwerken zu kümmern, die jetzt unter dem Firmennamen K. Gokina & Co. arbeiteten. Auf dem Gut leitete sie die Chemische Fabrik. Bis Ende 1915 wurden hier mit 15 Arbeitskräften 15.000 Pud Borax und Borsäure für die Emaillierwerke produziert. Karoline fuhr regelmäßig nach Ljudinowo und Pessotschnja, was in dieser Zeit wegen der zahlreichen Überfälle nicht ungefährlich war. Sie kümmerte sich um die richtige Anwendung der Moll'schen Rezepte, wobei sie die Zusammensetzung des Emails geheim hielt. Kritische Substanzen wurden von ihr mit kleinen Säckchen, gefüllt mit Schrotkugeln, abgewogen. Diese Säckchen gab sie nie aus der Hand. Hin und wieder reiste sie auch zu ihrem Bruder Bogdan nach Swijashsk, um von ihm technischen Rat zu holen. Dorthin begleitete sie manchmal unser Gutsverwalter, der Schweizer Wassilj Wilgelmowitsch Schopin. Die Verbindung zu Bogdan wurde auch per Post aufrechterhalten.

Auf dem Gut lebten zu dieser Zeit nur meine Großmutter Agafia (Agathe), meine Tante Njuscha (Anna) mit ihrer Tochter Tatjana I sowie der Chemiker Karobotschkin mit seiner Familie. Als Dienstpersonal waren dort das Stubenmädchen Natalija (Natascha) und die Köchin Axinia geblieben. Nach kurzer Zeit gesellte sich zu den Gutsbewohnern auch Gottliebs jüngste Tochter Maria (Manja) aus Moskau.

In Swijashsk waren unsere Internierten in vier Häusern untergebracht Im ersten Haus lebte Bogdan mit Natalija Petrowna Ssessekina und dem 19-jährigen Hermann, im zweiten Haus Johann mit Tatjana Iwanowna (Nasarowa) und ihren vier Kindern, meinen Halbgeschwistern Leo, Tatjana II, Olga und Eugen. Im dritten Haus waren Viktor Allé und Alexandra (Schura) mit ihren Söhnen Viktor jun. und Alexander (Sascha) untergebracht und im vierten Haus Wilhelm August Raabe mit seiner Frau Berta Robertowna (Rosental) und ihren Kindern Margarethe (Gretl) und Hermann.

Mein Halbbruder Leo war am 9.4.1916 sieben Jahre alt geworden, und mein Vater musste für ihn eine geeignete Lehrkraft suchen. Diese fand er am 25. März 1917 in der Lehrerin Olga Michailowna Andronowa (1889 – 1982), meiner späteren Mutter. Mein Vater brachte ihr Leo ins Haus mit dem Auftrag, ihn täglich zu unterrichten. Olga Michailowna Andronowa war die Tochter des Schulleiters Michail Iwanowitsch Andronow (1860 – ?) und seiner Ehefrau Aleksandra Semjonowna Pokrowskaja, meiner späteren Großmutter (1871 – 1956) aus Mamadysch. Michail Iwanowitsch wurde in Simbirsk (heute Uljanowsk) geboren. Er war elf Jahre älter als Aleksandra Semjonowna, hatte blondes Haar und eine schöne Tenorstimme. Die Landwirtschaftsschule, die er leitete, lag südöstlich von Kasan. Man erreichte sie nach einer Dampferfahrt von sieben Kilometern über den Kaban-See. In späteren Jahren arbeitete er als Militär-Feldscher (Wundarzt) in einer großen Klinik in Tscheboksary (an der Wolga, nordwestlich von Kasan).

Nun zurück nach Swijashsk: Im Laufe der Zeit zeigte sich, dass Tatjana (Nasarowa) mit der Erziehung ihrer vier Kinder völlig überfordert war; sie hatte keine eigene Jugendzeit erlebt.

Mit 15 Jahren war sie viel zu früh Mutter geworden. Sie vergnügte sich lieber mit Hermann auf Tanzveranstaltungen oder flirtete mit kriegsgefangenen österreichischen Offizieren. So wurde sie, wie es Schura nannte, zu einem „Luftikus“. „Eh! Macht nichts“, diese Worte kamen oft über ihre Lippen. Darüberhinaus hatte sie in Swijashsk keine ausreichenden Geldmittel, um sich um ihre Kinder angemessen kümmern zu können.

Olga Michailowna Andronowa wurde von Tatjana Iwanowna Moll oft eingeladen, sie in ihrem Haus zu besuchen. Wie mehrere Zeugen glaubhaft versicherten, war es Tatjana nicht unangenehm, wenn sich Johann und Olga bei diesen Besuchen näherkamen. Olga sah den traurigen Zustand der Kinder Johanns und begann, sich um deren Wäsche und Kleidung zu kümmern. Dies hatte aber zur Folge, dass es zu bösen Eifersuchtsszenen von Seiten Tatjanas kam. Der ständige Streit führte allmählich zu einer Entfremdung zwischen den Eheleuten.

Die Molls waren in Swijashsk ohne Arbeit und hatten daher viel freie Zeit; diese nutzten sie zum Musizieren. Großvater Bogdan und Hermann spielten Geige, und Schura begleitete sie am Klavier. Sonntags gingen die jüngeren Männer zum Tanz in einen benachbarten Club. Auf dem Markt von Swijashsk lernten sie die Deutsche Anna (Soja) Nickel (1889 – 1973) aus Lalling bei Deggendorf (Niederbayern) kennen. Soja lebte damals schon mehrere Jahre in Russland, u. a. auch als Haushaltshilfe bei einer reichen Familie auf der Krim. Nun war auch sie nach Swijashsk verbannt worden. Besonders Hermann, dem die junge Frau gefiel, setzte bei Gottlieb durch, dass Soja als Haushaltshilfe im Hause Allé aufgenommen wurde.

Die am 4. Juni 1916 von General Aleksej Aleksejewitsch Brussilow (1853 – 1926) zur Entlastung der Alliierten an der SW-Front (Galizien und Wolhynien) eingeleitete russische Offensive brachte nicht den gewünschten Erfolg; die Russen verloren eine Million Mann. Auch die zweite und dritte Brussilow-Offensive (September bis Dezember 1916) scheiterte. Russland brauchte jetzt dringend größere Anleihen; aber nur die Franzosen waren bereit, den Russen Kredite einzuräumen. Als Sicherheit ging damals russisches Gold tonnenweise an die Banken von Frankreich. Die Japaner verlangten zur Absicherung ihrer Darlehen Gold in Höhe von 500 Millionen Yen.

Proteststreiks und schwere Schneestürme ließen 1916/17 das Transportwesen zusammenbrechen. Am 8. März 1917 begannen in Russland Demonstrationen und Krawalle (Märzrevolution). Es wurde mit roten Fahnen demonstriert, Geschäfte und Güter wurden geplündert. Am 2. März 1917 hatte der letzte Romanow-Zar, Nikolaus II., abgedankt. Die „provisorische Regierung“ transportierte ihn und seine Familie in die westsibirische Stadt Tobolsk. Von hier erfolgte im Frühjahr 1918 ihre Verlegung nach Jekaterinenburg. Sie wurden dort im „Ipatjew-Haus“ interniert und streng bewacht.

Lenin erfuhr von diesen März-Ereignissen in Zürich durch Zeitungsmeldungen. Hier reifte in ihm der Plan, nach Russland heimzukehren. Der Geschäftsmann Israel Lasarewitsch Helphand (Parvus) bot der deutschen Reichsregierung in Berlin an, gegen horrende Goldmarkbeträge die in der Schweiz lebenden russischen Revolutionäre nach Petrograd einzuschleusen, um dort die zaristische Regierung zu stürzen. Zar Nikolai II. unterschrieb am 15. März 1917 seine Abdankungsurkunde. Nachfolger (für einen Tag) wurde sein Bruder, Großfürst Michail (Mischa) Aleksandrowitsch Romanow (1878 – 1918). Michail musste aber bereits am 16. März 1917 abdanken. Russland war jetzt eine Republik; das Chaos war unbeschreiblich.

Nach der Oktoberrevolution, November 1917, mussten die Männer Swijashsk verlassen und nach Kasan umziehen. Gottlieb war dort arbeitslos. Er wohnte mit Natalia Petrowna Ssessekina in einem zweistöckigen Haus. Mein Vater Johann wohnte im Hotel „Frankreich“, Zimmer 51. Hermann und Viktor hatten sich bei einer Firma beworben, die Zündmagnete produzierte; sie wurden dort eingestellt: Viktor, der bereits einige Semester an der Technischen Hochschule in Brjansk studiert hatte, als Konstrukteur und Hermann als technischer Zeichner. Sie mieteten ein möbliertes Zimmer und aßen in einer vegetarischen Gaststätte. In ihrem Zimmer kochten sie ihr Essen auf einer Petroleumlampe, deren Glaszylinder sie abgenommen hatten; dies ging leidlich gut. Als die Internierungsgesetze gelockert wurden, durften sie sogar auf der Wolga rudern und fischen. Sie legten ihre Netze aus und übernachteten am Ufer. Am nächsten Morgen holten sie die Fische aus der Wolga. An Sonnabenden fuhren beide nach Swijashsk zu Schura. Diese hatte für sie einen großen Schinken erstanden und kochte ihnen eine „Kascha“ (Buchweizengrütze) mit Schinkenfleisch.

Revolution: Enteignung der Moll'schen Werke und Güter

Die „Nationalisierung“ (Enteignung) der Gießerei und Eisenschmelze „Ziplakow & Labunsky“ in Duminitschi erfolgte am 21. November 1918. Letzte Eigentümerin dieses Werkes war Frau Melanija Josifowna Pospelowa, die Tochter des verstorbenen Mitbegründers Josif Radionowitsch Labunsky. Das Werk besaß 70 ha Land, riesige Wälder, Walddatschen und eigene Bergwerke. Vor dem Krieg hatte das Werk mit 1.000 Arbeitern unter vielen anderen Erzeugnissen auch Ofen-, Kanalisations- und Wasserleitungszubehör produziert. Im Kriege wurde 9-cm-Munition für Granatwerfer, sowie Gewehrgranaten und Kanonenöfen für die Beheizung von Güterwagen hergestellt. In Gottliebs Werk emaillierten vor dem Krieg 170 Mann monatlich 10.000 Pud Küchengeschirr, 1.000 Stück porzellanemaillierte, gusseiserne Badewannen und vieles Andere.

Die Enteignung des Pospelowa-Werkes durch die Sowjets hatte dort chaotische Zustände zur Folge. Der erste „rote“ Direktor wurde Andrej Andrejewitsch Gartmann, ein alter Bolschewik. In den Fabriksowjet kamen die Meister Iwan Wassiljewitsch Lapin, Michail Michailowitsch Jastrebow, Iwan Gawrilowitsch Mitkalew, Gawril Jakowlew Ognow, I. I. Sslessarow (1925 Leiter der Fabrik) u. a. Schon sehr bald war der Wald in einem Umkreis von 25 km abgeholzt, dann trat akuter Brennstoffmangel ein.

Frau Melanija Josifna Pospelowa musste 1920 ihre Fabrik und ihr Wohnhaus in Duminitschi verlassen. Sie zog nach Petrograd, wo sie von Gottlieb finanziell unterstützt wurde. Sie war eine gütige, freundliche Frau, die mit allen Molls beste freundschaftliche Beziehungen aufrechterhalten hatte. Im November 1919 schenkte sie unserer Familie einen großartigen Weihnachtsbaumschmuck. Dieser Schmuck, den ich nie vergessen werde, schmückte jedes Jahr unseren Weihnachtsbaum (auch in Deutschland) noch weitere sechzig (!) Jahre.

Zum 5-jährigen Jubiläum der bolschewistischen Revolution am 7. November 1922 war die Fabrik „Ziplakow & Labunsky“ in „Revolutionär“ umbenannt worden. Ab 1. Januar 1923 durfte sie das Fabriksiegel „Revolutionär“ führen. Gottliebs Emaillierwerk wurde erst 1921 enteignet, zu einer Zeit, als er bereits in Neumünster war.

Die Güter wurden kurz nach der Revolution von den Sowjets enteignet. Das Gut Newedomskoje (Mollewskij Chutor, 1.060 ha) bei Kosmatschewo wurde am 4. Oktober 1918 enteignet. Die Sowjets beschlagnahmten dort alle Pferde, Kühe und Schweine. Sie entnahmen dem Gut alle landwirtschaftlichen Maschinen, Geräte, Möbel und Einrichtungen. Sie stahlen im Gutshaus

Schallplatten, Edison-Walzen und eine wertvolle Bibliothek mit über 1.000 Bänden, meist internationaler Literatur.

Im Gutshaus wurde am 16. Juli 1918 eine Sanitätsstation und am 10. Februar 1920 eine „Schule für Tierzucht und Milchwirtschaft“ eingerichtet. Da die Felder hervorragend bewirtschaftet waren, gründeten sie dort das „Staatliche Versuchsgut Ljudinowo“. In späteren Jahren nutzte der „Komsomol“ (die kommunistische Jugendorganisation) das Gut als Sommerlager.

Das Gut Fjodorischewo (300 ha) bei Semitschasnoje (südöstlich von Maklaki) war am 16. April 1918 enteignet worden. Beide Güter wurden in wenigen Jahren völlig abgewirtschaftet, ausgeraubt und zerstört; die benachbarte Bevölkerung bediente sich hier nach eigenem Gutdünken mit Obstbäumen, Bauholz und Ziegelsteinen. 1995 streiften dort bestenfalls Jäger herum. Das Gut „Fjodorischewo“ ist völlig verwildert und nur schwer zu finden.

„Kriegsdienst“ in Deutschland

Mein Vater Johann, der zu dieser Zeit keinen brieflichen Kontakt zu Olga Michailowna und ihrer Mutter Alexandra Semjonowna hatte, machte sich um beide große Sorgen. Am 31. Juli 1918 wurden er und mein Onkel Hermann über das deutsche Konsulat in Moskau zum Kriegsdienst nach Deutschland einberufen. In der Zeit vom 31. Juli bis zum 13. Oktober hatten sie sich in Moskau mehrfach beim Konsulat zu melden, aber die Abfahrt ihres Sammeltransports wurde immer wieder verschoben. Am Tage des Transports fuhr mein Vater aus dem bereitgestellten Zug heraus noch einmal in sein Moskauer Hotel „Imperial“ in der Bolschaja Lubjanka Nr. 42, um einige vergessene Sachen zu holen. Am Hoteleingang händigte ihm der Portier einen Brief aus. Es war der erste (!) Brief von Olga

Michailowna Andronowa, zu der er seit dem 14. Juli 1918, dem Tag, an dem er Kasan verlassen hatte, keinen brieflichen Kontakt mehr hatte. Der Postweg dorthin war drei Monate lang total unterbrochen gewesen. Seine Freude über den Brief war übergroß; nun konnte er erleichtert nach Deutschland fahren.

Der lang geplante Sammeltransport ging endlich am 13. Oktober 1918 los. Die „Soldaten" fuhren von Moskau über Smolensk nach Berlin. Diese unfreiwillige „Reise" erwies sich aber als völlig sinnlos. Bei ihrer Ankunft in Berlin war der Krieg faktisch beendet. (Der Waffenstillstand an der Westfront erfolgte am 11. November 1918.)

In Berlin bot sich den Männern ein Bild völliger Unordnung und chaotischer Zustände. Meuternde Soldaten lagen an allen Straßenecken. Sie schwenkten rote Fahnen und verhöhnten ihre Offiziere. Es war ein Anblick völligen Zerfalls, den sie in Deutschland nicht erwartet hatten, der ihnen aus Russland aber bereits bekannt war. Die Bahnhöfe waren voller Soldaten und Kriegsinvaliden. Ihre Gesichter zeugten von Entbehrungen, aber noch mehr von Verbitterung und Hass. Überall sah man lange Menschenschlangen; die Leute standen an, um ein Stück Brot oder eine Suppe zu bekommen.

Kybarth, der die Russlanddeutschen in Berlin erwartet hatte, zeigte ihnen auf einer Rundfahrt die Stadt; dann trennten sie sich. Johann und Hermann fuhren nach Neumünster, und Kybarth blieb in Berlin bei seiner Familie. Mein Vater Johann und August Kybarth bemühten sich seit Ende 1918 immer wieder um eine Rückkehr nach Russland; aber erst am 14. April 1919 konnten sie von Neumünster bzw. Berlin dorthin abreisen. Hermann blieb in Neumünster und trat bei Moll & Rohwer ein. Die Rückreise nach Russland war mit den größten Schwierigkeiten verbunden. Es gab keine Einreisevisa. In Dünaburg hielt sie das Militär sechs Tage lang zwecks Feststellung der Identität fest; so kamen sie erst am 13. Mai 1919 in Moskau an. Dort verhörte man sie abermals sechs Tage lang, dann brachte man sie am 19. Mai 1919 als „Deutsche Spione" in das berüchtigte Moskauer „Butyrka"-Gefängnis; meinen Vater steckte die „Tscheka" in die Zelle 107.

Auf dem Weg zum Gefängnis hatten beide einen entwürdigenden Fußmarsch zurückzulegen. Bepackt mit viel Gepäck wurden sie von einem Militärkonvoi durch die Straßen Moskaus getrieben. Die Gefängniszellen waren völlig verdreckt, der Hunger war entsetzlich. Erst am 28. Mai 1919 konnten sie durch die Fürsprache der eigenen Aprelewka-Arbeiter aus dem Butyrka-Gefängnis aus ihrer misslichen Lage befreit werden.

Kybarth begab sich nach seiner Entlassung sofort nach Aprelewka, wo er durch Frost zerstörte Rohrleitungen, defekte Kessel und geplünderte Maschinen vorfand. Das Werk der Moll-Kybarthschen Zusammenarbeit war fast vernichtet. Mein Vater Johann hat als Sohn eines „Kapitalisten und Gutsbesitzers" seine Aprelewka-Fabrik nie mehr betreten. Er fuhr aus dem Moskauer Gefängnis direkt auf das Familiengut Newedomskoje („Mollewskij Chutor"). Von hier versuchte er sofort, Kontakt zu Olga Michailowna Andronowa aufzunehmen.

Das mühsame Leben der Familie Johann Moll in Sowjetrussland

Die Ehe meines Vaters mit Tatjana Iwanowna Nasarowa (geb. 24. Januar 1894, n. St.) wurde am 14. April 1921 in Kaschira (Moskauer Oblast) geschieden. Tatjana heiratete in Kaschira am 11. Juni 1921 in zweiter Ehe den Adjutanten des 81. Regiments, Wladimir Nikolajewitsch Aralow (geb. 1891). Am 1. Juli 1922 wurde in Moskau ihr Sohn Wladimir (Wowa) geboren; dieser lebte dort bis 1980. Tatjana arbeitete in Kaschira als Buchhalterin in einer Typographie.

Am 1. Juli 1937 wurde sie in ihrer Wohnung, Kaschira, Puschkinskaja 19, von betrunkenen NKWD-Schergen verhaftet. Man warf ihr eine „konterrevolutionäre, faschistische" Betätigung vor, weil sie Bekannten über das Wohlbefinden ihrer Kinder aus erster Ehe in Deutschland erzählt hatte. Am 19. September 1937 wurde sie zum Tode durch Erschießen verurteilt. Das Todesurteil wurde am 21. September 1937 vollstreckt. Sie liegt in einem Massengrab bei Butowa, südlich von Moskau. 1970 wurde sie voll rehabilitiert.

Ihre Mutter, Olga Nikolajewna Nasarowa (geb. 1877), wurde in Kaschira am 18. September 1937 (einen Tag vor der Verurteilung ihrer Tochter!) verhaftet und am 17. Oktober 1937 unter ähnlicher Beschuldigung zu zehn Jahren Arbeitslager verurteilt. Sie kam in das fürchterliche Lager Samo, nördlich von Serow (in der Oblast Swerdlowsk). Über ihr weiteres Schicksal ist nichts bekannt. Sie wurde 1990 voll rehabilitiert. Wladimir Nikolajewitsch Aralow war bereits vom März bis Juni 1933 in Haft gewesen, das zweite Mal im Jahre 1937. Er starb am 2. August 1943 in sibirischer Lagerhaft.

Johann Moll
mit seiner zweiten Ehefrau Olga Michailowna Andronowa

Unter großen Schwierigkeiten gelangte Olga Michailowna Andronowa aus Kasan zu meinem Vater Johann auf das Gut. Am 27. Juli 1921 heirateten sie in Wjortnoje (im NO von Duminitschi).

Am 25. März 1922 wurde ich in der Fabriksiedlung Duminitschi, Wolost Wortnoje, Ujesd Shisdra (damals noch Gouvernement Brjansk) in unserem Wohnhaus auf dem Gelände der Fabrik „Revolutionär“ geboren. Ich kam an einem Sonnabend um 12 Uhr mittags zur Welt und wog 12 russische Pfund (4,9 kg). Die Geburt dauerte 12 Stunden. Als Hebamme hatte meine Mutter eine Sinaida Sergejewna bestellt. Anwesend waren an diesem Tage: meine Großmutter Alexandra Semjonowna, meine Tante Anna (Njuscha), Alexandras Verwandte Nina und Nastja, beide Tatjanas, Olga und Eugen. Mein Halbbruder Leo war zu dieser Zeit bereits in Deutschland. Ich wurde in Duminitschi in der Holzkirche „Kosmas und Damian“ von dem Priester Alexander Alexandrowitsch Lushezkij griechisch-orthodox getauft; der Diakon war Ioan Pawlowitsch Wolkow. Beide hatten bereits alle Kinder unserer Familie in Duminitschi getauft.

Am 16. April 1922 unterzeichneten Deutschland und die RSFSR am Rande der Internationalen Wirtschaftskonferenz in Genua (10. April – 19. Mai 1922) den sog. Rapallo-Vertrag, der u. a. die sofortige Aufnahme diplomatischer Beziehungen zwischen beiden Staaten vorsah. Erster Botschafter Deutschlands in Moskau wurde am 6. November 1922 Ulrich Graf von Brockdorff-Rantzau (1869 – 1928). Mein Vater versprach sich von diesen Beziehungen bessere Reisemöglichkeiten nach Deutschland.

Am 20. November 1921 hatte mein Großvater Gottlieb einen Brief aus Neumünster nach Djatkowo an die „Staatliche Leitung des Malzowschen Fabrikkreises“ (früher Malzow AG) gesandt. In diesem Brief bat er, seinen Sohn Johann in Duminitschi, Ljudinowo und Pessotschnja (alles ehemalige Moll-Werke) als Emailliermeister einzustellen. Eine positive Antwort aus Djatkowo kam prompt. War es doch eine gute Gelegenheit, endlich an die Moll-Rezepte zu gelangen. Johann wurde aufgefordert, die Arbeit in allen drei Werken aufzunehmen; man werde ihm sofort Zimmer in Ljudinowo und Pessotschnja (heute Kirow) bereitstellen. Seinem Wunsch nach einem Pferdegespann für die Dienstfahrten zwischen Duminitschi (seinem Wohnort) und der nächstgelegenen Bahnstation Schachty wurde zunächst nicht entsprochen. Zugesagt wurde ihm dagegen ein kostenloser Dauerfahrschein auf allen Bahnlinien der Malzowschen Kleinspurbahn. Auch das Chemielabor in Ljudinowo stünde ihm ohne alle Einschränkungen zur Verfügung.

Johann fuhr im Dezember 1921 nach Djatkowo und unterzeichnete dort seinen ersten Arbeitsvertrag. Offizieller Arbeitsbeginn sollte der 1. Dezember 1921 sein. Im Monat Mai 1922 fuhr er dann noch mehrere Male zur Direktion nach Djatkowo und von dort weiter nach Sukreml, Ljudinowo und Pessotschnja, um Vorbereitungen für die Ingangsetzung der Produktion zu treffen. Mit den Russen gab es aber sofort Schwierigkeiten, ja, diese waren sogar unüberbrückbar. Ständig fehlte es in der Schmelze an Brennmaterial. Die „Staatliche Fabrikleitung" hatte kein Geld. Man zahlte nicht das vereinbarte Gehalt, sondern „entlohnte" ihn mit Lebensmitteln. Die Fabrikarbeiter „entlohnte" man sogar mit Kochtöpfen. Völlig unerwartet wurde ihm eines Tages ein Chemiker beigeordnet, der seine Rezepte ausspionieren sollte. Als der Druck der Direktion immer unerträglicher wurde, schrieb er meiner Mutter nur pessotschnjasche Briefe; er zog auch eine Rückkehr nach Deutschland in Erwägung. Bereits am 7. Juni 1922 kündigte er seinen Vertrag, aber am 16. September 1922 kam es zu einem neuen Vertragsabschluss (Sofortige Übernahme aller Emaillierwerke des Malzowschen Fabrikkreises, monatliche Gehaltszahlung, Zuteilung eines Pferdegespanns für die Fahrten zur Bahnstation Schachty sowie kostenloser Dauerfahrschein für alle Malzowschen Bahnstrecken). Aber schon bald folgte ein schäbiger Vertrauensbruch.

Am 13. November 1922 wurde in Djatkowo, ohne seine Anwesenheit, eine „vertrauliche Konferenz" abgehalten. Vorsitzender war ein L. A. Mertz. Die weiteren Teilnehmer waren W. S. Jankow, S. Ch. Agamirow, K. I. Zerekwitzkij, S. I. Gleb-Koschanskij, G. G. Scholl und A. I. Schutow. Für kurze Zeit wurde auch S. P. Gawrilin (ein Vertrauter meines Vaters) herangezogen und nach Beantwortung einiger Fragen sofort aus dem Konferenzkreis entlassen. Einziger Punkt der Tagesordnung war die Frage, ob man nicht ohne Johann Moll auskommen könne. Das Konferenzergebnis lautete: „Nein!“ Ohne seinen Vater Gottlieb Moll war man bereits 1919 und 1920 gescheitert. Es gab auch niemanden, der die Porzellan-Emaillierung von Badewannen beherrschte. So war man gezwungen, ihn weiter zu beschäftigen. Auf jeden Fall, so wurde beschlossen, sollte ihm ein Chemie-Ingenieur als „Helfer“ zur Seite gestellt werden, um eines Tages von ihm unabhängig zu sein. Da er sein Verfahren weiterhin geheim hielt, kam es schon bald zu ernsthafteren Reibereien zwischen ihm und der Direktion.

Am 15. März 1923 schrieb er an die „Zentralleitung des Gießereikonzerns“ in Tula, die vorgesetzte Behörde der Duminitschi-Fabrik „Revolutionär“ und unterbreitete dieser einen Vertragsentwurf für seinen Eintritt in das dortige Emaillierwerk. Eine Kopie dieses Entwurfs ging an die Fabrik. Dieser Entwurf enthielt 20 Punkte, die aber von den Russen sämtlich als unannehmbar eingestuft wurden. Zum Schluss hieß es dort: „Der Emailliermeister Moll ist zu teuer, seinen Forderungen kann nicht entsprochen werden“. Unsere Familie konnte zunächst in der Fabrikwohnung in Duminitschi bleiben. Sie war meinem Großvater bereits 1885 zugeteilt und seit dieser Zeit ohne Unterbrechungen von unserer Familie bewohnt worden. Das Emaillierwerk durfte Johann aber nicht mehr fortführen, und am 28. April 1923 hatte er alle Maschinen und Rohstoffe an „Revolutionär“ abzuliefern.

Am 9. Januar 1924 erließ die Sowjetregierung eine Verfügung, wonach alle Bewohner von Fabrikwohnungen, die ihre Beziehungen zum Werk verloren hatten, diese Wohnungen zu räumen hätten. Jetzt war klar, dass auch unsere Familie eines Tages von dieser Verfügung betroffen sein würde.

In Ljudinowo, wo Johann weiterarbeitete, hatte er allen Fremden verboten, seine Arbeitsräume zu betreten. Die erforderlichen Chemikalien und Mineralien bezog er von auswärts. Im Wägeraum stand auf Schienen eine Komponentenwaage mit einer Auffangwanne. Die Waage war mit einem Vorhang abgedeckt und konnte von Unbefugten nicht eingesehen werden. Die Bunker, gefüllt mit fein zermahlenen Emailkomponenten, wurden von oben herabgelassen. Die Waage wurde dann sukzessive unter die Bunker geschoben. Als man Johann eines Tages weitere „Helfer" zuordnete, war die Absicht klar: man wollte von dem Deutschen rasch unabhängig werden. Aber was konnte Johann machen? Das Sowjetsystem setzte alles daran, sich zu stabilisieren.

Als Johann einige Tage abwesend war, wurde sein Labor am 23. August 1924 aufgebrochen. Ein Arbeiter stahl Feldspat, Flussspat, Sand, Salpeter, Borax und Arbeitsnotizen. Johann entschloss sich daraufhin, das Werk zu verlassen. Er ging damit in die Arbeitslosigkeit.

Die Russen, nun auf sich selbst gestellt, machten einen Versuch nach dem anderen, um zu einem brauchbaren Email zu kommen; aber ein Misserfolg folgte dem anderen. Der Direktor der Maschinenfabrik in Ljudinowo, zu der auch die Emaillierabteilung in Ljudinowo gehörte, Michail Michailowitsch Gaponow, war ein energischer Mann schneller Entschlusskraft. Er zitierte den Leiter des Zentrallabors in Djatkowo, den 30-jährigen Chemie-Ingenieur Gawril Iwanowitsch Ansjutin zu sich und befahl ihm, sich der Sache jetzt selbst anzunehmen. Dieser holte den Chemie-Ingenieur A. Telechow, den Chemiestudenten Viktor Jakowiewitsch Lokschin aus Moskau und die Laborantin Napalkowa nach Ljudinowo. Aber auch jetzt wurden alle

Emailerzeugnisse als unbrauchbar eingestuft. Als sich eines Tages endlich erste Erfolge einstellten, meldete G. I. Ansjutin: „Genosse Gaponow, es ist geschafft!"

Zur „Überprüfung" wurde eine „Kommission" einberufen. Diese setzte sich zusammen aus dem Vorsitzenden des Fabrikkomitees Lukjanowitsch, dem Sekretär der Fabrikzelle der KP, dem Genossen Klinduchow, dem Mitglied des Fabrikkomitees Gurow, dem Leiter der Emaillierabteilung Isajew, dem Arbeiter Woitelew, dem Ingenieur Gawril Iwonowitsch Scholja und dem Leiter des Zentrallabors in Djatkowo, G. I. Ansjutin. Ihr einstimmiges Urteil lautete: „Das (erste) Sowjet-Email ist dem Moll-Email ebenbürtig!" Der Chemiestudent Viktor Jakowiewitsch Lokschin vom Moskauer Institut für Chemische Technologie (heute Medelejew-Institut) hatte seinerzeit auch eigene Versuche angestellt. Er war wohl derjenige, dem dieser Erfolg zu verdanken war. Lokschin wurde später ein bekannter sowjetischer Wissenschaftler, der viele Fachbücher über das Emaillierwesen geschrieben hat. Er war es, der später auch in Duminitschi die Emailpuderung durch Vibratoren einführte. Er verfasste zahlreiche Anleitungen für das Emaillieren von Kochgeschirren und Badewannen. Daher betrachtet man ihn heute als den „Vater des sowjetischen Emails".

Flucht der Familie Moll nach Deutschland

Als Gottlieb, Agathe und Karoline im Jahre 1921 Russland für immer verließen (hierüber berichtet Karoline Gokina ausführlich im ersten Teil des Buches), nahmen sie meinen ältesten Bruder Leo (geb. 1909) mit nach Deutschland. Leo war bisher nur von meiner Mutter, der Lehrerin Olga Moll (Andronowa), unterrichtet worden. In Deutschland fand Großvater für ihn einen Privatlehrer und schickte ihn später nach Holzminden am Solling in das dortige Landschulheim.

Die anderen Geschwister Tatjana II (geb. 1912), Olga (geb. 1913) und Eugen (geb. 1914) lebten in unserem Neubau (von 1924) im Dorf Alexandrowka (2 km nördlich von Duminitschi). Auch sie waren bisher nur von meiner Mutter unterrichtet worden. Nun sollten sie eine öffentliche Schule besuchen, um die deutsche Sprache zu erlernen. Die Kinder fuhren mit meiner Tante Anna (Njuscha), die auch ihre Tochter Tatjana I (geb. 1911) mitnahm, am 7. April 1925 frühmorgens von Alexandrowka über Duminitschi nach Moskau, wo sie gegen 18 Uhr ankamen. Dort holte sie unser Vater Johann ab und brachte sie in das Neue Moskauer Gästehaus, Zimmer 12 und 14. Am 8. April 1925 kam Tatjana Aralowa (Nasarowa, Moll) aus Kaschira nach Moskau, um sich von ihren Kindern für immer zu verabschieden.

Wer konnte damals ahnen, dass Tatjana im Jahre 1937 von den Bolschewiken schuldlos erschossen würde! Es flossen viele Tränen, aber das Zusammentreffen Tatjanas, die ihre Kinder 1920 endgültig verlassen hatte, mit meinem Vater Johann war äußerst kühl, ja sogar feindlich.

Johann brachte dann um 18 Uhr Anna und die Kinder per Taxe zum Windauer Bahnhof. Unter vielen Tränen fuhren sie an die russisch-lettische Grenze. Hier musste zunächst ein Zwangsaufenthalt eingelegt werden, denn es fehlten noch einige Ausreisedokumente. Njuscha musste die Kinder für sieben Tage allein lassen und fuhr nach Moskau zurück. Die Kinder wohnten an der Grenze bei einer jüdischen Familie, wo auch drei Amerikaner auf ihre Dokumente warteten.

Nach ihrer Rückkehr brachte Njuscha die Kinder zu unserem Prokuristen und Generalvertreter von Moll & Rohwer in Lettland, Joseph Eismondt. Dieser großartige Lette und enge Freund der Familie war ihnen aus Riga bis zur russischen Grenze entgegengefahren. Nach einem kurzen Aufenthalt bei ihm in Riga brachte er die Kinder über Berlin nach Suchsdorf bei Kiel. In Neumünster war Großvater Gottlieb zugestiegen. So kamen sie, von der Familie und einem Fotografen freudig erwartet, am 20. April 1925 in Suchsdorf an. Hier hatte Großvater Gottlieb bereits 1921 zwei Grundstücke und die Villa Marienhöh für verstreute Familienmitglieder erworben.

Nach den Osterferien kamen die Kinder in die Volksschule Kronshagen (bei Kiel). Die Erlernung der deutschen Sprache gelang ihnen in kürzester Zeit, und bereits 1926 wechselten alle in die dortige Mittelschule. Für die Kinder begann damit ein völlig neuer Lebensabschnitt.

Im Jahre 1926 verließen auch Anna (Njuscha) und ihr Lebensgefährte Max Aschakow (1894 – 1964) Russland für immer und zogen ebenfalls nach Suchsdorf.

Gottlieb Moll 1925

Mein Großvater Gottlieb besuchte von Neumünster aus ein Jahr lang befreundete Fabrikanten in den USA. Er starb am 30. Januar 1926 in Neumünster an einem Herzinfarkt.

Ganz in der Nähe des Mausoleums von Alexander Moll stiftete er die mit einem riesigen Findling aus skandinavischem Granit ausgestattete Familiengrabstätte Gottlieb Moll. Gottliebs Frau Agafia lebte bis zu ihrem Tod 1946 im Haushalt ihrer Enkeltochter Tatjana Rowedder in Neumünster. Sie wurde liebevoll „Oma Tulala“ genannt. Gottliebs Sohn Hermann, der Ende 1918 nach Neu-

Borax-Fabrik G. Moll & Co Suchsdorf

Moll-Villa „Marienhöh" Suchsdorf

Johann Moll mit Familie, Suchsdorf 1926

münster gekommen und bei Moll & Rohwer eingetreten war, heiratete Kätha Rychlewitz[8] und hatte mit ihr die Kinder Bernd, Helga und John Peter. Hermann (gest. 1972) liegt mit seinem Sohn Bernd (gest. 1967) ebenfalls auf dem Familiengrab Gottlieb Moll. Von Gottliebs Tochter Maria (Manja) ist lediglich bekannt, dass sie in die USA auswanderte und dort zweimal verheiratet war: in erster Ehe mit Karl Enke, mit dem sie die Tochter Maja hatte, und in zweiter Ehe mit Carl Wilhelm Arpe.

Mein Vater blieb mit seiner Familie zunächst in der Sowjetunion. In Alexandrowka erkrankte er eines Tages sehr schwer. Er arbeitete wenige Monate in Taschin (heute Perwomaijsk, Gorkij-Oblast) als Emailliermeister. Hier verschlechterte sich sein gesundheitlicher Zustand dramatisch. Am 13. Oktober 1927 fuhr er, äußerst schwer erkrankt, nach Deutschland. Am

---

[8] *Kätha Moll starb 2008 und ihr Sohn John Peter 2010. Beide wurden neben Hermann beigesetzt.*

Grabstätte Familie Gottlieb Moll Nordfriedhof Neumünster (Aufn. 1988)

2. November 1927 starb er in einem Sanatorium in Frankfurt/M. an einer sehr schweren Lungen-Darmtuberkulose. Er wurde auf der Familiengrabstätte Gottlieb Moll beerdigt.

Mein Halbbruder Leo Moll, geboren am 9. April 1909 in Moskau, gestorben am 16. Juni 1964 in Lüneburg, Ingenieur der Emailtechnik, führte die Tradition der Familie Moll im Emaillierfach als letzter fort. In Berlin hatte er ein kleines Emaillierwerk von 1935 an über die Zeit der Blockade dieser Stadt nach dem Zweiten Weltkrieg hinaus bis Mitte 1951 geleitet.

Mit der Aufgabe dieses Betriebes endete die 140-jährige Tradition der Familie Moll als Unternehmer-Emailleure. Er war verheiratet mit Hedwig (Hedel) Dymarski (gest. 2002). Beide wurden ebenfalls auf der Familiengrabstätte Gottlieb Moll bestattet.

Meine Halbschwester Tatjana II (Tanja) lebte seit 1932 als Ehefrau des Tuchfabrikanten Heinz Rowedder (gest. 1995) in Neumünster und erfreute sich einer sehr großen Familie. In der gehobenen Gesellschaft der Stadt war sie eine angesehene Persönlichkeit. Sie starb als Hundertjährige am 4. November 2012.

Meine zweite Halbschwester Olga (Olja) war in den Jahren 1941 – 1963 an der Stuttgarter Staatsoper engagiert. Sie wurde vom dortigen Kultusminister am 29. Juni 1951 zur Kammersängerin ernannt. Mit ihrer brillanten, virtuos geführten, außerordentlich hohen Stimme begeisterte sie jahrelang ihre Stuttgarter Klassikfreunde. Sie starb am 30. September 1993 im Alter von 80 Jahren. Ihre letzte Ruhestätte fand sie am 16. November 1993 auf der Familienbegräbnisstätte Gottlieb Moll in Neumünster. Olga war verheiratet mit Dr. Erwin Daig.

Eugen, geboren 1914 in Duminitschi, Dipl.- Ing., war dreimal verheiratet: mit Annelie König, Hanna Bartram und zuletzt mit Helga Behrmann. Eugen starb 1977 und liegt zusammen mit Helga (gest. 2003) auf dem Familiengrab Gottlieb Moll. Er war in der Gießereibranche tätig. Mit seinem Tod am 14. Mai 1977 endete auch diese Tradition der Familie Moll.

Anfang Dezember 1928 zogen meine Mutter Olga, meine Großmutter Alexandra Semjonowa Andronowa, meine Brüder Alexander und Gottlieb (drei und zwei Jahre alt) und ich nach Suchsdorf bei Kiel. Damit hatten die letzten Angehörigen der Familie Moll die Sowjetunion verlassen.

Dr. Georg Moll mit Metropol-Schallplatten (Foto: Volker Rebehn, Kiel 1991)

Georg Moll

DIE MOLL'SCHE SCHALLPLATTENFABRIK IN APRELEWKA (Bezirk Moskau)

Zum Schallplattenvertrieb in Russland Anfang des 20. Jahrhunderts

Im Auftrag des Deutschamerikaners Emile Berliner (1851 – 1929) hatte im Mai 1898 der frühere Anwalt William Berry Owen in der Londoner Maiden Lane 31 das erste europäische Studio für Schallaufzeichnungen, die Gramophone Company Ltd., gegründet. Das Anfangskapital der Company betrug 15.000 Pfund. Am 1. Juli 1898 kam mit Joseph Sanders, dem Lieblingsneffen Emile Berliners, auch der geniale Deutschamerikaner Frederick (Fred) Gaisberg nach London, um hier die ersten Schallaufzeichnungen zu machen.

Da in Deutschland die Handelsgesetze weniger rigoros waren und vor allem die Gewerkschaften weniger Schwierigkeiten machten, fuhr Joseph Sanders sofort weiter nach Hannover. Hier betrieb Joseph Berliner (1858 – 1935) in der Kniestraße 18 ein mit seinem Bruder Emile gegründetes Telephonwerk. So kam es, dass am 6. Dezember 1898 die erste Plattenpresserei Europas, die Deutsche Grammophon GmbH, nicht in London, sondern in Hannover gebaut wurde.

Aus den Firmen Deutsche Grammophon GmbH, Hannover, den Orpheus-Musikwerken GmbH, Leipzig, und der Gramophone Company Ltd., London, entstand am 27. August 1900 die Deutsche Grammophon AG mit Sitz in Berlin, Friedrichstraße 186. Die Engländer hatten 60 % der Aktien erworben und Theodor B. Birnbaum zum Vorstand bestellt. Damit hatten sie die Entscheidungsbefugnis auch über das Werk in Hannover erlangt. Am 12. Dezember 1900 erfolgte eine Fusion mit der Schreibmaschinenfirma Lambert und eine Umbenennung (bis 1904) in Gramophone & Typewriter Ltd. Schutzmarke aller „Gramophone“-Platten war ab November 1898 ein „Schreibender Engel“ und ab 1909 „Die Stimme seines Herrn“ (Hund Nipper vor dem Grammophon-Trichter).

Die ersten russischen Sänger (sie kamen vom Mariinskij-Theater in St. Petersburg) ließen sich 1898 in Hannover aufnehmen, und die Engländer lieferten erstmalig am 16. Dezember 1898 aus Hannover 98 Platten und anderes Gerät auf Rechnung der Leipziger Firma Orpheus-Musikwerke GmbH an die Firma für Musikinstrumente I. F. Müller in St. Petersburg. Den Transport übernahm die Thorner Firma Iwanow.

Im Januar 1901 gründeten die Engländer ihre erste Niederlassung in Russland. Am Kasan-Platz in St. Petersburg erwarben sie den Laden eines Plattenhändlers und richteten hier ihr Plattenlager ein. Von hier verkauften sie auch ihr erstes Grammophon zum Preis von 50 Rubel. Es handelte sich um einen einfachen Kasten aus Eichenholz mit einem vernickelten Trichter aus Zink. Der erste Plattenkatalog enthielt nicht mehr als 200 Nummern. Diese Platten hatten einen Durchmesser von 7 Zoll (17,5 cm) und wurden für 2 Rubel angeboten.

Im Jahre 1902 errichteten die Engländer in Riga ihre Fabrik Amour Gramophone Record („Schreibender Amor“), und im Februar 1903 erwarben sie in Berlin und Riga die Zweigwerke der amerikanischen Firma International Zonophone Company (Frank Seaman). Die Plattenetikette Zonophone Record – International Zonophone Company wurde vereinfachend abgeändert in Zonophone Record; diese Platten waren die Billigmarke der Engländer. Im September 1910 wurde das Hauptkontor von Amour Gramophone Record von Moskau nach Riga, Alexanderstraße 33, verlegt. Die Platten „Gramophone“ und

„Zonophone“ wurden in Riga in drei Durchmessern gepresst: 17,5 cm („Mignon“), 25 cm („Grand“ bzw. „Concert“) und 30 cm („Gigant“ bzw. „Monarch“). Die ersten Platten waren nur einseitig bespielt.

Die Franzosen (Firma Brüder Pathé Frères, Moskau, Twerskaja ul. 36, später 38, Direktor G. Kemmler) pressten in der ul. Bachmetjewka 13 ab 1907 ihre im Pariser Vorort Chatou galvanisierten Matrizen mit 12 Pressen. 1911 hatten sie in Moskau bereits 20 Pressen. Ab 1908/09 lieferte die Firma Syrena, Warschau, Penknaja 33 (Direktor J. W. Feigenbaum, Hauptkontor Wilna, Spasski-Straße) Syrena Grand Rekord-Platten in hoher Auflage. Sehr erfolgreich waren 1912 die Platten des Opernsängers Aleksandr Michailowitsch Davydow (1872 – 1944); man kam mit dem Pressen seiner Platten kaum nach. Andere erfolgreiche Sänger waren L. M. Sibirjakow, W. S. Sewostjanow, O. I. Kamionskij, A. M. Labinskij, A. M. Bragin und J. A. Medestow.

Zu den bekanntesten Schallplattenhändlern in St. Petersburg gehörte ein „Prof.“ Rappaport, alias I. P. Rapgoff. Dieser hatte es verstanden, schon in kurzer Zeit ein beträchtliches Kapital anzusammeln. Seine Kundschaft empfing er in einem prächtigen Salon, ausgestattet mit erlesenen Möbeln. Geschäftlich war er eng liiert mit dem Russlandagenten der englischen Amour Gramophone Company, Mr. N. M. Rodkinson, alias Max Rubin, alias Max Rubinskij, dem Sohn eines russisch-amerikanischen Rabbiners. Bei Verkaufsgesprächen mit Händlern versäumte Max Rubin nie, das Geburtsdatum seiner Frau oder das Datum seiner Hochzeit zu erwähnen. Auch erwähnte er das Datum seines Berufsjubiläums, erinnerte an kommende Feiertage wie Ostern, Pfingsten, Weihnachten, jüdische Feiertage usw. Noch bevor Max einen Satz beendet hatte, rannten die Händler zum nächsten Juwelierladen, um eine goldene Uhr, eine Brosche oder ein anderes Geschenk für seine Frau zu besorgen.

Als Fred Gaisberg Max zum ersten Mal in St. Petersburg traf, verabschiedete sich Rubinskij von ihm mit den Worten: „Mister Gaisberg, besuchen Sie mich recht bald, meine Frau und ich werden entzückt sein.“ Als Gaisberg Rubinskij aufsuchte, zog ihn dieser in den Korridor und führte ihn von dort in ein geheimnisvolles Nebengemach. Dort sah es aus wie in der Schatzkammer eines Großfürsten. Im Dämmerlicht blinkten silberne Samoware, Kristallgläser, Porzellanvasen, Fruchtkörbe und goldene Etuis. „Alles Geschenke von Händlern St. Petersburgs“, raunte Max. „Sehen Sie, Mister Gaisberg, die Leute lieben mich.“ Im Jahre 1904 übernahm Max Rubinskij (jetzt wieder Rodkinson) in Berlin den Vorstandsposten der Deutschen Grammophon AG von Theodor B. Birnbaum. Ein ganzer Waggon seiner Schätze fuhr mit ihm von St. Petersburg nach Berlin, aber bereits im Jahre 1907 wurde er auf den Posten eines Fabrikdirektors nach Indien abgeschoben. Sein Nachfolger in Berlin wurde Leo B. Cohn, der sich später anlässlich seiner Vermählung mit der Kammersängerin Elisabeth van Endert in Curt umbenennen ließ.

Gottlieb Moll baut und betreibt in Aprelewka die erste Schallplattenfabrik Russlands

Das Jahr 1910 brachte für die Familie Moll ein wichtiges Ereignis. Eines Tages holte mein Großvater Gottlieb seinen Sohn Johann zu sich und eröffnete ihm folgende Neuigkeit: „Wanja (Johann), nun bist Du genug zur Jagd gegangen; jetzt musst Du einer ernsteren Arbeit nachgehen. Ich baue Dir eine Fabrik zum Pressen von Schallplatten.“ Damit begann die Schallplattengeschichte der Familie Moll. Im Mai dieses Jahres fand Gottlieb für seinen Sohn Johann ein geeignetes Fabrikgelände in Aprelewka, 52 km südwestlich von Moskau, und erwarb es für 30.000 Rubel. Das Grundstück lag in einer landschaftlich schönen Gegend. Es gab dort viele Datschen, und besonders

Wohnhaus Moll Aprelewka (Aufn.1968)

wichtig war, dass es direkt an der Eisenbahnlinie Moskau – Kiew – Woronesch lag. Im Herbst 1910 verließ mein Vater Johann die Moskauer Universität, wo er seit 1906 immatrikuliert war, um sich seiner neuen Aufgabe, der Schallplattenproduktion, zu widmen und in der Praxis Erfahrungen zu sammeln.

Gebaut wurde in Aprelewka zuerst ein großes Wohnhaus mit vier Wohnungen, das noch 1998 dort stand, dann die Schallplattenfabrik. Diese Aprelewka-Fabrik war 1998 das größte Presswerk der staatlichen Firma „Melodija". In einem eigenen Werksmuseum ist der (von den Bolschewisten enteigneten) Gründerfirma Moll, Kybarth & Co. ein Ausstellungsstand gewidmet.

Im Herbst 1910 stellte Gottlieb nach einer Zeitungsannonce aus Berlin die Tontechniker August Heinrich Kybarth (1878 – 1945) und Albert Vogt ein. Beide waren seit fünf Jahren bei den Nigrolitwerken GmbH in Berlin-Weißensee, Langhansstraße 123 – 125, beschäftigt. Sie waren hervorragende Fachleute für die Herstellung einer neuartigen Schallplattenmasse. Eine solche Masse wurde in Russland noch nicht produziert; sie war konkurrenzlos. Den Schellack für Aprelewka lieferte die Berliner Firma Gebrüder Oesterreicher, Berlin W 57, Kurfürstenstraße 12, über Hamburg. Zusatzkomponenten wie Carbon-Black und Kienruß kamen von der Firma Königswarter und Ebell, Linden/Hannover. Anfang Oktober 1910 beantragte der „preußische Untertan" Gottlieb Heinrich Karl Moll bei der Moskauer Gouvernementregierung die Erlaubnis zum Betrieb einer Lohnpresserei und Massefabrik mit zunächst 15 – 20 Arbeitern. Die Gründung der Firma Moll, Vogt & Kybarth erfolgte am 1. November 1910 mit einem Gesellschaftskapital von 150.000,– Mark.

Was die industrielle Produktion betraf, so war Gottlieb Moll kein Neuling, und alles ging glatt vonstatten. Das Bautempo und die Qualität der Ausführung waren einfach phantastisch. Das einstöckige Fabrikgebäude wurde aus rotem Backstein errichtet; die großen Fenster wurden zur Verzierung mit weißen Ziegelsteinen abgesetzt. Die ersten Pressenachrichten über diese neue Fabrik in Aprelewka kamen am 1. September 1910 in der russischen Fachzeitschrift „Grammophon-Welt" in St. Petersburg heraus. Dort erschien auch die erste Annonce, die folgendermaßen lautete:

„Neue russische Fabrik für Grammophonplatten-Masse und Spezialpresse für Schallplatten --- Erstklassige Qualität! --- Geringe Preise! --- Beginn der Lieferungen ab November 1910. --- Handelshaus Moll, Vogt & Kybarth --- Station Aprelewka, nahe Moskau --- Zuschriften an Albert Vogt in Deutschland, Berlin-Weißensee, Sedanstraße 83".

Nachdem die Fabrik errichtet und sämtliche Maschinen und Geräte installiert waren, wurde jedes Detail nochmals sorgfältig überprüft, bis es keine Beanstandungen mehr gab. Die

Anzeige der Schallplattenfabrik Moll, Vogt und Kybarth, Aprelewka 1910

Lokomobile war betriebsbereit, die Elektrostation ausreichend dimensioniert. Für die Wachsmatrizen gab es in der Fabrik einen speziellen Raum. Die Plastmasse, auf die die neuen Besitzer besonders stolz waren, lagerte in Nähe der Pressen. Ein artesischer Brunnen und eine Pumpe versorgten die Fabrik mit Wasser. Auf dem Hof gab es einen Kühlwasserteich und in den Werkstätten Drehbänke, Bohrmaschinen, Schleifmaschinen (für die Matrizen), Schraubstöcke und anderes Gerät. Bereits am 7. (20.) Dezember 1910 konnte der Moskauer Werksinspektor F. W. Rybinski nach einer Endkontrolle die Erlaubnis zur Inbetriebnahme geben.

Der feierliche Augenblick kam am 9. (22.) Dezember 1910. Nach einem Gebet des Ortspopen mit der Belegschaft wurde die Fabrikbeleuchtung eingeschaltet, die Maschinen angelassen, und der erste Rauch verließ den hohen, schlanken Fabrikschornstein. Unter lautem Zischen und dem Ausstoß einer Dampfwolke verließ die erste Platte die Presse. Diese Platten hatten einen Durchmesser von 25 cm („Grand“), machten 78 Umdrehungen pro Minute und hatten eine Spieldauer von 2 x 5 Minuten.

Die Produktion solcher Platten war nicht einfach. In der galvanischen Abteilung wurden die Oberflächen der bespielten Wachsmatrizen graphitiert und anschließend in großen Behältern, gefüllt mit Elektrolyten, verkupfert. Mit solchen Kupfermatrizen wurden die Schallplatten aus einem Klumpen heißer Plastmasse gepresst. Die Etiketten wurden vorher beidseitig aufgelegt und mitgepresst. Die körperliche Arbeit war schwer; in 12 Stunden – denn so lang war damals ein Arbeitstag – schaffte ein Presser bestenfalls 100 – 150 Platten. Die Kontrolle der Platten erfolgte durch Abhören; ein sehr mühseliges Unterfangen.

Die häufigen Besucher der Fabrik kamen aus dem Staunen nicht heraus, wenn aus einem schwarzen, gestaltlosen Klumpen eine runde Scheibe entstand, die imstande war, Sprache und Musik hervorzuzaubern.

Der erste Direktor der Fabrik war mein Vater Johann Moll; Geschäftsführer war August Kybarth. Eines Tages (es war im Februar 1911) hatten sich Kybarth und Vogt derart überworfen, dass Vogt alles hinwarf und nach Berlin zurückkehrte. Er gründete hier am 31. Oktober 1911 zusammen mit Paul Küchler die Berolina-Schallplatten GmbH in Berlin-Weißensee Nr. 24, Friedrichstraße 105 a. An Albert Vogts Stelle trat jetzt mein Großvater Gottlieb in die Firma ein.

In den ersten Wochen beschäftigte man sich in Aprelewka lediglich mit der Herstellung der Schallplattenmasse. Der Absatz war hervorragend. Später presste man auf Bestellung auch Platten anderer Firmen. Gleich zu Beginn nahm Gottlieb Kontakt auf zur Schallplattenfirma Dacapo Record Co. mbH, Berlin S. 42, Richterstraße 86 (Direktor Hermann Eisenberg) und erwarb hier für 15.000 Mark 400 Stück Matrizen mit rus-

Johann Moll mit der Belegschaft der Schallplattenfabrik Aprelewka 1910

sischen Interpreten. Dies war eine der Voraussetzungen, um seine Fabrikation sofort starten zu können. Das Engagement eigener Künstler war schon damals teuer und langwierig. Die ersten eigenen Platten der Firma erschienen auf dem Moskauer Grammophonmarkt Ende Januar 1911 unter dem Markennamen Lyxophone Record. Sie trugen ein grünes Etikett. Gottlieb wollte den Markt nicht mit einer eigenen Marke testen, womit er Recht behalten sollte. Die Taktik war gut durchdacht, denn die ersten Platten waren trotz Kybarths hervorragender Plastmasse von nur mäßiger Qualität.

„Metropol Rekord", die erfolgreiche Eigenmarke der Moll'schen Schallplattenfabrik

In der Zwischenzeit konnte man weitere Erfahrungen sammeln, und als die Platten einwandfrei waren, erschien auf dem Markt plötzlich die Platte Metropol Rekord. Die Etiketten zeigten eine stilisierte Schallplatte, darüber eine Erdkugel.

Metropol Record Label 1910-11

Diese neuen Platten veränderten die Lage der Firma wesentlich; sie waren von guter Qualität und konnten in Moskau rasch abgesetzt werden. Da zunächst nur kleine Mengen geliefert werden konnten, wurde an kleinere Händler gegen bar verkauft. Als sich die Qualität weiter verbesserte und die Platten immer mehr das Interesse der Kritiker und Großhändler auf sich lenkten, nahm der Umsatz kräftig zu. Die Zeitschrift Grammophon-Leben lobte die Exaktheit und den Wohlklang der Platten, was den Absatz wesentlich steigerte. In der Firma wurde beschlossen, monatlich 40 neue Titel herauszubringen. Die Verhandlungen mit den Interpreten wurden daher ab April 1911 energisch vorangetrieben.

Am 26. Februar 1911 war in Moskau in der Mjasnitzkaja, Bankowskij pereulok Nr. 2, Haus Sytow (heute Kirowstraße) ein eigenes Kontor angemietet worden. Neben den Verwaltungsräumen wurden hier eine Galvanisieranstalt, ein Tonaufnahmestudio und ein Plattenlager eingerichtet. Die bereits in Moskau galvanisierten Wachsmatrizen erlaubten einen gefahrlosen Transport nach Aprelewka.

Das erste Repertoire war für ein breiteres Publikum bestimmt. Es handelte sich um populäre Gesänge und russische Volkslieder. Man annoncierte in den verschiedensten Zeitungen und Zeitschriften Moskaus und St. Petersburgs und nahm tüchtige Vertreter unter Vertrag. Einer der Verkäufer war P. M. Levin (ehemals bei der englischen Gramophone Record und ab April 1913 bei der Russischen Aktiengesellschaft der Grammophone, RAOG), der sich durch Tatkraft, Geschick und Energie auszeichnete. Während seiner Reisen trafen im Moskauer Kontor viele Bestellungen ein. Nicht weniger effektiv arbeitete N. Troitzkij, der sich bereits sieben Jahre bei den Brüdern Mordechai und Wulf Isserlin in Wilna bewährt hatte. Zu diesen Vertretern stieß etwas später auch der Österreicher (mit türkischem Pass) J. I. Berkwitz, der früher für die Firma Gebrüder Grimm gearbeitet hatte. Die Firma nannte sich jetzt Moll, Kybarth & Co. Sie stand von nun an auf einem festen Fundament. Im Mai 1911 kam für einige Wochen der Berliner Tontechniker Paul Bolle (Beule?) nach Aprelewka. Er sollte Kybarth in einigen speziellen Fragen beraten.

Auf Grund einer systematischen Befragung der Kunden durch sechs Firmenvertreter (heute eine Selbstverständlichkeit) gelang es, eine Wunschliste aufzustellen und das weniger gefragte Material zu eliminieren. Diese Liste brachte der Firma einen durchschlagenden Erfolg. Im Juni 1911 gelang es August Kybarth, in St. Petersburg mit den Grossisten J. P. Rosmyslow (Sadowaja ul. 47) und A. I. Weißberg (Sagorodnij Pereulok, 9) sehr günstige Großabnehmerverträge abzuschließen. Die Aufregung unter den Konkurrenzfirmen war groß, als die Marke „Metropol Rekord“ begann, den russischen Markt zu erobern. Es wurden jetzt monatlich über 50.000 Platten verkauft, das Stück zu 50 Kopeken, ein enorm niedriger Preis! Der Gewinn wuchs von Monat zu Monat, und Gottlieb brauchte kein Geld mehr zu investieren, sondern erhielt im Gegenteil seinen Gewinnanteil ausbezahlt. Er löste sich von der Firma und übergab die Verantwortung jetzt seinem Sohn Johann Moll und August Kybarth. Das junge Unternehmen vergrößerte sich stetig; die Auflagen wuchsen von Tag zu Tag. Bereits nach kurzer Zeit war der gesamte Moskauer Lagervorrat ausverkauft; die Provinz ging leer aus.

Am 1. Juli 1911 liierte sich die Firma mit der Berliner (Wiener) Firma Dacapo Record Co. mbH, von der sie bereits zu Produktionsbeginn 400 Matrizen erworben hatte. Das Stammkapital dieser Kooperation betrug 150.000 Rubel. Dieser Zusammenschluss war von gegenseitigem Interesse geprägt. Die Firma Dacapo Record ließ ihre Platten durch Moll, Kybarth & Co pressen und vermarkten und umging so den hohen russischen Zoll; außerdem entfiel die Zensur des zaristischen Staates und der orthodoxen Kirche. Die Lieferzeiten wurden verkürzt und die Transportkosten verbilligt. Moll, Kybarth & Co erhielten ihrerseits durch „Dacapo Record“ technische Hilfe und Zugang zum internationalen Markt. Das Repertoire umfasste jetzt Opernarien, Ouvertüren, Zigeunerromanzen, russische Volkschöre, Xylophonsoli und humoristische Darbietungen. Besonders erfolgreich waren die Platten der Moskauer Clowns Bim und Bom. Für die Aufzeichnungen gab es in der Fabrik drei eigene Orchester: ein symphonisches, ein Blas- und ein Streichorchester. Die Aufnahmen gelangen gut, da sich die Orchestermitglieder schon sehr bald an die Studiobedingungen für mechanische Studios angepasst hatten.

In St. Petersburg der Vorkriegszeit war der größte „Boss“ der russischen Schallplattenindustrie David Alexandrowitsch Finkelstein. Er war von 1906 – 1910 Inhaber der Firma Melodiphon und 1910/1911 Inhaber der Firma Orpheon. Er war dadurch „berühmt“ geworden, dass er ohne jeglichen Skrupel wertvolle Platten des russischen Marktes, die ihm in die Finger kamen, kopierte, so z. B. Platten von F. I. Schaljapin, L. W. Sobinow, D. A. Wjalzewa, D. A. Smirnow, N. N. Figner, G. A. Baklanow, G. Anselmi, F. Tamagno, E. Caruso, A. W. Neschdanowa, A. M. Labinskij, Titta Ruffa und anderen. Autorengebühren bezahlte er nie, und so kam es, dass er von der St. Petersburger Miliz hin und wieder Besuch bekam, die diese Raubplatten zertrümmerte. Der „St. Petersburger Herold“ schrieb Ende 1911: „Die englische Firma Gramophone zeigte vor einigen Tagen dem Chef der Geheimpolizei Filippow an, dass die Firmen Orpheon (D. A. Finkelstein, Poljustrowskij Prospekt 16), Swukosapis (I. K. Masel, Fontanka 94) und Bernstein (Kl. Possadskaja) Grammophonplatten reproduzieren, die von Künstlern für die englische Firma Gramophone besungen worden waren. Daraufhin führte die Miliz am 22. Oktober 1911 bei den genannten Firmen Hausdurchsuchungen durch. Bei Orpheon (Finkelstein) wurden viele Matrizen gefunden, die von Gramophone-Platten kopiert waren. Auch in den Werkstätten Masels und Bernsteins fand man belastendes Material. Alle drei werden zur Verantwortung gezogen werden.“

D. A. Finkelstein war in St. Petersburg ständig in irgendwelche Gerichtssachen verwickelt, behielt aber stets seine Spitzenstellung in der russischen Schallplattenindustrie bei. Er war einer der Direktoren und Mitbegründer der Russischen Aktiengesellschaft der Grammophone (RAOG), die am 1. Dezember 1911 von dem adligen Opernsänger N. N. Figner (Vorsitzender), N. N. Rehbinder, A. L. Rubinstein und D. S. Manson gegründet worden war. Diese Gesellschaft erlangte in Russland deshalb eine große Bedeutung, weil sie ab Ende 1914 in unserer hervorragend eingerichteten und als Feindvermögen konfiszierten Fabrik Moll, Kybarth & Co ihre RAOG-Platten presste.

In den Jahren 1911 – 1914 hatte Finkelsteins stillgelegte Orpheon-Kopierfabrik am St. Petersburger Poljustrowskij Prospekt 16 der RAOG als Presswerk gedient. Die Satzung der RAOG war am 26. August 1911 erlassen worden, und man begann kurz darauf mit der Massenpressung. Technischer Direktor war der begabte Ingenieur K. Sandal von der Firma Syrena, Warschau (übrigens ein langjähriger Intimfeind Finkelsteins). Als Tontechniker arbeitete der geniale Deutsche Oskar G. Blösche. Es war übrigens jener Blösche, der in den Jahren 1919 – 1921 sechzehn Propaganda-Reden Lenins auf Schallplatten aufnahm. Die musikalische Leitung der RAOG lag in Händen des talentierten Kapellmeisters I. P. Arkadjew, der sich um alle Neuaufnahmen persönlich kümmerte. Das Etikett zeigte von 1911 – 1915 einen Engel (Raffael nachempfunden), vor einem Grammophon sitzend. Die Titel der Etiketten lauteten „Harmonia“, später „RAOG“.

Das Gesetz zum Schutz der Autorenrechte vom 20. März 1911 hatte in der Grammophonwelt Russlands viele Widersprüche hervorgerufen. Laut Mitteilung der Agentur für mechanische und musikalische Rechte des russischen Autors (AMPRA) klebten einige Firmen auf ihre Platten grundsätzlich keine Marken, die die Bezahlung der Autorenrechte dokumentieren sollten. Zu den notorischen Gesetzesbrechern gehörten die Russische Aktiengesellschaft der Grammophone RAOG, Stella Rekord und Syrena Rekord. Dagegen vermerkte die AMPRA ausdrücklich, dass sich die Fa. Moll, Kybarth & Co. am ehrlichsten verhielt.

Im Februar 1912 tauchten in Moskau Gerüchte auf, wonach Moll, Kybarth & Co beabsichtigten, auf den Aktienmarkt zu gehen. Dies entsprach aber nicht den Absichten der Inhaber. Dagegen wurde im Februar 1912 in der Moskauer Gorochowskaja ul. 8 (heute ul. Kasakowa 8), im Hause Schidlowski eine 9-Zimmerwohnung angemietet, zu der auch ein großer Saal gehörte. Dieser eignete sich sehr gut für die Einrichtung eines Aufnahmestudios. In dieses Haus zog Kybarth mit seiner Familie. In den Nebengebäuden wurden eine eigene Elektrostation und eine Galvanisieranstalt eingerichtet. Damit waren wichtige technische Einrichtungen in unmittelbarer Nähe des Studios installiert; die galvanisierten Wachsmatrizen konnten von hier aus ohne Bruchgefahr nach Aprelewka transportiert werden. Erleichtert wurde hierdurch auch die Arbeit mit den Künstlern und Interpreten, die jetzt nur noch kurze Wege zurückzulegen hatten.

Mit dem Studio in der Gorochowskaja war eine zweite, wichtige Produktionsstätte der Fa. Moll, Kybarth & Co. in Moskau entstanden. Die Produktion lief am 1. August 1912 an, und im Dezember 1912 erschienen auf dem Moskauer Markt zweiseitige „Gigant"-Platten (30 cm Durchmesser) mit einem neuen Etikett: ein Harfe spielendes Mädchen vor der Kulisse des Moskauer Kreml.

Platten dieses Durchmessers lieferte bisher nur die englische Firma Zonophone. Für die damaligen Verhältnisse waren sie eine Art Langspielplatte, die sich für Aufnahmen größerer Werke eignete. Die Abbildung einer Harfe auf den Etiketten war nicht zufällig gewählt, zählte dieses Instrument doch zu den am schwierigsten aufzunehmenden der damaligen Aufnahmetechnik.

Im Studio Gorochowskaja ul. 8 gab es eine Moskauer Neuheit. Hier konnte jeder seine eigene Stimme oder die Stimme seiner Verwandten aufnehmen lassen. Zwölf „Grand"-Platten (25 cm) „aus bestem Material", mit etwa 300 Worten, kosteten 25 Rubel.

Metropol Record Label 1912-14

Für diesen Betrag erhielt der Besteller auch eine versilberte Negativ-Platte für beliebig viele Nachbestellungen (pro Platte ein Rubel). Die Annonce erschien in der Moskauer Zeitung „Theater“ und hatte folgenden Zusatz: „Greifen Sie unseren Vorschlag auf und verewigen Sie Ihre Stimme zur Freude Ihrer Kinder. -- Nehmen Sie auch die Stimme Ihrer Kinder auf. Dieses wird die interessanteste Erinnerung an deren Kindheit sein. -- Wiederholen Sie Ihr Testament mit Hilfe Ihrer eigenen Stimme. Alle Anfechtungen werden dann erfolglos sein.“

Unter den neuen „Metropol Rekord“-Platten gab es auch einige ausgesprochene Hits, die dem damaligen Geschmack entsprachen. Zu diesen Platten gehörten: Lieder des Leids, der Straße und der Armut, z. B. „Marussja hat sich vergiftet“ und „Vagabund“, gesungen von dem Tenor S. P. Sadownikow. Weitere Hits waren die Platten „Die erfrorene Näherin“, „Lied des Heizers“, „Gärtchen“, „Verwegener Kaufmann“, „Moskauer Brand“ und „Tod des Bauern“. Im Repertoire gab es auch einen eigenen „Metropol Rekord“-Walzer. Für einen großen Rubelbetrag kaufte die Firma bei dem berühmten Interpreten der „Folklore sibirischer Verbannung“, dem schwedischen Folkloristen W. N. Garteveld, Kompositionen von 1908 nebst Exklusivrechten.

Auf der berühmten Messe von Nischnij Nowgorod (15. Juli – 10. September 1912) gelang auf Anhieb der Verkauf großer Plattenmengen. Als man feststellte, dass Platten in tatarischer Sprache fehlten, entschloss man sich sofort zu einer entsprechenden Ergänzung. Es wurden tatarische Platten und Platten anderer Nationalitäten ins Programm aufgenommen.

Einen großen Beitrag zum Erfolg der Firma leistete der Vertreter J. I. Berkwitz, der den Geschmack seiner Kunden genau analysiert hatte. Dank seiner Initiative und der Initiative anderer Vertreter wurden die Interpreten M. A. Emskaja, N. D. Wekow, M. I. Wawitsch, M. Michalow, K. Tschernjawskaja, M. S. Kurschijanskij, A. M. Bragin, Kissilewskaja, Slowzowa, N. F. Nonachow, K. D. Saporoshez, A. G. Pekarskaja, A. O. Kaminskij, E. Dubrowskaja, K. Metaksian, W. P. Ignatewa, D. A. Bogemskij, S. M. Arontrichow-Arskij, A. M. Tolstow, L. G. Olschanezkaja-Sobolewa, W. M. Schumskij, Anelli Rutkewitsch, A. M. Borowik, E. A. Stepanowa, A. I. Dobrowskaja und viele andere aufgenommen. Berkwitz schloss Verträge mit führenden Chören, Instrumentalisten, Mimikern und Volkssängern. Er suchte stets das Originelle und Neue. Die technische Leitung der Aufnahmen lag in den Händen von August Kybarth, der auf seinen Reisen auch Aufnahmen in Taschkent, Buchara und Samarkand machte.

Als erste Fabrik in Russland nutzte die Firma das Grammophon und die Schallplatte für Unterrichtszwecke. So wurden Platten zur Erlernung der englischen und französischen Sprache produziert. Speziell entwickelte Grammophone der Marke „Repetitor“ waren in der Lage, einzelne Worte oder Sätze beliebig oft zu wiederholen. Solche Grammophone waren in schalldichten Kästen untergebracht, um Unbeteiligte nicht zu stören und besaßen als Kopfhörer Schläuche wie der Phonograph. Die Sprachenplatten wurden in Serien zu 20 Stück geliefert, u. a. auch nach England.

1912 erfand Gottlieb Moll eine Vorrichtung zum Absenken des Tonarmes und der Schalldose. Diesen Mikrolift meldete er am 28. Dezember 1912 zum Patent an. Die Zahl neu gepresster Platten wuchs stetig, und am 1. Januar 1912 schrieb ein Korrespondent der Zeitschrift Grammophon-Welt: „Schon lange hatte ich keine Gelegenheit, solche interessanten Platten zu hören, welche die Firma Metropol Rekord zum Weihnachtsfest herausgebracht hat … Sauberkeit und Exaktheit werden hier zur absoluten Vollkommenheit gebracht. Was mich besonders erfreut hat, ist das Fehlen jeglicher Nebengeräusche. Wenn Metropol Rekord auch weiterhin solche vollkommenen Platten auf den Markt bringt, dann hat die Konkurrenz Anlass, ernsthaft nachzudenken. Damals stand die neue Marke etwas im Abseits, aber nun klagen die Vertreter anderer Firmen, dass ihnen in der Provinz Metropol Rekord das Überleben unmöglich macht.“ … gez. S. A., und am 10. September 1912 hieß es in der Zeitschrift Grammophon-Leben: „Ohne eine Übertreibung zu riskieren, kann man sagen, dass die letzten Platten der Marke Metropol Rekord in keiner Weise den Platten Zonophone und Gramophone nachstehen. Was aber Inhalt, Neuheit und Diversifikation anbetrifft, so nehmen diese Platten in den gegenwärtigen Katalogen den ersten Platz ein.“

Am 1. Juli 1913 schrieb die „Grammophon-Welt“ in Russisch und Deutsch: „Die Fabrik Metropol Rekord in Moskau scheint den russischen Markt mit aller Macht erobern zu wollen und bringt trotz stiller Sommerzeit allmonatlich eine große Anzahl Neuaufnahmen in den Handel. Mit Genugtuung können wir vermerken, dass die Fabrik gegenwärtig wirklich hervorragende Kräfte aufnimmt und in ihren Listen Namen von wirklich gutem Klange verzeichnet sind. Auch in technischer Beziehung fallen die Aufnahmen gegenwärtig vollkommen auf. Falls die Firma auch weiterhin mit derselben Verve vorgehen wird, so kann man mit Gewissheit sagen, dass die Herren Moll und Kybarth es nie bereuen werden, trotz der allgemeinen Schwierigkeiten in unserer Branche sich dieser Arbeit zugewandt zu haben. Die Herren lieben ihr Geschäft, glauben fest an seine Zukunft und lassen demselben all ihre Energie und Tatkraft angedeihen – und dieses ist schon eine Voraussetzung für vollstes Gelingen.“

1912 arbeitete in Aprelewka ein Meister Heide. Die Belegschaft betrug 100 Mann, die Zahl der Pressen 35. Grund zum Optimismus war also gegeben. In das dritte Jahr ihrer Existenz (1913) ging die Firma voller Zuversicht und Hoffnungen. Im Repertoire nahm die Klassik einen immer breiteren Raum ein. Es gab Platten mit Werken von Wagner, Gounod, Bizet, Verdi, Suppé u. a. Sehr erfolgreich waren auch die Platten der Petersburger Opernsänger A. M. Labinskij (1871 – 1941) und A. M. Dawydow (Alexandr Michailowitsch Lewinson, 1872 – 1944). Für die Arbeiter wurden in Fabriknähe drei Wohnhäuser errichtet. Für das Moskauer Handelshaus Schuster & Co. mit Filialen in Kiew, Odessa, Riga und Orenburg wurden 1913 auf Bestellung 500.000 Platten der Marke „Korona Rekord“ gepresst.

Zusammenbruch der russischen Schallplattenindustrie durch Weltkrieg und Revolution

Das zweite Halbjahr 1913 sollte aber alle Schallplattenfabriken Russlands in eine große Krise stürzen. Der Absatz stockte plötzlich, und die Preise verfielen. Das Hauptkontor von Metropol Rekord wurde am 10. Juli 1913 von Moskau nach Aprelewka verlegt. Diese Maßnahme sollte die Auslieferung der Platten beschleunigen und den Bruch mindern. Auch andere Firmen hatten die Erfahrung gemacht, dass es günstiger sei, Fabrik und Auslieferungskontor am gleichen Ort zu haben. In der Moskauer Gorochowskaja ul. verblieb das Kybarth'sche Aufnahmestudio und die Galvanisieranstalt. Das verkleinerte Moskauer Kontor in der Mjasnitzkaja leitete vom 10. Juli 1913 an nicht mehr mein Vater (dieser wechselte am 28. August 1913 als Chemiker in das eigene Labor der Duminitschi-Emaillierfabrik), sondern unser Gutsverwalter, der Schweizer Karl Davidowitsch Lörtscher (1876 – 1939). Er war unseren Kunden bereits gut bekannt und besaß bei ihnen einen hohen Beliebtheitsgrad. Seine schweizerische (neutrale) Staatsangehörigkeit sollte sich bei Kriegsausbruch 1914 als großer Vorteil für unsere deutsche „Feind"-Firma erweisen. Die Zeiten wurden schwieriger, und statt Geld erhielt die Firma jetzt „Glückwünsche" von Notaren. Aus diesem Grunde entschied mein Großvater, sich vermehrt selbst um das Geschick der Firma zu kümmern.

Auf dem Höhepunkt der Schallplattenflaute schlossen sich am 25. November 1913 die Firmen Syrena Rekord, die Russische Aktiengesellschaft der Grammophone RAOG (nicht zu verwechseln mit der englischen Gramophone Company in Riga), Stella Rekord, unsere Metropol Rekord, Swukosapis und Omokord zu einem Schallplattensyndikat zusammen. Die Firma Extraphon in Kiew trat diesem Zusammenschluss nicht bei. Die Leitung des Syndikats lag in den Händen der Brüder Mordechai und Wulf Isserlin in Wilna, Spasskaja ul. Die Platten wurden unter dem gemeinsamen Label „Melodija Rekord“ vertrieben; die Selbständigkeit der sechs Firmen war damit verloren. Alles lief von nun an über die Brüder Isserlin in Wilna, aber bald kamen wieder bessere Zeiten.

Im Mai 1914 entschied sich Gottlieb, die Fabrik in Aprelewka zu vergrößern. Am 9. Juni 1914 erlaubte ihm die Moskauer Gouvernementverwaltung die Errichtung von Neubauten auf dem Fabrikgelände. Es wurden zwei neue Hallen gebaut, die das Werk auf das Doppelte vergrößerten. Bei der Eröffnung dieser erweiterten Produktionsstätte im Januar 1915 war er aber nicht mehr anwesend. Am 1. August 1914 hatte Deutschland, nach der Mobilmachung der Russen am 27. Juli 1914, Russland den Krieg erklärt. Die zaristische Regierung ließ alle deutschen Staatsangehörigen internieren; einige von ihnen wurden in den Norden Russlands gebracht. Im Moskauer Kontor saß jetzt als Vertreter der Familie Moll lediglich unser Gutsverwalter, der Schweizer Karl Davidowitsch Lörtscher. Johann Moll, August Kybarth, Oskar G. Blösche, J. H. Zimmermann und die Brüder Grimm wurden von der zaristischen Regierung in den Norden Russlands nach Wologda, nördlich der Stadt Jaroslawl, verbannt. 1908 hatte hier auch Stalin gesessen.

Die Zeitschrift Grammophon-Welt, Nr. 11, tönte am 5. September 1914: „Weg mit den verfluchten Deutschen! Boykottiert die deutschen Schallplatten Favorite, Beka, Stella, Metropol, Odeon, Janus, Dacapo und Lyrophon“, und am 1. Dezember 1914 schrieb die gleiche Zeitschrift: „In Wologda hat sich gegenwärtig ein reichlich großer Kreis deutscher Grammophonisten versammelt. Die nicht verzagenden Kinder des großen Kaisers haben es geschafft, sich auch hier zu vereinigen und gründeten eine Art „Schuster & Co“-Klub. Fast täglich versammeln sich diese Herrschaften im Restaurant Goldener Anker, lesen Zeitungen, Briefe, teilen sich ihre Eindrücke mit. Mit anderen Worten, der Teufel ist nicht so schrecklich, wie man ihn malt.“

Als in der zweiten Hälfte des Kriegsjahres 1914 die Fabrik der RAOG in Petrograd total abbrannte, kam die fast gleichzeitig erfolgte Beschlagnahme von Moll, Kybarth & Co durch die zaristische Regierung der RAOG sehr gelegen. D. A. Finkelstein zog von Petrograd nach Aprelewka und entkam so einer Pleite. Da Johann Moll Absolvent der Moskauer Universität war und damit quasi als „Halbrusse“ angesehen wurde, erlaubte ihm die Gouvernementregierung eine Rückkehr auf unser Familiengut. Dort lebte mein Großvater, den man in Ruhe gelassen hatte. Dagegen wurde August Kybarth mit Familie in Wjatka, später in Selo Suno und Burmakino (beides südlich von Wjatka) interniert, wo er eine kleine Uhrmacherwerkstatt einrichten konnte. Seine Frau Marie Kybarth (1882 – 1943) betrieb dort eine kleine Wurstfabrik. Die Kybarths verblieben in der russischen Verbannung bis zum Winter 1917/18. Nach der Oktoberrevolution hatte man ihnen erlaubt, nach Deutschland auszureisen. Die Heimreise sollte sich aber bis zum Sommer 1918 hinziehen. Frau Kybarth musste mit ihren Söhnen Artur (1907 - 1988) und Kurt (1913 - 1984) in Petrograd zunächst in Quarantäne. Mit Hilfe des Roten Kreuzes konnten sie dann über Schweden nach Deutschland ausreisen. August Kybarth blieb während des Sommers 1918 in Russland. Er fuhr nach Aprelewka, um sich über den Zustand der Schallplattenfabrik zu informieren; erst im Herbst fuhr er zu seiner Familie nach Berlin.

Am 5. August 1915 hatten die deutschen Truppen Warschau kampflos eingenommen. Die Firma Syrena Rekord in der Chmelnaja 66 hatte ihre gesamte Fabrikausrüstung nach Aprelewka zu Finkelstein verlegt. Bei Finkelstein war auch unser Gutsverwalter Karl Davidowitsch Lörtscher (aus dem Moskauer Kontor in der Mjasnitzkaja) als „Fabrikdirektor“ gelandet. Nach dem Brand und dem Umzug von Petrograd nach Aprelewka benutzte die RAOG in den Jahren 1915 – 1918 unsere Schallplattenetiketten von 1913, ein „Harfe spielendes Mädchen vor dem Hintergrund des Moskauer Kreml". Der obere Etikettenrand trug aber jetzt die Aufschrift „Russische Aktiengesellschaft der Grammophone".

Als die deutschen Truppen 1915 auf Riga vorrückten, verlegten die Engländer ihre Fabrik „Schreibender Amor" nach Moskau in den Ersten Schtschipowskij Pereulok 14, Boljschaja Serpuchowskaja. Die Fabrik arbeitete hier mit eigener Galvanisieranstalt und 90 Pressen bis Mitte 1918; dann wurde auch sie von den Bolschewisten enteignet und in eine Butterfabrik (Ölmühle) umgewandelt.

In Aprelewka hatten 1916 nur 50 Arbeitskräfte gearbeitet, kriegsbedingt meist Frauen. Auf Bestellung des Skobelewskij-Komitees (einer Organisation zur Betreuung verwundeter und kranker Soldaten) wurden Platten mit dem Etikett „Russisches Volksgrammophon" gepresst.

Im Februar 1916 war das Isserlinsche Plattensyndikat in Wilna zerbrochen. D. A. Finkelstein (Vorsitzender der RAOG), K. D. Lörtscher (Kommissarischer Leiter für Moll in Aprelewka), F. L. Tempel („Syrena Rekord", ehemals Warschau), I. K. Masel („Swukosapis") und G. S. Rosen („Stella Rekord") schlossen sich jetzt zu einer Gesellschaft vereinigter Schallplattenfabrikanten zusammen. Diese neue Gesellschaft erwirtschaftete im Krieg große Gewinne. Das Petrograder Kontor dieser Gesellschaft, am Jekaterinskij Kanal Nr. 69, leitete I. K. Masel, und das Moskauer Kontor in der Nikolskaja ulitza, Tschishewskoje Podworje Nr. 7, Grigorij Semjonowitsch Jaschunskij.

Am 27. Dezember 1916 schloss Karl Davidowitsch Lörtscher mit dieser Gesellschaft einen neuen Arbeitsvertrag. Nach Punkt 8 dieses Vertrages erhielt er 8 % des Jahresreingewinns. Er blieb während des ganzen Krieges kommissarischer Leiter der unter Zwangsverwaltung stehenden Aprelewka-Fabrik. Ein Hüne von kräftiger Boxergestalt, über 110 kg wiegend, vermochte er schon rein äußerlich, sich Respekt zu verschaffen. Während andere Fabriken unter ständigem Mangel an Schellack litten, hatte er es verstanden, seine Vorratslager stets aufzufüllen. Die Fabrik arbeitete ohne Stillstand gewinnbringend, so dass weder der Vorsitzende der Gesellschaft vereinigter Schallplattenfabrikanten (D. A. Finkelstein) noch der Leiter des Petrograder Büros dieser Gesellschaft (I. K. Masel) Anlass zu irgendwelchen Klagen hatten.

Am 25. Oktober/7. November 1917 war in Petrograd die bolschewistische Oktoberrevolution ausgebrochen, verbunden mit furchtbarem Leid für die Bevölkerung und Ermordung der Zarenfamilie (16./17. Juli 1918 in Jekatarinenburg).

Am 19. Mai 1918 hatten der Vorsitzende, der Sekretär sowie Mitglieder des Fabrikkomitees an Karl Davidowitsch Lörtscher ein Schreiben folgenden Inhalts gerichtet:

„Heute, aus Anlass unserer Fabrikfeier, grüßen der Vorsitzende, der Sekretär, sowie alle Arbeiter, Sie, hochverehrter Karl Davidowitsch, recht herzlich. Wir danken Ihnen für Ihre Arbeit und Ihre Mühen, die Sie aus Fürsorge für die Mitarbeiter der Fabrik auf sich nahmen. Sie haben es verstanden, unsere Fabrik zu bewahren und unseren Familien Arbeit und Brot zu geben, als viele von uns, weit entfernt, an der Front des großen Weltkrieges standen. Sie entlasteten uns von einer unserer Hauptsorgen, nämlich der Sorge um unsere Familien. Sie kümmerten sich um unsere Angehörigen und jetzt, wo eine große Anzahl von Fabriken schließt und Tausende arbeitslos werden, liegt unsere Fabrik in Aprelewka da wie eine Oase in der Wüste. Über 100 Familien werden durch die Fabrik ernährt. Sie, hochverehrter Karl Davidowitsch, versorgten uns stets mit Lebensmitteln. Sie gaben auch in diesen Tagen der

Fabrikkooperative 6.000,- Rubel zum Ankauf von Lebensmitteln und schenkten uns für die Durchführung des Festes des 1. Mai 1.000,– Rubel. Wir hoffen, dass wir auch in Zukunft mit Ihnen eng zusammenarbeiten können zum Nutzen unseres Staates und dem Wohlergehen seiner Arbeiter."

Dieser Brief war unterschrieben von A. Koslow (Vorsitzender des Fabrikkomitees), A. Jeschow (Sekretär) und 21 weiteren Komiteemitgliedern.

Durch ein Dekret vom 26. November 1918, unterschrieben von dem „Staatsoberhaupt" Jankel Michailowitsch Swerdlow (1885 – 1919), wurde eine Zentralagentur des Gesamtrussischen Zentralexekutivkomitees (WZIK), genannt Zentrolpetschatj (Zentralpresse), gegründet. Erster Leiter dieser Zentralpresse wurde W. D. Bontsch-Brujewitsch, erster Verwalter B. F. Malkin. Aufgabe von Zentropetschatj war es, die gesamte Presse, den Film, die Musik, das Theater sowie jegliche Propagandaarbeit von einer einzigen Stelle aus zu steuern und zu kontrollieren. Zu Zentropetschatj gehörte als Unterorganisation ab Anfang Januar 1919 auch die Abteilung für Grammophonpropaganda „Sowjet-Platte". Ihr erster Leiter war A. J. Bronstein, Moskau, Twerskaja 38 (ehemaliger Sitz der französischen Firma Pathé). Mitglieder dieser Propagandaabteilung waren W. I. Lenin, M. I. Kalinin und A. M. Kollontaij.

Der Rat der Volkskommissare ordnete am 20. August 1919 durch ein weiteres Dekret die Nationalisierung (d. h. Enteignung) aller Verkaufsläden, Läger und Werkstätten an, die Tasten- und andere Musikinstrumente herstellten oder vertrieben. In einem Passus wurden alle Grammophone, Phonographen, Schallplatten und Walzen sowie das Kapitalvermögen dieser Firmen zu sowjetischem Staatseigentum erklärt. Für die Nicht-abgabe, Zerstörung oder das Verbergen dieser Gegenstände wurden Strafen angedroht. Neben W. I. Lenin unterschrieben dieses Dekret auch der Volkskommissar für das Bildungswesen A. W. Lunatscharskij sowie W. D. Bontsch-Brujewitsch. Die Pathé-Fabrik in der Moskauer ul. Bachmatjewa 13 arbeitete als einzige Fabrik der RSFSR[9] bis Mitte 1919. Sie hatte auf Anweisung von „Sowjet-Platte" Propaganda-Platten von ca. 40 Sowjetführern sowie Märsche und Hymnen aufzunehmen. Tontechniker war dort der Deutsche Oskar G. Blösche von der ehemaligen RAOG.

Es wurde immer wieder behauptet, dass es Lenin war, der die Grammophonplatte als erster für Propagandazwecke einsetzte; dies stimmt aber nicht. Aufgezeichnet wurden Anfang 1919 durch Oskar G. Blösche bei Pathé: A. M. Kollontaij, A. W. Lunatscharskij, N. I. Podwolskij, L. D. Trotzkij, N. I. Bucharin, M. I. Kalinin, N. A. Semaschko, G. I. Petrowskij, A. G. Schlichter, N. W. Krylenko, D. I. Kurskij, J. M. Steklow, L. B. Krassin, W. A. Antonow-Owsejenko, Klara Zetkin und die proletarischen Poeten W. Kirillow und Demjan Bedugi. Einige von ihnen wurden vor, andere nach Lenin aufgezeichnet.

Als Etiketten für diese Zentropetschatj-Platten wurden alte Pathé-Etiketten verwendet. Man drehte diese einfach um und bedruckte ihre weiße Rückseite mit roter Schrift. Abgebildet waren links eine Sichel mit Stern und rechts ein Hammer, beide Symbole angeordnet über einem Flügelpaar. Da sich Zentropetschatj um Pathé nur wenig kümmerte und der Schellack aus Plattenbruch gewonnen werden musste, ging die Qualität der Platten schnell zurück; die Produktion musste Mitte 1919 eingestellt werden, und Pathé produzierte von da an nur noch Grammophone aus französischen Fertigteilen.

Nach Schließung der Pathé-Fabrik war es Lenin, der anordnete, dass die Plattenproduktion jetzt unsere Fabrik in Aprelewka übernehmen sollte. Die Bedeutung des Grammophons für

---

[9] *RSFSR = Russische Sozialistische Föderative Sowjetrepublik (1918 bis 1991)*

seine Propaganda hatte er voll erkannt. Er ließ die gesamte Pathé-Ausrüstung nach Aprelewka schaffen und beauftragte Kybarth, der nach einem Aufenthalt in Deutschland (Herbst 1918 – 28. Mai 1919) gerade nach Aprelewka zurückgekehrt war, mit der Rekonstruktion der Fabrik. Während des Winters 1918/19 war dort alles, was noch nicht gestohlen war, dem strengen Frost zum Opfer gefallen. Der Wiederaufbau erfolgte in der zweiten Jahreshälfte 1919. Die Fabrik hieß von nun an Sowjetische Schallplattenfabrik. Diese Fabrik (kommissarisch geleitet von Karl Davidowitsch Lörtscher) hatte in den Jahren 1914 – 1918 ein beträchtliches Kapital erwirtschaftet, und am 1. August 1918 hatte mein Vater, noch kurz vor seiner Kriegsdienstreise nach Deutschland (12. Oktober 1918 – 28. Mai 1919) erfahren, dass er alle Besitzrechte und das Fabrikkapital zurückerhalte. Diese Nachricht sollte ihn, wie sich schon sehr bald herausstellte, nur kurze Zeit erfreuen. Die Schallplattenfabrik wurde von den Sowjets am 20. August 1919 enteignet. Im Repertoire der letzten Monate befanden sich „Die Internationale“ (Nr. 15078), „Die Warschawjanka“ (Nr. 15079), beide Hymnen gesungen vom Chor des Bolschoij-Theaters Moskau, Platten wie „Den Mut nicht verlieren“ (Nr. 15082) und „Vorwärts Genossen, im Gleichschritt“ (Nr. 15083) u. a.

Am 30. Juni 1918 hatte Karl Davidowitsch Lörtscher (1876 – 1939) die Aprelewka-Buchhalterin Alexandra Wassiljewa (1889 – 1956) geheiratet. Für meine Großtante, die verwitwete Karoline Gokina, die Karl Davidowitsch Lörtscher schon seit der Gutszeit sehr nahegestanden hatte und ihn liebte, brach eine Welt zusammen, sie war mehrere Monate seelisch krank. K. D. Lörtscher wurde noch im Jahre 1918 durch den zum Sowjetkommissar ernannten Grigorij Jaschunski (Kontor in Moskau, Nikolskaja ul. Tschishowskij podwor) ersetzt. Er verließ die RSFSR mit seiner Frau Alexandra und seiner Tochter Evelyne Ende April 1920. Nach einer anstrengenden Reise über

Estland, Narwa und Stettin erreichte die Familie Basel und am 25. Mai 1920 Olten in der Schweiz. Lörtscher, der gewohnt war, ein üppiges Leben zu führen, hatte es schwer, sich hier eine gute Existenz aufzubauen. Die Beziehungen zu der Familie Moll in Schleswig-Holstein schliefen ein. Er starb in Olten am 18. Mai 1939, seine Frau Alexandra ebenfalls dort am 10. Februar 1956. Tochter Evelyne, die am 18. März 1919 noch in Moskau geboren war, lebte 1998 in Olten.

Die Misswirtschaft der Sowjets lässt sich besonders krass an folgendem Beispiel zeigen: Am 18. Dezember 1919 und vom 9. – 11. Januar 1920 tagte in unserer Schallplattenfabrik in Aprelewka eine Kontrollkommission der Zentropetschatj-Abteilung „Sowjet-Platte". Anwesend waren von der RSFSR-Verwaltung die Genossen E. Golomb und A. Ratner (Sekretär), von der RSFSR-Kontrolle die Genossen M. G. Mandelzweig und Belozerkowskij, von Sowjet-Platte die Genossen A. J. Bronstein und Mischin und von der Aprelewka-Fabrik der „Genosse" G. S. Jaschunskij (Nachfolger unseres Karl Davidowitsch Lörtscher). Hinzugezogen wurden auch der Lette Josif Dionissowitsch Eismondt (in Lettland Ejsmondt; er war ehemaliger Generalvertreter von Moll & Rohwer im Baltikum), unser Schallplattentechniker August Kybarth und der ehemalige Pathé-Techniker Oskar G. Blösche. Man tagte in wechselnder Zusammensetzung, denn A. J. Bronstein war in den Januartagen erkrankt und ließ sich vertreten.

Die Tagesordnungspunkte waren folgende: Die Fabrik hatte keine der zugesagten Finanzmittel erhalten, sondern musste im Gegenteil für Zentropetschatj Kredite bereitstellen. Eine Bezahlung der Arbeiter vor den Festtagen war daher nicht möglich. G. S. Jaschunskij verlangte eine Begleichung aller Fabrikrechnungen innerhalb von drei Tagen nach Rechnungslegung. E. Golomb forderte die Vorlage einer Kalkulation, die es möglich machen sollte, den zukünftigen Plattenpreis festzulegen.

Er verlangte die Aufstellung eines Plattenrepertoires und seine Vorlage zur Kontrolle und Genehmigung, außerdem eine Diskussion über die Versorgungslage der Fabrik mit Rohstoffen. G. S. Jaschunskij berichtete, dass die angeforderte Menge von Kommissar-Reden für 75.000,– Rubel geliefert worden sei und dass weitere Plattenanforderungen bereits vorlägen. „Man kann“, so sagte er, „nicht immer wieder die gleichen Propagandareden pressen. Erforderlich ist eine Ausweitung des Repertoires auf Soldatenlieder; hierbei muss aber bedacht werden, dass zunächst die zaristischen Texte dieser Lieder abgeändert werden. Platten mit anspruchsvoller Musik fehlen im Repertoire ganz; auch gibt es keine Platten für Kinder.“ Er schlug daher vor, eine Repertoirekommission zu gründen, die sich dieser Fragen annehmen sollte.

M. G. Mandelzweig forderte eine Ausweitung der Produktion auf dringend benötigte Grammophonapparate, wofür allerdings die Einschaltung anderer Fabriken, z. B. der ehemaligen Pathé-Fabrik, nötig sei. Die Chemie-Abteilung des Gesamtrussischen Sowjets für Volkswirtschaft (WSNH) wurde verantwortlich gemacht, dass zu wenig Rohstoffe (Schellack, Schwerspat, Faserrohstoffe und Kienruß) oder falsche Rohstoffe (mit ähnlich klingenden Namen) angeliefert wurden. Der Lieferrückstand der Chemiefabrik betrug 700.000,– Rubel. E. Golomb schlug vor, Rohstoffe in Petrograd suchen zu lassen, dort, wo früher Schallplatten produziert wurden.

Mit dieser Aufgabe wurde der deutsche Tontechniker Oskar G. Blösche beauftragt. Er sollte auch alte, unbrauchbare Platten und Plattenbruch zur Gewinnung von Schellack ausfindig machen. Josif Dionissowitsch Eismondt (Ejsmondt) sollte sich um die Beschaffung von Brennholz kümmern. Er bat die Kommission, die Aprelewka-Fabrik an das Telefonnetz anzuschließen. Bei der Berechnung der Produktionskosten einer Schallplatte kam es zu langwierigen Diskussionen, die aber kein Ergebnis brachten. Mandelzweig schlug vor, wie bisher 37 Rubel 94 Kopeken anzusetzen.

Lenin-Platten aus Aprelewka

In den Jahren 1918 – 1923 hat W. I. Lenin ca. 250 Reden gehalten. Davon wurden 1919 – 1921 sechzehn auf Schallplatten gepresst. Tontechniker war der Deutsche Oskar G. Blösche, der 1918 von der RAOG gekommen war, zu Beginn 1919 für Pathé gearbeitet hatte, danach Lenin-Reden aufnahm und später in 1919 nach Aprelewka überwechselte. Die Lenin-Reden wurden von Blösche entweder in Moskau, im früheren Pathé-Stammhaus, Twerskaja 38, jetzt Zentropetschatj-Sowjetskaja Plastinka, oder im Mitrofanjewskij-Saal (Oval-Saal) des Moskauer Kreml aufgenommen. Die Schwierigkeit solcher Aufnahmen bestand darin, dass Lenin für jede Platte genau drei Minuten Zeit hatte. Er musste also seine Wortzahl pro Minute und sein Sprechtempo durch Probieren herausfinden.

Die Schallrillen (Berliner Schrift) wurden mit Hilfe eines einfachen Trichters über eine Membran von einem Stichel auf rotierende Wachsmatrizen eingeritzt. Da dieses sehr primitiv arbeitende Aufnahmegerät nicht mehr erhalten geblieben ist, ist unbekannt, ob der Antrieb durch ein Federwerk oder ein Uhrengewicht bewerkstelligt wurde. Im Moskauer Institut für Marxismus-Leninismus existiert ein oft veröffentlichtes Foto vom 19. März 1919: „Lenin vor dem Grammophon-Trichter“, aufgenommen von L. J. Léonidow.

Die Aufnahmen der Reden Lenins erfolgten an fünf Terminen, und zwar am 19. März 1919, 23. März 1919, 30. März 1919, 5. April 1920 und 25. April 1921. Zeitpunkt, Ort und Thema dieser sechzehn Leninreden sind im Folgenden zusammengestellt.

Aufnahmen der Reden Lenins

19.3.1919 Moskau, Zentropetschatj, Twerskaja ul. 38 (heute Gorki-Str. 12)		
1	001	Zum Gedenken an den Vorsitzenden des Gesamtrussischen Zentral-Exekutivkomitees (WZIK), Genossen Jakow Michailowitsch Swerdlow
2	002	Die III. Kommunistische Internationale
3	003	Aufruf an die Rote Armee (Teil 1)
23.3.1919 Moskau, Kreml, Mitrofanjewskij-Saal		
4	005	Über die Pogromhetze gegen die Juden
5	006	Was heißt Sowjetmacht?
6	007	Mitteilung über ein Funkgespräch mit Bela Kun
30.3.1919 Moskau, Kreml, Mitrofanjewskij-Saal		
7	008	Über die Mittelbauern
8	004	Aufruf an die Rote Armee (Teil 2)
5.4.1920 Moskau, Kreml, Mitrofanjewskij-Saal		
9	227 b	Über die Arbeit für das Transportwesen (Teil 1)
	227 a	Über die Arbeit für das Transportwesen (Teil 2)
10	228	Über die Arbeitsdisziplin
11	229	Wie sind die Werktätigen für immer vor dem Joch der Gutsbesitzer und Kapitalisten zu bewahren?
25.4.1921 Zentropetschatij, Twerskaja ul. 38 (heute Gorki Str. 12)		
12	288	Über Lebensmittelsteuer oder Naturalsteuer
13	289	Über Lebensmittelsteuer oder Naturalsteuer und den freien Austausch von Getreideüberschüssen
14	290	Über die Kooperation der Konsum- und Heimarbeitsgenossenschaften
15	291	Über die Konzessionen und die Entwicklung des Kapitalismus
16	292	Über die Parteilosen und die Sowjetmacht

Lenin mit Mitarbeitern der „Zentropetschatj Sowjetplatte",
Moskau, 25.4.1921; rechts außen sitzend: Oskar G. Blösche,
dahinterstehend: August Kybarth

Am 25. April 1921 ließ sich W. I. Lenin mit 14 Mitarbeitern von Zentropetschatj-Sowjetplatte fotografieren. Er wurde zusammen mit B. F. Malkin und A. J. Bronstein in der ersten Reihe platziert. Die Aufnahme machte L. J. Léonidow, der Leiter der Fotoabteilung von Zentropetschatj, und nun folgt ein echter Sowjetwitz: Von dieser Aufnahme gibt es im Institut für Marxismus-Leninismus des ZK der KPdSU[10] in der Moskauer Wilhelm-Pieck-Str. 4 zwei Varianten: Das eine Foto zeigt Lenin mit 14 Mitarbeitern und das zweite mit 12 Mitarbeitern; sonst ist alles völlig identisch. Lenin hatte die beiden Deutschen, August Kybarth und Oskar Blösche (die Hauptakteure dieses Tages) entweder aus der Gruppe entfernen lassen oder sie beide hinzugenommen. Wie es war – wer weiß es?

---

[10] KPdSU = Zentralkomitee der Kommunistischen Partei der Sowjet-Union

L. J. Léonidow berichtete 1928: „Während ich die Gruppe zurechtsetzte, klagte der Deutsche Kybarth Lenin, dass er für seine Arbeit nicht vertragsgemäß mit Valuta, sondern mit „russischen Papierbons" entlohnt werde. „Sie, Herr Lenin, wissen genau, dass ich mir für diese wertlosen Bons nichts kaufen kann." Lenin beruhigte daraufhin Kybarth (Deutsch sprechend) und forderte den zuständigen Abteilungsleiter A. J. Bronstein von Zentropetschatj-Sowjetplatte mit strenger Miene auf: „Man muss mit Ausländern abgeschlossene Verträge exakt einhalten. Diese Frage ist von Ihnen in spätestens drei Tagen befriedigend zu lösen, sonst landen Sie im Gefängnis!" Der für Kybarths Entlohnung zuständige A. J. Bronstein behauptete später in seinem Artikel „Stimme Lenins verewigt", dass „Kybarth nach unmenschlichen Anstrengungen vertragsgemäß mit Valuta bezahlt worden sei", wenn auch (so Bronstein) „Valuta damals schwieriger zu besorgen gewesen sei als die Versorgung der Bevölkerung mit Vogelmilch". Die Wahrheit ist aber, dass Kybarth niemals Valuta erhalten hat.

Der enttäuschte Techniker verließ die RSFSR noch im Mai 1921 und kehrte für immer nach Deutschland zurück und wohnte in Berlin-Weißensee. Noch im Juni 1921 trat er in die Firma Armit-Schallplatten-AG, Berlin-Zehlendorf, ein. In den späteren Jahren arbeitete er in Thalheim/Erzgebirge bei der Clausophon AG (Clemens Claus) und anderen Firmen. Er hat sich in späteren Jahren mit Albert Vogt wieder versöhnt und starb am 12. Januar 1945 in Ehrenfriedersdorf (Erzgebirge).

Nach Kybarths plötzlicher Abreise entstand für die Sowjets eine peinliche Lage. Was sollten sie jetzt tun? Oskar G. Blösche war zwar ein hervorragender Tontechniker, doch kein Fachmann des Schallplattenhandwerks. Die Sowjets waren jetzt gezwungen, alle fünf Wachsmatrizen mit Lenins Reden vom 25. April 1921 nach Petrograd zu Sewzentropetschatj („Nordzentralpresse") zu geben. Dort war bereits 1916, am Poljustrowskij

Prospekt 16, die im Jahre 1914 abgebrannte Fabrik Finkelsteins wieder aufgebaut worden. Diese Fabrik war aber nicht voll funktionstüchtig. So kam es, wie es kommen musste: Alle fünf Matrizen erreichten nur das Stadium von Probeplatten und wurden dabei auch noch verdorben. Damit waren Lenins Reden von 1921 verloren. Aber nicht ganz!

Ein junges Mädchen (Tatjana Nowikowa) fand 1969 in Leningrad auf dem Boden eines Privathauses in alten Koffern drei mangelhaft erhaltene Probeplatten von 1921 (289/290 zweimal und 291/292 einmal). Diese Probeplatten trugen Sewzentropetschatj-Etiketten, und die Titel waren handschriftlich mit Bleistift eingetragen. Der Versuch, diese Platten damals zu restaurieren, verlief aber ihrer schlechten Pressqualität wegen völlig unbefriedigend. 1923 – 1925, 1934 – 1938, 1947 – 1950 und 1962 – 1963 gab es Versuche, die Reden (es waren bis dahin 14 gefunden worden) zu restaurieren. Es erschienen Platten mit zunächst sieben (1955), acht (1966), zehn (1977) und nach der letzten Restauration von 1985 zwölf Reden (Teldec DMM-Technik).

Die Platte 288 konnte bis heute nicht aufgefunden werden. Die Probeplatten 289 bis 292 (aus Leningrad) sind von miserabler Qualität. Sie werden heute aber als große Kostbarkeit in Spezialsafes des Instituts für Marxismus-Leninismus in Moskau aufbewahrt. Die Platten Nr. 005 („Über die Pogromhetze gegen die Juden“), Nr. 291 („Über Konzessionen und die Entwicklung des Kapitalismus“) und Nr. 227 b („Über die Arbeit für das Transportwesen“, Teil 1) wurden von den Sowjets aus politischen Gründen verboten und wurden seitdem nicht mehr gepresst. Ein pikanter Fall von Zensur, wobei dieses Mal Lenin selbst betroffen war!

In Nr. 227 b wird L. D. Trotzkij erwähnt, was bereits 1929 zum Verbot dieser Lenin-Platte durch Stalin führte. In Nr. 005 setzt sich Lenin für die Juden ein, und in Nr. 291 plädiert er für eine

Zusammenarbeit mit ausländischen Kapitalisten (eine Art Joint Venture), natürlich unter strenger Aufsicht und zum Nutzen der Sowjets; auch dieses war unter Stalin undenkbar.

Die Lenin-Platten von 1919 und 1920 wurden bei uns in Aprelewka gepresst und durch Zentropetschatj zu Zehntausenden unter Arbeitern und Bauern verteilt. Um Lenin hören zu können, hatten sich viele Bauern in den Städten Grammophone gegen Lebensmittel von den hungernden „Bourgeois" besorgt.

Wiederaufnahme der Produktion in Aprelewka und ihr Ende in den 1990er Jahren

Die Aprelewka-Fabrik arbeitete nach dem Weggang Kybarths im Mai 1921 nur noch wenige Monate und wurde dann stillgelegt; nur unser Josif Dionissowitsch Eismondt blieb weiterhin im Werk. Oskar G. Blösche ist in den 1920er Jahren in der Sowjet-Union spurlos verschwunden. Auch das Moskauer Institut für Marxismus-Leninismus in der Wilhelm-Pieck-Str. 4 konnte sein Schicksal nicht aufklären. Er ist für die Sowjets deswegen so interessant, weil er 1919 – 1921 sämtliche sechzehn Reden Lenins aufgenommen hat.

Als eines Nachts in der Schallplattenfabrik ein Feuer ausbrach, das der zuständige Nachtwächter übersehen hatte, wurde am Tage darauf unser Josif Dionissowitsch Eismondt als „Saboteur" derart verprügelt, dass er fast zu Tode kam. Anschließend musste er mehrere Monate in Gefängnissen absitzen. Nach seiner Genesung verließ er die RSFSR und fuhr mit seiner Familie im März 1922 nach Riga. Am 4. August 1924 schrieb er an Edwin Geussenhainer jun. in Neumünster: „Wir kamen im Jahre 1922 nach Riga, lediglich mit etwas Kleidung und dürftig mit Wäsche ausgestattet. Wir hatten nicht einmal Gepäck aufzugeben. Wir haben alles verloren! Ohne Kenntnis der lettischen Sprache hätte ich in Riga, wo ich schwer arbeiten muss, keine Anstellung erhalten. Erst hier haben wir das menschliche Antlitz zurückgewonnen. Ich kann nur das Eine sagen – es ist wunderbar, den Händen dieser grauenvollen Bolschewisten entkommen zu sein und am Leben zu bleiben. Ich danke dem lieben Herrgott, dass er uns diese schreckliche Zeit hat überstehen lassen."

Josif Dionissowitsch Eismondt (1875 – ?) wohnte in Riga durch Vermittlung von Edwin Geussenhainer sen., Neumünster, mit seiner Ehefrau Elisabeth Stanislawa geb. Kowalewskij (1878 – ?) und seiner Tochter Wanda (1906 – ?) bis zum 27. September 1938 in der Dzirvanu iela 4, Wohnung 13. Dann zog die Familie nach Riga-Majori, Lauku iela 8. Josif Eismondt arbeitete in Riga bei der Firma Emalplast in der Ganibu iela 1, dz. 10, und die Tochter Wanda Eismondt war in Dünaburg mit einem Akeksej Aleksandrowitsch Strukow (1906 – ?) verheiratet.

Als im April 1925 meine Halbgeschwister Tatjana II, Olga und Eugen und meine Cousine Tatjana I von Aleksandrowka (bei Duminitschi) zum Schulbesuch nach Deutschland abreisen mussten, übernahm Eismondt sie von meiner Tante Anna an der lettischen Grenze; er brachte die vier Kinder über Riga nach Suchsdorf bei Kiel. Als sie hier am 20. April 1925 ankamen, wurde ein großes Familienfest gefeiert. Am 13. Oktober 1927 begleitete Eismondt meinen todkranken Vater Johann zum Hauptbahnhof in Riga. Den Schwerkranken holte mein Onkel Hermann ab und brachte ihn nach Deutschland; aber darüber später mehr. Als mein Onkel Hermann Josif Eismondt während des Krieges (etwa 1943) in Riga besuchen wollte, war er bereits verstorben. Hermann konnte nur noch sein Grab aufsuchen. Dieser hilfsbereite Mann und große Freund nimmt in der Erinnerung der Familie Moll einen hervorragenden Platz ein!

Der Warschauer Direktor von Syrena, J. W. Feigenbaum, war 1915 in deutsche Kriegsgefangenschaft geraten; aber bereits 1916 lebte er als reicher Mann in der neutralen Schweiz.

D. A. Finkelstein wanderte nach Deutschland aus. In den 1920er Jahren war er Eigentümer des Ballhauses Femina in Berlin. Sein weiteres Schicksal ist unbekannt.

Im Oktober 1922 wurde die seit 1919 nicht mehr arbeitende Fabrik Pathé in Moskau wieder in Betrieb genommen. Sie bekam die Ausrüstung der seit 1918 stillgelegten englischen Fabrik „Schreibender Amor" und zum Andenken an das Revolutionsjahr 1917 den Namen „Fabrik des 5. Oktoberjahrestages"; sie arbeitete bis zum Juli 1925, dann wurden dort nur Musikinstrumente produziert. Im gleichen Monat (Juli 1925) bekam Aprelewka die Pathé-Ausrüstung (u. a. 30 Pressen) und hieß von nun an „Fabrik zum Andenken an das Jahr 1905". Man presste dort 1925 mit zunächst acht Pressen 80.000 Platten nach alten Matrizen, 1926: 300.000, 1927: 557.000, 1928: 762.000, 1933: 2.147.000 und 1938: 19.294.000 Platten. Die späteren Bezeichnungen der Fabrik waren „Aprelewka-Fabrik zum Andenken an das Jahr 1905" (1933), „Moskauer Schallplattenfabrik zum Andenken an das Jahr 1905" (1936 – 38) und ab 1938 wieder „Aprelewka Fabrik". In den folgenden Jahren stand auf den Schallplattenetiketten „SSSR [11]-Aprelewka-Fabrik".

Nach Beginn des Russlandkrieges (22. Juni 1941) wurden in Aprelewka Minenzünder, Teile für Granatwerfer und Schrapnells produziert. Die meisten Männer wurden zum Kriegsdienst eingezogen; 400 Männer gingen an die Front. Gepresst wurde in großer Auflage die Platte Nr. 11019 „Heiliger Krieg". Am 16. Oktober 1941 wurde Aprelewka zum ersten Mal von den Deutschen bombardiert. Am 18. November 1941 erfolgte die Stilllegung der Fabrik und am 30. November 1941 eine Evakuierung in die Stadt Belowo (östlich von Nowosibirsk, südlich von Kemerowo). Am 26. Dezember 1941 fanden schwere Kämpfe mit den deutschen Truppen bei Naro-Fominsk statt.

[11] *SSSR = Union der Sozialistischen Sowjetrepubliken*

Bis Aprelewka kam die deutsche Wehrmacht aber nicht, und bereits im Oktober 1942 konnte die Schallplattenproduktion wieder aufgenommen werden. Man produzierte in diesem Kriegsjahr mit der verbliebenen Ausrüstung 251.000 Platten; diese gingen an die Frontsoldaten der Roten Armee.

Nach dem Krieg stieg die Schallplattenproduktion von Jahr zu Jahr wieder an. In der Moskauer ul. Stankewitscha 8 wurde die ehemalige englisch-anglikanische Kirche zu einem großen Aufnahmestudio umgerüstet. Tonaufnahmen auf elektromechanischem Wege wurden in der Sowjet-Union ab Februar 1929 gemacht. Die ersten Stereoplatten erschienen 1969; die Herstellung der 78-er Schellackplatten wurde im gleichen Jahr eingestellt und durch Polyvinylplatten ersetzt. Im Jahre 1964 wurde die Allunionsfirma Melodija gegründet. In diesem Allunionsverband, mit Sitz in Moskau K-9, Twerskoj Boulevard 24, war Aprelewka 1995 die größte Schallplattenfabrik der GUS. 1989 wurden dort über 61 Millionen Platten (53 % der Fa. Melodija) gepresst und über 12.000 Tonnen Plastmassengranulat produziert. Mit diesem Granulat belieferte Melodija alle sowjetischen Schallplattenfabriken und exportierte diese Masse auch nach Kuba; Schallplatten gingen in 72 Länder der Welt.

Am 13. November 1991 meldete die Moskauer Zeitung Wetschernaja Moskwa die Liquidation des größten Aufnahmestudios der Firma Melodija in der Moskauer ul. Stankewitscha 8, und am 14. November 1991 gab die Iswestija den Stillstand der Aprelewka-Fabrik und die Arbeitslosigkeit von 600 Mitarbeitern bekannt. Ein Telefonanruf von mir am 11. Juli 1992 erbrachte Folgendes: Die Fabrik arbeitet noch immer, wenn auch mit schwacher Besetzung für 20 „Privat"-Firmen, die ihr Glück versuchen wollen. Die Allunionsfirma Melodija (Generaldirektor W. W. Suchorado) existiert nicht mehr. Man sucht dringend nach einem potenten Joint-Venture-Partner im westlichen Ausland. Es fehlt der Firma an Devisen zur Anschaffung von Spezialpappen für die Herstellung von Schallplattenhüllen und vieles andere mehr. Ob die Fabrik die Stadt Aprelewka auch weiterhin mit Elektrizität und Wärme versorgen kann, ist ungewiss. Im Jahre 1993 lauteten die Nachrichten: Die Firma steht am Abgrund eines Konkurses. Unter dem neuen Firmennamen Aprelewka Sound Inc. werden nur noch Tonbandkassetten produziert. Im Jahre 1994 fand sich ein Joint-Venture-Partner in der amerikanischen Firma SWS Trading Inc., aber die Zukunft ist nach wie vor völlig ungewiss. Man druckt Plakate und Broschüren und beliefert die Schallplattenfabriken in Sankt Petersburg und Riga (Ritonis) mit Plastmassengranulat. Man presst Einweggeschirr und Kinderspielzeug. Geplant ist ein Zusammenschluss mit den Moskauer Kleinstfirmen SSC, General-Rekord, Moros-Rekord, Gala, Tau-Produkt, Fili u. a. Auch die Bertelsmann-Firma Sono-Press versucht, ins Geschäft zu kommen.

Die Verpflichtung der Fabrik, die Stadt Aprelewka mit Wärmeenergie zu versorgen, stürzte sie in große finanzielle Schwierigkeiten. Um einem Konkurs zuvorzukommen, verkündete die Firma am 23. Mai 1995 eine Selbstliquidation. Am 1. Mai 1995 war der Generaldirektor Grigorij Figlin bestialisch ermordet worden. Sein Helfer Wladimir Ssamarskij fand seine Leiche, grausam verstümmelt, in seiner Wohnung. Auf der Aktionärsversammlung am 25. Juli 1995 wurde der bisherige Fabrikdirektor Jurij Clopkow, der mich 1987 und 1989 in Aprelewka herzlich begrüßt hatte, durch Nikolai Karpuschew, Direktor der Firma Saturn, ersetzt. Die Zeche zur Herstellung der Plastmasse übernahm jetzt die Firma Biochimplast.

Das Deutsche Schallplattenmuseum in Nortorf (Holstein) archiviert Platten aus der Moll'schen Schallplattenproduktion in Aprelewka (nähere Angaben zum Museum auf Seite 262).

ANHANG

Georg Moll
Aus meinem Leben

Von 1929 bis 1940 besuchte ich die Grundschule in Kronshagen und dann ein Gymnasium in Kiel. Meine Freizeitinteressen galten besonders dem Flugmodellbau und dem Segelflug. Auf der Kurischen Nehrung in Ostpreußen brachte ich es 1939 bis zur „C"-Prüfung. Nach dem Abitur 1940 studierte ich Physik, Chemie und Mathematik an der Kieler Universität. Am 13. Januar 1945 fiel die Rote Armee zum zweiten Mal in Ostpreußen ein; die militärische Lage wurde sehr ernst; ich musste an die Front. Unser Truppenteil kam in eine Umzingelung, und am 12. Februar 1945 geriet ich in sowjetische Kriegsgefangenschaft. Für mich folgte eine grausige Zeit! Dass ich am Leben geblieben bin, grenzt an ein Wunder. Ich war in mehreren Lagern, darunter Tschernjachowsk (Insterburg), Daugawpils (Dünaburg), Jelgawa (Mitau) und Riga. Im Jahre 1946 brachte man uns nach Baschkirien. Hier hatten wir in der baschkirischen Steppe, in „Oktoberstadt", Straßen und Holzhäuser zu bauen. Wir waren dort 4.000 Gefangene, darunter 300 deutsche Frauen. Im Herbst versank der Lagerplatz im Morast, und im Winter lebten wir in einfachen Zelten. Da es keine Öfen gab, mussten wir die Zelte mit Hilfe einer alten Milchkanne beheizen; in den folgenden Jahren bauten wir uns Erdbunker. Hier in „Oktoberstadt" kamen einige Hundert unserer Kameraden um. Insgesamt sind zwei Millionen deutsche Kriegsgefangene nicht aus Russland heimgekehrt.

Im Dezember 1949 brachte mich das NKWD nach Ufa, die Hauptstadt Baschkiriens, und steckte mich in ein altes zaristisches Gefängnis. In den kleinen feuchten Zellen lagen auf steinernem Fußboden dichtgepackt bis zu 30 Russen, meist Kriminelle; in meiner Zelle war ich der einzige Deutsche. Der letztankommende Häftling landete stets an der Tür neben dem Eimer. Die „Wassersuppen" und ein kleines Stück Brot wurden uns durch Türklappen gereicht. Jeden Tag wurde ich verhört und misshandelt: „Du lügst! Du bist ein desertierter russischer Offizier! Gib es zu!". Ein Kriegsgericht verurteilte mich 1949 in fünf Minuten zu „25 Jahren Arbeitslager". Ohne den Grund je zu erfahren, wurde ich aber im April 1950 überraschenderweise freigelassen; man hatte sich wohl in Duminitschi nach unserer Familie Moll erkundigt. Ich fuhr 30 Tage im Viehwagen eines Sammeltransports nach Hause und kam am 5. Mai 1950 völlig krank in Kiel an. In der Sowjetzone hatten deutsche Kommunisten immer wieder versucht, uns mit ihrer Propaganda einzudecken. Nach meiner Gesundung trat ich wieder in die Kieler Universität ein. 1958 promovierte ich zum Dr.rer. nat. bei Prof. Dr. Werner Kroebel. 25 Jahre arbeitete ich als Wissenschaftlicher Direktor und Leiter des Forschungslabors für Elektronenmikroskopie im Klinikum Kiel.

Am 09.11.1982 starb meine geliebte Mutter nach einem Treppensturz; sie wurde 93 Jahre alt. Am 05.06.1982 war bereits mein Bruder Gottlieb (geb. 1926) gestorben.

Seit 1984 lebe ich im Ruhestand. Mit meiner Lebensgefährtin Ingeborg Vollmer war ich ständig auf Reisen. Wir machten über 30 Reisen im Weltmaßstab: Von Alaska bis Japan, von Indien bis Marokko, von Ägypten bis Afghanistan, von Südargentinien bis Kalifornien usw.. Bereits achtmal waren wir in Afrika.

In die Sowjetunion durfte ich zunächst nicht reisen. Aber 1987 und 1989 bekam ich dorthin meine ersten Visa. Hier traf ich viele alte Leute, die sich an unsere Familie Moll noch gut erinnern konnten. Sie sagten: „Wir erinnern uns sehr gut an Bogdan Wassiljewitsch und an Ihren Vater Iwan. Bogdan brachte uns `Brot und Salz`, und was ist jetzt aus uns geworden?" Der Direktor der Kreml-Museen (Herr Aleksandr Nikolajewitsch Scheffow) führte mich und meine Frau im Sommer 1989 durch alle Säle und Räume des Kremls, die sonst Touristen nicht zugänglich sind. Scheffow zeigte uns auch die Wohnung Lenins und spielte uns dort unsere Schallplatte Lenins „Was ist Sowjetmacht?" vor.

Die Rayonleitung von Duminitschi und die dortigen Einwohner empfingen uns außerordentlich herzlich. In Alexandrowka organisierte ich im Dorfclub eine Feier für alte Leute. Es gab Tee, Torten und Ziehharmonikamusik. Ich habe betagte Russen gern, weil ich sie gut verstehe. Von dieser Stelle aus wünsche ich dem jetzt hoffentlich (!) befreiten russischen Volk eine bessere Zukunft!

Georg starb am 15.02.2008 und seine Lebensgefährtin Ingeborg am 13.04.2012. Sein Bruder Alexander starb am 21.08.2016.

Stephan Geussenhainer

Emaille-Rezepturen, der Schlüssel für die Erfolgsgeschichte der Moll'schen Industriewerke

Emaille ist ein mineralischer glasartiger Überzug, der – ähnlich wie bei der Lasur von Keramik – in einem Schmelzprozess auf Metalloberflächen aufgebracht wird. Die Hauptbestandteile findet man überall auf der Erde, beispielsweise Flint- und Feuerstein, Feldspat und Quarzsand. Diese Mineralien bilden, feinst gemahlen und in bestimmten Gewichtsverhältnissen zusammengemischt, die Grundlage der meisten Emaillerezepturen. Diese Gemische können aber selbst bei sehr hohen Temperaturen nur dann zum Schmelzen gebracht werden, wenn bestimmte chemische Zusatzstoffe beigefügt werden, die zusammen mit den Mineralien eine beherrschbare Schmelze liefern. Sie werden daher als Flussmittel bezeichnet. Dazu gehören einfache Substanzen wie Kreide, Soda oder Borax, aber auch Oxide der Metalle Zink, Antimon oder Blei. Während des Schmelzens auf der zu emaillierenden Metalloberfläche werden die Zusätze zum Teil Bestandteil der Emaille, oder sie verdampfen als mineralisches Sublimat. Dabei – und das ist der hohe Wert guter Rezepte – bestimmen sie maßgeblich nicht nur Stabilität und Glanz der Schmelze, sondern auch ihre Haftung auf der Metalloberfläche. Zudem sind sie ausschlaggebend für Klarheit sowie die Farbe der resultierenden Emaille.

Eine besonders wertvolle Rezeptur der Industriellenfamilie Moll war eine Emaille, die auf gezogenem Metall haftete, wie dem aus Blechen gefertigten Küchengeschirr.

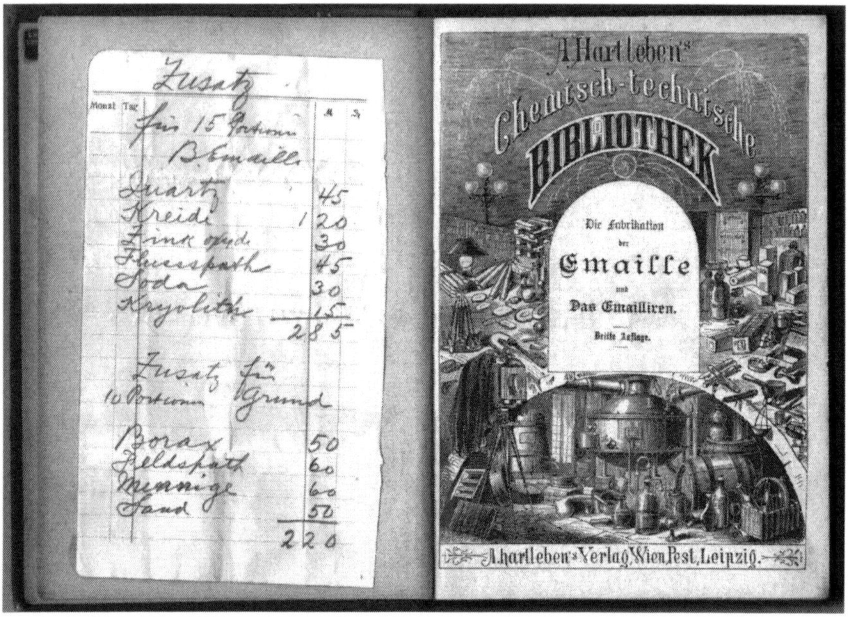

Emaille-Rezepturnotiz von Edwin R. Geussenhainer

Fachbuch zur Fabrikation der Emaille (ca. 1900)

Die Rezeptur kleiner Mengen bestimmter Zusätze war daher das am besten gehütete Geheimnis eines Emailleurs, das er am sichersten am eigenen Leibe trug. Das Abwiegen dieser Substanzen geschah durch einen kleinen Kreis Eingeweihter, meist von Mitgliedern der Familie. Die Geheimhaltung der Rezeptur war – wie Karoline Gokina es eindrucksvoll beschrieben hat – in den Zeiten der Revolution und Internierung praktisch ihre Lebensversicherung.

Viele Emailleure, so auch Ferdinand Wilhelm Moll, sind Opfer des Bleioxids geworden, das während des Schmelzens fast vollständig in Form hochgiftiger Dämpfe abgegeben wurde. Nach dessen Ersatz durch andere Stoffe wurden die Badewannen von Moll & Rohwer später explizit als „absolut bleifrei“ beworben.

Die Moll'schen Emaillierwerke in Russland und ihre Leiter (Übersicht)

Ort/Zeitraum	Fabrikleitung
Riga	
1880 – 1882	Gottlieb und Alexander Moll
St. Petersburg	
1882 - 1883	Gottlieb Moll
Pessotschnja	
1883 - 1885	Gottlieb Moll
1890 - 1895	Alexander Moll
1895 - 1908	Edwin Geussenhainer für Alexander Moll
1908 - 1914	Kionka, Ackermann und Eismondt für Alexander und Anna Moll
1915 – 1918	Karoline Gokina für Anna Moll
Ljudinowo	
1890 – 1906	Alexander Moll
1906 – 1908	Edwin Geussenhainer für Alexander Moll
1908 – 1914	Kionka für Alexander und Anna Moll
1915 - 1918	Karoline Gokina für Anna Moll
Duminitschi	
1885 – 1921	Gottlieb Moll
1915 - 1918	Karoline Gokina für Gottlieb Moll

Peter Michael Moll

Lageplan und Karten

Lageplan von Pessotschnja

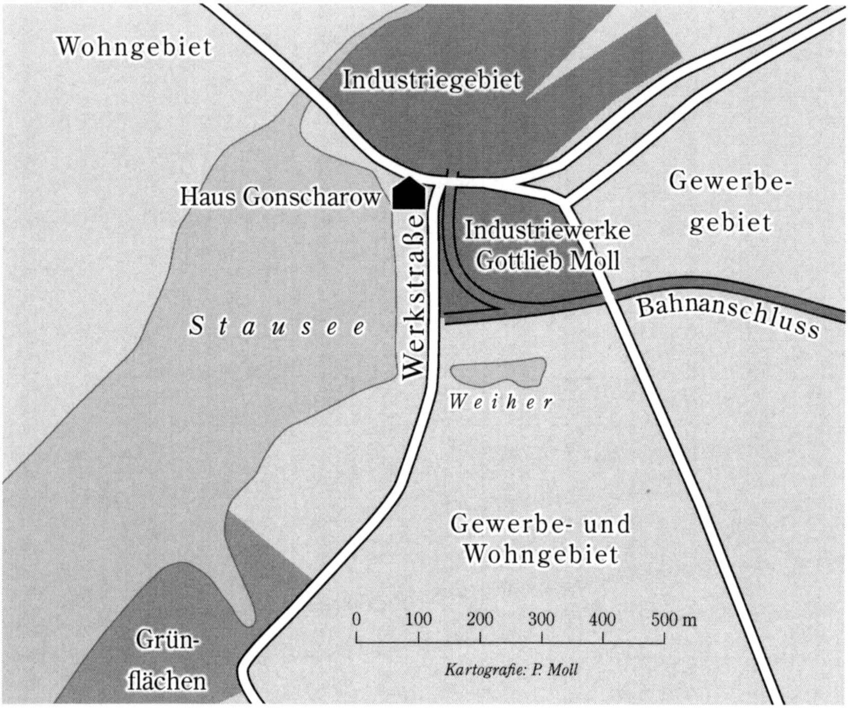

Die 1.100 km lange Route der internierten Mitglieder der Familie Moll (Newedomskoje – Swijashsk/ Kasan)

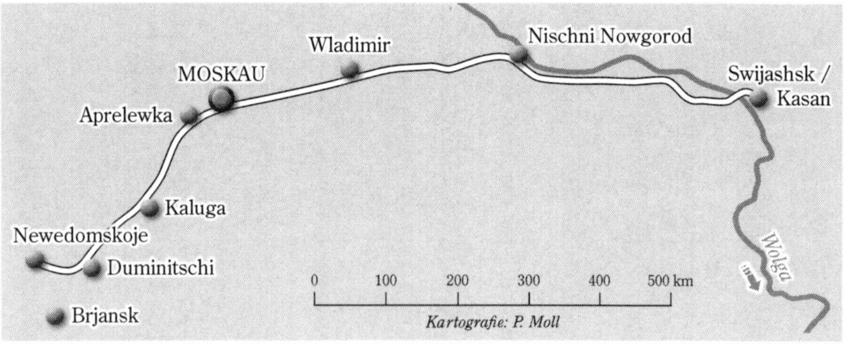

Geographische Übersichtskarte

Pessotschnja – Ljudinowo – Newedomskoje – Duminitschi

Kartengrundlage: „Osteuropa 1:300.000“, Sonderausgabe vom 1.2.1942 (Stand 1939) (Blätter Dorogobusch/Kaluga/Rosslawl/Brjansk). Herder-Institut Marburg 2016

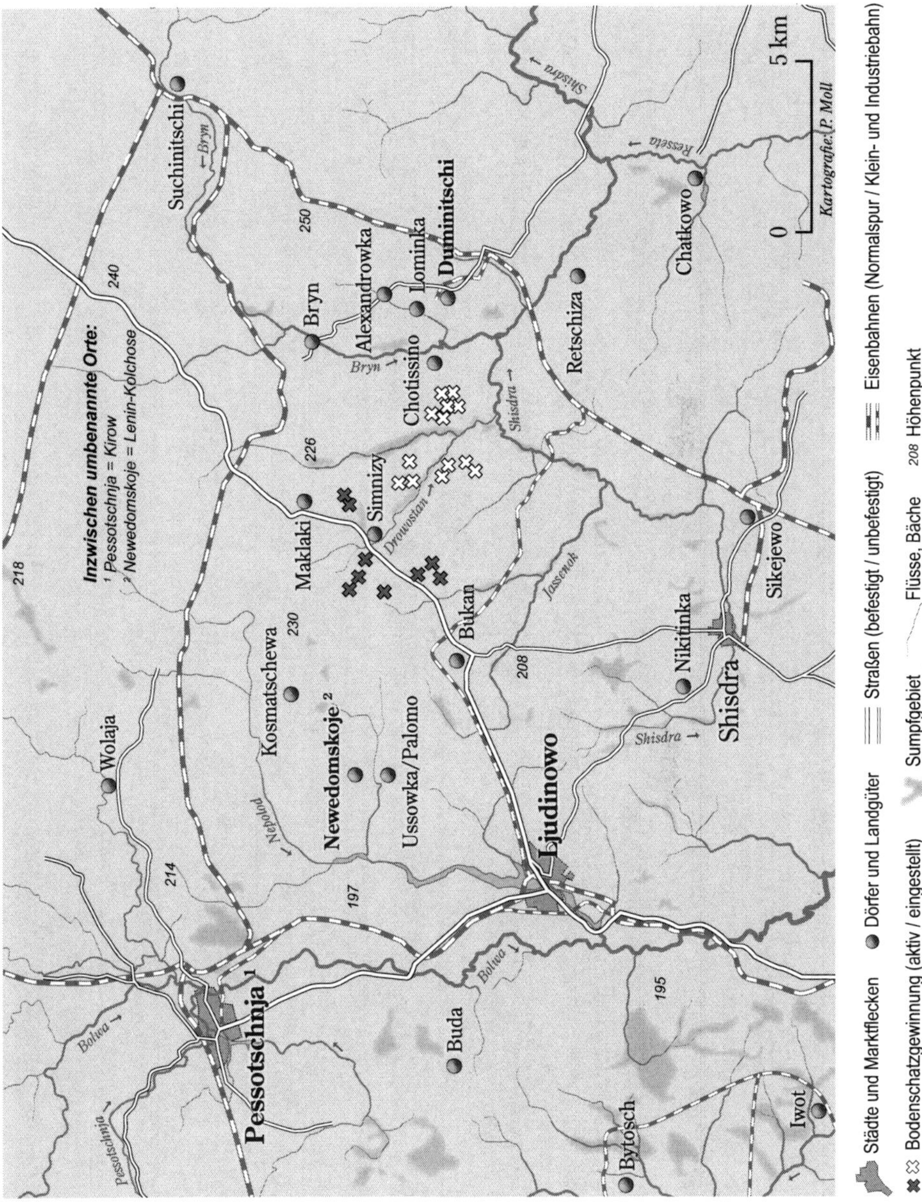

Georg Moll

Quellen- und Literaturverzeichnis

Archiv Brjansk, GABO F 287/Op 1/ D 524/ L. 24

Archiv Kaluga, GAKO FR 1024/ Op 1/ D 112/L. 35 ff.

Archiv Kaluga, GAKO FR 1024/ Op 8/ D 4/ L. 161 ff.

Baschet, Eric: Russland 1904 – 1924, Swan Verlag GmbH, Kehl/Rhein (1978)

Bauer, A. A. in: Pessotschnjaschensker Historisch-Archäologischer Sammelband (1. Ausgabe), Kirow, 19 (1993)

Begräbnisbuch der Ev. Kirche zu Gleiwitz, 1817, Nr. 15

Bethell, Lord Nicholas: Das letzte Geheimnis, Verlag Ullstein GmbH, Frankfurt/M., Berlin – Wien (1974)

Bronschtejn, A. J., in: Riess, Curt: „Knaurs Weltgeschichte der Schallplatte", Droemersche Verlagsanstalt, Zürich, 76, (1966)

Buranow, J. und W. Chrustaljow: Die Zarenmörder, Aufbau Verlag GmbH, Berlin und Weimar, 1. Aufl. (1993)

Chalkina, G.: Wecha pamjati in „Snamja" Nr. 82, Kaluga 7.4.1974, in Russisch

Das Neumünster-Buch, hrsg. von Irmtraud Engling u. a.. Karl Wachholtz Verlag, Neumünster, 168, 169 (1985)

Der oberschlesische Wanderer Nr. 49, 4.12.1832, 242, Univ. Breslau

Ev.- reform. Pfarre Solingen, Kirchenbuch (Taufen) LE 310, 335. Nr. 60, Feld A II 668, Buch 1894/95. Lfd. Nr. 611 (1894)

Fleischhauer, I.: Die Deutschen im Zarenreich, Deutsche Verlagsanstalt, Stuttgart (1986)

Fürst Felix Iussupow: „Rasputins Ende". Matthes und Seitz Verlag, München (1985)

Gokina, Karoline (1857 – 1945): Aufzeichnungen aus meinem Leben. 54 S. (1927), Manuskript

Grammofonnaja Shisn (Grammophon-Leben), Moskau, Nr. 1, 13 (1911), in Russisch

Grammofonnij Mir (Grammophon-Welt), St. Petersburg, Nr. 7 (1910), in Russisch und Deutsch

Grjunberg, P. N.: Sagadka Psewdonima Maks (Rätsel des Pseudonyms Max). Melodija Nr. 1, 74 (1987), in Russisch

Groebler, Hans: Aus einer alten Emailleurfamilie, Mitteilung des Vereins Deutscher Emailfachleute, 18, 13 – 14 (1970)

Große Enzyklopädie, St. Petersburg, 10, 577 (um 1900)

Große, Günther: Von der Edisonwalze zur Stereoplatte, VEB Lied der Zeit. Musikverlag, Berlin, 28 (1981)

Haas, Walter: Das Jahrhundert der Schallplatte. Bielefelder Verlagsanstalt K. G., 88 (1977)

Helmer, Georg: Neumünster, wie es wurde und was es ist. Festschrift zum 800-jährigen Jubiläum Neumünsters. 3. Abschnitt, 21 (1925)

Hösch, Edgar und Hans-Jürgen Grabmüller: Daten zur russischen Geschichte (I u. II), Deutscher Taschenbuch-Verlag GmbH & Co KG, München (1981)

Jerochina, N. I., in: Pessotschnjaschensker Historisch-Archäologischer Sammelband (1. Ausgabe), Kirow, 31 (1993)

Jüttemann, H.: Phonographen und Grammophone, Verlag Klinkhardt & Biermann, Braunschweig, 88, 89 (1978)

Katzer, Nikolaus: Die Sowjetunion 1917 – 1953. In: Informationen zur politischen Bildung (Bundeszentrale für politische Bildung, Bonn), Heft 235 (1992)

Kieler Nachrichten, Nr. 204, 18 (31.8.1912)

Kirchenbuch der Ev.-luth. Gemeinde zu Isselburg/Rees – Band 2, Nr. 4

Kruse, Iven und Ahlmann, Johannes: Jahrhundertbuch der Carlshütte Rendsburg, 153, 160 (1927)

Léonidow, L. Ja. in: Silberschtein, I. S.: Lenin w Sarisowkach i w Wospominanijach Chudoshnikow (Lenin in Zeichnungen und Erinnerungen von Künstlern). Gosisdatelstwo, Leningrad, 155 (1928), in Russisch

Margolina, Sonja: Das Ende der Lügen, Siedler Verlag GmbH, Berlin (1992)

Maschinyj Mir (Maschinen-Welt) Nr. 2, 9 (1913), in Russisch

Melodija, gestern, heute, morgen, Verlag Melodia, Moskau (1989), in Russisch und englisch

Meyer, Fred u. a.: Die orthodoxe Kirche in Russland. Orell Füssli Verlag, Zürich (1982)

Moll, Anna, geb. Geussenhainer (1860 – 1946): Handschriftliche Aufzeichnungen zur Geschichte der Familie Alexander Moll. 147 S. (1925 – 1930), unveröffentlichtes Manuskript

N. N.: Unternehmergeist in Russland. Solinger Tageblatt, 45 (26.11.1988)

N. N.: 65 Jahre Deutsche Grammophon-Gesellschaft (1898 – 1963), Sonderdruck, 16 (1963)

Nenarokow, Albert: Geschichte der Großen Sozialistischen Oktoberrevolution in Wort und Bild, Russland 1917. 320, Globus Verlag Wien und Verlag Progress Moskau 1987

Neumünster, 2. Aufl. Aus der Reihe Deutschlands Städtebau. Hrsg. Magistrat Neumünster, DARI-Verlag, Berlin-Halensee, 69 (1925)

Offiz. Adressbuch für Rheinland-Westfalen. Hrsg. von Rütger Brüning, 75, 82 (1835), Stadtarchiv Wuppertal, Rathaus Barmen

Pearson, Michael: Der plombierte Waggon, Universitas-Verlag, Berlin (1977), Wilhelm Heyne-Buch Nr. 7209

Phonographische Zeitschrift, 11, 875 (1910)

Platten, Fritz: Die Reise Lenins im plombierten Wagen, Berlin (1924) und: Lenin‘s Return, in: They Knew Lenin, o. O. (1968)

Purischkewitsch, Wladimir: Wie ich Rasputin ermordete (Ein Tagebuch), Aufbau Taschenbuch-Verlag, Berlin (1991)

Rauch, Georg von: Geschichte der Sowjetunion, Alfred Kröner Verlag, Stuttgart, 8. Aufl. (1990)

Regirer, E. I.: Grammofonnaja Plastinka (Grammophonschallplatte), Goschimisdat (Staatsverlag für chemische Literatur), Moskau und Leningrad (1940), in Russisch

Riess, Curt: Knaurs Weltgeschichte der Schallplatte, Droemersche Verlagsanstalt, Zürich, 76, (1966)

Rohwer, Franz: Ein Meister ward ich, doch Lehrling bleib ich (Erinnerungen 1851 – 1938). Herausgeber: Drei Urenkel Rohwer. Privatdruck, Neumünster 80 (Dezember 1984).

Rosenthal, Heinz: Solingen – Geschichte einer Stadt, 2, 177 (1972)

Scharlau, W. B. und Z. A. B. Zeman: Freibeuter der Revolution – Parvus Helphand. Eine politische Biographie, Verlag Wissenschaft und Politik, Köln (1964)

Scheck, Werner: Illustrierte Geschichte Russlands, Südwest Verlag GmbH & Co KG, München (1975)

Schleswig-Holsteinisches Landesarchiv, Abt. 406.10, Nr. 56. Briefkopiebuch, Folio 528 (1852/53) u. a.

Schulze, W.: Geschichte der Königlichen Eisengießerei bei Gleiwitz, 1 u. 2 (1797 – 1832). Original im Staatsarchiv Wroclaw (Breslau). Kopie in der Bibliothek des Instituts für Weltwirtschaft, Kiel

Shelesnyj, Anatolij I.: Nasch drug – Gramplastinka (Unser Freund – die Schallplatte)

Musytschna Ukrajina Kiew, 4, 65, 229 (1989), in Russisch

Solinger Tageblatt 9.6.1967

Stöckl, Günther: Russische Geschichte (Von den Anfängen bis zur Gegenwart), Alfred Kröner Verlag, Stuttgart, 5. Aufl. (1990)

Suhren, Heinrich: Die Hauptindustrien in Neumünster.
Diss. Univ. Hamburg, 22, 49, 50, 58 (1928)

Taufregister der Ev. Kirche zu Gleiwitz, 1815, Nr. 13

Thöming, Karl-Heinz, in: Russland – Serie Spezial, Bd. III und II (Münzen der Zaren Alexander III. (1881 – 1894) und Nikolai II. (1894 – 1917), Verlag Reinhold Kaim, Hagen (1978)

Tichonow, Alexander W.: Moll, Kybarth & Co, Musykalnaja Shisn (Musikleben), Moskau, Nr. 22, 30 (1990), in Russisch

Tolstoi, Nikolai: Die Verratenen von Jalta, TB 5876, Wilhelm Heyne Verlag, München (1977)

Troyat, Henri: So lebten die Russen (zur Zeit des letzten Zaren). Deutsche Verlagsanstalt, Stuttgart (1960)

Vollhann, E.: Beiträge zur neueren Geschichte des Eisenhüttenwesens, Eichstädt, bey J. M. Beyer. Leipzig, bey J. A. Barth (1825)

Von Borke, Astrid: KGB, die Macht im Hintergrund. Hänssler Verlag, Neuhausen-Stuttgart. 21, 157 (1987)

Westerländer Kurzeitung vom 28.8.1901, 12.9.1902, 17.6.1905, 15.9.1907, 14.6.1910, 3.9.1910, 13.9.1910, 19.7.1912 u. a.

Zeitung Teatr (Theater), Moskau, Nr. 1177, 4 (1912), in Russisch

Impressum

Bibliografische Information der Deutschen Nationalbibliothek
Die Deutsche Nationalbibliothek verzeichnet diese Publikation in der Deutschen Nationalbibliografie; detaillierte bibliografische Daten sind im Internet über https://portal.dnb.de abrufbar.

Verlag Ludwig, Holtenauer Straße 141, 24118 Kiel
Tel.: 0431-85464, Fax: 0431-8058305
info@verlag-ludwig.de, www.verlag-ludwig.de

Mit 74 Foto-Abbildungen und 4 Karten
Gestaltung und Satz: Martin Lutz, Kanzem
Gedruckt auf säurefreiem und alterungsbeständigem Papier
Printed in Germany
ISBN 978-3-86935-450-7